21세기 연세 인문학 VIII

언어, 접촉 그리고 소통

김태은 · 김현우 · 남혜현 · 손현정 · 이민행 · 임재호 · 조태린

연세대학교 대학출판문화원

21세기 연세 인문학Ⅷ

언어, 접촉 그리고 소통

지은이 김태은·김현우·남혜현·손현정·이민행·임재호·조태린

펴낸곳 연세대학교 대학출판문화원

주 소 서울시 서대문구 연세로 50
http://press.yonsei.ac.kr
ysup@yonsei.ac.kr

전 화 02)2123-3380~2

팩 스 02)2123-8673

등 록 1955년 10월 13일 제9-60호

인 쇄 화신문화(주)

2021년 8월 20일 1판 1쇄

ISBN 978-89-6850-600-0 (93800)

값 14,000원

21세기 연세 인문학 총서 Ⅷ

Language, Contact and Communication

언어, 접촉 그리고 소통

김태은 · 김현우 · 남혜현 · 손현정
이민행 · 임재호 · 조태린

연세대학교 대학출판문화원

발간사

〈21세기 연세 인문학〉을 발행하며

지식의 대통합을 지향하는 학문의 통섭 혹은 융복합에 대한 요구가 거세지고 있다. 그 요구의 핵심은 학문들 사이의 소통 단절 내지는 소통 부재를 극복하자는 데 있다. 근대 이전에는 보편적인 학문이 가능했다면, 세계의 탈주술화가 시작된 근대 이후 학문이 더욱 세부적으로 분화되고 전문적인 경향을 띠게 되었음은 부인할 수 없는 사실이다. 이제 그와 같은 개별화와 전문화에 대한 비판적 성찰의 목소리가 높아지면서 넓게는 인문학과 자연과학 간의 소통이 시도되고 있는 상황이다.

그러나 인문학이 사회과학, 자연과학, 예술분야 등과 소통해야 한다는 요구에 부응하는 것보다 더욱 시급한 문제가 있다. 그것은 바로 인문학 자체 내의 대화 부재를 극복하는 일이다. 서로간의 대화가 불가능할 정도로 전공이 세분화되고 그로 인한 소통 단절의 경향은 넓게는 어학과 문학 간의 상호 낯섦에서뿐만 아니라 국문학, 중문학, 일문학 같은 동아시아 관련 학문들 사이의 소원한 관계에서도 드러난다. 이런 현상은 영문학, 독문학, 불문학, 노문학 같은 국가 단위의 외국문학 분야에서는 물론 사학과 철학에서도 마찬가지다. 정약용, 이광수, 공자, 루쉰, 플라톤, 촘스키, 소쉬르, 칸트, 하이데거, 셰익스피어, 괴테, 보들레르, 도스토옙스키 등은 오래전부터 개개 전공자만이 탐구하고 향유하는 지식의 대상으로 여겨지고 있을 뿐이다. 이렇듯 인문학내에서 개별 학문이 전문화되는 경향은 한편으로 연구 분야의 심오한 과학적 탐구라는 뜻에서 반가운 일로 여겨졌지만 다른 한편으로 인문학 자체가 안고 있는 불편한 진실이 아닐 수 없다.

이제 인문학이 걸어 나가야하는 길이 무엇인지를 모색하지 않을 수 없으며, 그 새로운 전환의 일환으로 〈21세기 연세 인문학〉을 발행하고자 한다. 〈21세기 연세 인문학〉이 여러 상이한 학문이 함께 모여 사유의 일치와 불일치를 주고받는 실험적 대화 공간으로 정착될 것임을 우리는 기대한다.

연세대학교 문과대학
100주년 기념사업
〈21세기 연세 인문학〉 편집위원회

추천사

남기심(대한민국학술원 회원·전 연세대 국문과 교수)

이 책은 〈언어, 접촉 그리고 소통〉이라는 주제로 연세대학교 문과대학의 언어 전공 교수들의 논문 일곱 편을 싣고 있다. 이 논문들은 한국어, 중국어, 영어, 독일어, 프랑스어, 러시아어 등 다양한 동서양 언어에서 관찰되는 언어와 접촉, 그리고 언어와 소통의 문제를 다루고 있다. 연세대학교 문과대학이 발간하는 〈21세기 연세 인문학〉의 제8권으로 기획된 이 책은 학문간, 언어간, 문화간 경계를 넘어 언어와 접촉과 소통의 문제를 넓고 깊게 살펴 볼 기회를 가지게 할 것이다.

사람은 무리를 이루어 살면서 다른 사람과 일정한 유대관계를 맺고 서로 받쳐주고 배려하면서 협력하여 살아가도록 디자인된, 그런 유전인자를 지닌, 그렇게 진화한 존재로서, 사람이 이렇게 무리를 이루어 살아가기 위해서는 상호간의 소통이 절대적으로 필요하다.

소통은 지식과 정보, 정서적 가치를 공유함으로써 공동의 가치를 지향하는 공동체가 되기 위해 개인과 개인, 집단과 집단이 서로 화자와 청자가 되어 메시지를 주고받는 행위를 말한다. 화자와 청자 사이의 메시지는 여러 형태의 기호나 행위, 예컨대 그림이나 음악 같은 다른 수단으로도 이루어지는 수가 있지만, 소통의 기본 수단은 어디까지나 언어다. 언어가 가장 완벽한 소통의 수단이다. 사람이 선천적으로 언어능력을 가지고 태어나는 것이 바로 이 때문이다. 따라서 소통의 문제는 일차적으로 언어학의 소관 사항일 수밖에 없다.

화자와 청자 사이의 소통 행위는 극히 다양한 발화 상황 속에서 대면 또는 비대면의 언어 접촉을 통해 이루어지며, 화자와 청자의 문화적 접촉으로 이어지게 된다. 언어 접촉에 의한 소통행위의 성공 여부는 동일한 언어적, 문화적 공동체 안에서도 여러 가지 사회적, 심리적 요인에 따라 달라질 수 있으며, 화자와 청자 양측의 언어와 문화가 서로 다를 경우에는 언어 장벽의 해소, 상대방 문화에 대한 이해가 선행되어야 한다. 따라서 언어적 소통행위와 관련된 문제는 언어학만의 문제로 한정되는 것은 아니다. 그러나 그 소통행위의 기본 수단이 언어인 까닭에 언어학에서 기본적인 문제 제기를 하게 된다.

인류가 그 발달 과정에서 국가사회, 종교집단과 같은 거대한 사회 조직을 이루어 문화를 창조해 올 수 있었던 것은 인류에게 언어라는 소통 수단이 생기면서부터인데 그동안 언어학은 주로 언어의 구조를 밝히는 데 힘을 써왔고, 언어에 의한 소통행위, 소통과정 등, 소통이 어떻게 성공적으로 이루어지는가 하는 등의 문제를 살피는 데에는 상당히 소홀했다. 이론적인 연구가 별로 없었다.

이 책 〈언어, 접촉 그리고 소통〉은 바로 이와 같은 문제에 착안하여 기획된 것이다. 우선 그동안 이 소통의 문제가 어떻게 다루어졌었는가 하는 것을 되돌아보는 것으로 시작하여, 한, 중, 영, 독, 불, 러 등 주요 언어권이 안고 있는 언어소통과 관련된 문제들을 짚어 보고 있다. 그 중에는 외래문화의 교류과정에서 필연적으로 생기는 외래어 수용과 관련된 문제, 외국어 교육이 어떻게 이루어지는 것이 바람직한가 하는 문제, 같은 정치권, 같은 언어권 안의 방언적 차이, 토착 세력과 이민 세력 사이의 언어차이로 인하여 생기는 갈등이나 소외 등과 관련된 문제, 같은 언어권 안의 구어와 문어의 괴리의 극복과 관련한 문제, 최근의 디지털 언어 매체의 발달과 더불어 생길 수 있는 소통상의 문제 등에 관한 연구가 들어있다.

이 책의 출간을 계기로 "언어 접촉과 소통"에 관한 문제가 여러 언어 전공학과의 합동으로, 더 나아가 철학, 심리학, 사회학, 교육학 등 언어학 밖의 분야와의 긴밀한 협동으로 통합적 연구가 이루어지기를 바란다. 어디 이 문제뿐이랴. 다른 모든 문제가 다 그러하다. 인문학 안의 모든 분야가 서로 아우르는 것은 물론, 그동안 인문학과 거리가 멀었던 자연과학과 같은 인문학 밖의 분야와의 통합적 연구도 일상의 것이 되어야 하지 않겠는가? 인문학은 자연과학의 연구로 인해 사람들의 인간관, 자연관, 세계관이 크게 바뀌었고 또 바뀌고 있다는 사실을 인지해야 하고, 자연과학 또한 인문학적 시야를 벗어나서는 가는 길을 잃을 수 있다는 것을 서로 인지하지 않으면 안 되는 시대가 오지 않았는가?

목차

의사소통론을 위한, 의사소통론들에 대한 예비적 고찰

임재호(연세대, 불어불문학)

1. 서론

인간언어(이하 '언어'로 줄여 말함)는 대체로 타인을 향한 발언이거나 재귀적이다. 재귀적일 때 그것은 자기목적적인 것으로 예술성을 추구하게 된다. 반면, 언어가 타인을 향한 발언일 때는 타인과의 언어접촉을 기반으로 상호이해의 의사소통을 지향한다. 자기목적적인 언어예술의 언어도 결국은 예술 방식의 의사소통을 지향한다고 하면, 언어는 어느 면에서나 기본적으로 의사소통의 도구라고 할 수 있다. 의사소통에서 '의사(意思)'란 전언(傳言), 즉 메시지를 말하는 바 그것은 결국 '의미(signification)'라고 할 수 있다. 다시 말해, 인간이 communication이라는 상호적 언어활동(activité langagière réciproque)을 한다는 것은 기실 의미를 주고받는 활동을 한다는 것이다. 따라서 의미라는 것이 무엇인지가 의사소통론에서 중요하게 된다.

이 글에서 논하는 의사소통은 '언어적' 의사소통이고, 의미는 '언어적' 의미이다. 우리가 '언어적' 의사소통과 '언어적' 의미를 굳이 말하는 것은 '비언어적' 의사소통과 '비언어적' 의미가 있기 때문이다. 일반적으로 언어적 의사소통과 언어적 의미란 말소리를 기반으로 성립하는 의사소통과 의미를 말한다. 비언어적 의사소통과 의미에는 예를 들어 수어(手語)를 포함하는 몸짓언어(langage gestuel)의 의사소통과 몸짓언어의 의미가 있다. 말소리 언어 역시 몸의 발음기관들에 의해 조음된다는 사실을 두고 몸짓언어라고 확대해석한다면, 몸짓언어의 의사소통과 의미를 비언어적 의사소통과 의미라고 따로 말하는 것은 성찰해봐야 한다. 하지만 일반적으로 몸짓언어란 표정·손짓과 같은 가시적 행동언어를 가리킨다. 흔히 인간은 인생의 의미를 찾는다고 한다. 그때 인생의 의미도 언어적 의미와 다른 것이다. 예컨대, 종교인의 인생의 의미는 주로 종교적으로 결정될 것이지 언어적으로 결정되지 않는다. 다시 말하지만 이 글에서 논하는 의사소통은 언어적 의미의 의사소통이다. 그것은 현대언어학의 아버지 소쉬르(Saussure, Ferdinand de)가 제시한 의사소통의 과학적 모형을 기본 모형으로 한다. 이 기본 모형 이전에도 이후에도 문법(文法)은 의사소통에 관한 이론을 제시하지 않았다. 문법은 언어활동(langage)에 대한 과학, 즉 언어과학(sciences du langage)이 아니기 때문이다. 주지하다시피, 문법은 문어의 문법을 중심으로 랑그(langue)의 어법(語法)을 기술하거나 처방해왔다. 문법과 달리, 철학과 수사학에서는 의사소통에 관한 이론이 존재했다고 볼 수 있다. 비록 의사소통의 기제 자체에 대한 객관적 설명을 한 것은 아니었지만, 철학은 철학 나름대로 수사학은 수사학 나름대로 화자(locuteur)와 청자(auditeur) 사이에서 벌어지는 의사소통에 관한 이론을 제시했다고 할 수 있다. 과학적 의사소통론의 역사에서 기점을 이룬다고 할 수 있는 소쉬르의 의사소통론이 제시된 후에, 벤베니스트(Benveniste, Emile)와 야콥슨(Jakobson, Roman)은 의사소통에 대해 자신들이 행한 성찰의 결과를 발표한다.

언어적 의미, 곧 언어에서 나타나는 의미에는 예를 들어 두 가지 종류가 있다: 하나는 발화상황과 무관한 문장의 의미, 다른 하나는 발화상황과 유관한 상황적 의미. 전자는 사전의 의미정보를 기반으로 문장에서 구성되는 의미이고, 후자는 화자와 대화자, 그리고 발화 시공간 등의 상황에 의해 영향 받는 상황 문맥적 의미다. 프레게(Frege, Gottlob) 식으로 말하면, Sinn(sens)의 세계와 Bedeutung(référent)의 세계가 의미의 세계의 두 축이다. 이와 같은 유형들의 의미의 주고받음에 대한 이론적 관점을 '의사소통의 의미론'이라고 부를 수 있겠다. 알려져 있다시피, 촘스키 언어학에서처럼 상황 문맥적 의미라는 것은 언어적 의미가 아니라 상황적 의미이기 때문에 언어의 고유한 의미가 아니라고 한계 설정을 한다면, 이른바 언어학의 화용론적 의미를 언어적 의미에 포함할 것인가에 대해서는 이견이 있을 수 있다. 그러나 의사소통은 그 구조에 이미 화자, 대화자 그리고 발화체(énoncé)가 오가는 물리적 시공간 등이 포함되어 있기 때문에, 의사소통에서의 의미는 '랑가주(langage: 언어활동)'에서 나타나는, 의식적 의미를 토대로 구축되는 화용론적 담화의 의미라고 할 수 있다.

앞서 말했듯 의사소통의 의미 구조, 좀더 구체적으로 의사소통에서 의미의 화용론적 구조는 명시적이든 비명시적이든 언어를 둘러싼 고금(古今)의 논의에서 이어져 왔다고 볼 수 있다. 이 글에서는 해당 논의를, 모형(modèle: 실체에 대응하는 이론적 형식)들의 약사(略史) 차원에서 재구성하여 보이고자 한다. 오늘날 과학기술의 발전은 비대면 시대의 의사소통론이라는 또 다른 의사소통론의 도래를 예견하게 한다. 그런데 비대면적 의사소통이라는 것이 완전히 새로운 것은 아니다. 책이라는 과학기술의 도구는 전통적으로 저자와 독자 사이에서 활약하며 간접적 의사소통의 구조를 뒷받침해온 터다. 작금에는 책 대신 컴퓨터와 온라인망(Internet)이라는 과학기술이 P2P(peer to peer) 양식의 의사소통 구조를 만들고 있다. 사실 간접성의 측면을 보면, 저자-독자의 의사소통이 P2P의 의사소통 보다 더 비대면적이라고 할 수 있어서, '비대면적'이라는 형용을 P2P의 의사소통이 전유할 수는 없으리라 본다. 새로운 의사소통론은 과거의 의사소통론들을 참조하며 구축될 때 정확한 좌표를 얻고 진정성을 얻을 수 있을 것이다. 이런 관점에서도 이 글은 쓰인다.

2. 본론

본론에 들어가기 전, 의사소통의 사전적 의미를 검토해보자. CNRTL(centre national de ressources textuelles et lexicales) 사전에 따르면, communication이라는 어휘는 로마제국의 라틴어 communicatio의 변화형으로, 그 단어의 원 의미는 "공유하기(mise en commun)", "말의 교환(échange de propos)", "참여(action de faire part)"의 '인간 활동들'을 의미했다. '말의 교환'이 전체 의미의 일부였다는 점에 주목하자. 전체 의미는 삶의 활동들 중 타인(들)과 함께 하는 몇 가지 활동에 관한 것이고, 언어적 의사소통은 그러한 활동들 중 하나다. 같은 사전이 정리하고 있는 해당 어휘의 문헌상의 자취들을 살펴보면, 13세기 말부터 15세기 초까지 communication은 "maniere(s) d'iestre ensanle, commun("함께 존재하는 방식(들)")"이라는 원래적 의미를 유지하고 있다. 1370년 중세 신학자이자 철학자인 오렘(Oresme, Nicolas)은 communication을 인간관계("relations entre les hommes") 또는 사회적 관계("relations sociales")라는 의미로 사용하고 있으며, 16세기 초에는 "토론(discussion)"과 "회담(pourparlers)"이라는 "다수의 대화"라는 의미로도 사용되었다. 1662년 파스칼(Pascal, Blaise)은 『팡세』에서 같은 말을 "하느님과의 소통(communication avec Dieu)"이라는 표현에서 사용함으로써, 인간관계 뿐 아니라 인간과 신의 관계로 말의 의미 영역을 확대했다. 1677년에는 수필가 미에주(Miège, Guy)가 "성채와 도시가 다리로 소통한다(La citadelle a communication avec la ville par un pont)"이라는 표현에서 사용하여 말의 의미 영역을 사물과 사물 사이의 소통으로 재확대하였다.

2.1 플라톤의 대화론

플라톤의 대화론은 의사소통에 관한 철학적 이론으로 읽힌다. 플라톤에서 '대화(dialogue)' 는 교육적 실천이었을 뿐 아니라 이론화의 대상이기도 하였는데, 서양철학의 아버지는 그것을 '영혼(âme)'의 차원에서 논하였다. 사고(pensée)는 영혼의 차원에서 자기 자신과 행한 대화의 결과다(플라톤 2013: 173). 타인과의 대화든 자기 자신과의 대화든 대화의 운영에는 대화의 기술이 필요한데, 그 기술은 인간을 감각으로부터 구해내어 이데아의 본질(ousia)로 상승할 수 있게 한다고 보았다. 요컨대, 대화(dia-logos: "통하여"-"말") 속에서 진리(logos)가 나타난다. 우시아는 라틴어에서 essentia 또는 substantia(실질)로 번역되는데, 하이데거는 être(존재)라는 대체 번역어를 제시한 바 있다. 다시 말해, 플라톤에서 대화라는 의사소통의 목표는 의미 교환을 통한 상호 이해가 아니라, 의미 교환을 통한 진리 추구이다. 단적으로 말해, 진리를 추구하지 않는 의미 교환은 플라톤 철학의 관점에서 대화라고 할 수 없다.

이와 같이 철학적 의사소통론이라 할 수 있는 플라톤의 대화론은 진리를 향한 방법론, 즉 인식론(épistémologie)의 측면을 갖는다. 대화론의 단초가, 인식론의 출발점이라 할 수 있는 『테아이테토스』에 나타난 것은 그래서 적절하다. 흔히 변증술(dialectique)로 번역되는 대화의 기술은 플라톤에서는 두 가지 방향을 갖는데, 하나는 상승이고 하나는 하강이다. 상승의 기술은 감각적인 것(sensible)에서 추상적인 가지(可知)의 것(intelligible)으로 대화를 이끄는 기술이고, 하강의 기술은 반대 방향의 기술이다.

아리스토텔레스는 스승과 달리 타인과의 대화를 통한 학문 활동을 하지 않았다. 말하자면 그는 자기 자신과의 대화라는 사유(penser)를 통해 학문 활동을 하였고, 그에게 변증술이란 명제(proposition)들을 조직하는 기술을 의미하였다. 그래서 예를 들어 삼단논법이라는 연역 논리는, 진리를 추구하는 철학자가 자기 자신과 나누는 대화 속에서 사용하는 기술, 말하자면 '독백(monologue)의 변증술'이라고 할 수 있다.

잘 알려져 있다시피, 역사철학자 헤겔은 변증술을 역사 분야로 가져가서 대화의 기술을 역사의 발전 법칙(변증법)으로 해석한 바 있다. 즉, 역사에서 필연적으로 나타나는 정(thèse)과 반(antithèse)의 대립 관계는 합(synthèse)이라는 상위 단계로 지양(aufheben)된다는 것이다. 물론 변증법의 최종 단계는 플라톤의 우시아가 아니지만, 지양의 구조를 갖고 있다는 점에서는 변증술과 변증법이 동일하다.

플라톤의 대화론은 철학적 의사소통론이라는 특정 의사소통론이다. 이 의사소통론의 참여자들에는 철학자가 있으며, 철학적 의사소통은 언어활동인 동시에 철학 활동이라고 할 수 있다. 따라서 플라톤의 대화론에는 언어활동에 대한 이론과 철학 활동에 대한 이론이 공존한다. 플라톤의 대화는 변증술이라는 기술의 도움을 받아 진행된다. 그 기술은 언어 자체가 갖고 있는 기술이 아니라, 논리가 지원하는 기술이라고 할 수 있다 - 논리를 언어의 일부로 보는 경우에는 물론 언어 자체의 기술이다. 언어활동과 관련 있는 중세 대학의 예과(propédeutique) 과정에서 변증술(논리학) 과목은 참되게 말하기 과목으로서, 문법(정확하게 말하기) 과목, 수사학(설득력 있게 말하기) 과목과 함께 삼학(trivium)을 구성한다.

플라톤의 대화론의 구조는 다음과 같다.

〈표 1〉

화자(철학자: 교사) ← 발화체(의미) → 대화자(철학자/학생) + 변증술 ↓ 진리

2.2 설득의 의사소통의 구조

진리 추구를 목표로 하는 의사소통, 곧 플라톤적 대화가, 변증술을 기반으로 하는 논리적 의사소통이라 하면, 기원전 485년 경 시칠리아에서 태어났다고 알려져 있는 수사술(나중에 아리스토텔레스에 의해 학적 지위를 얻어 수사학으로 변용됨), 즉 rhétorique(말 잘하는 기술론)는 철학적 대화론과 대립적 위치에 놓여서 발전해온 또 다른 의사소통론이라 할 수 있다. 플라톤의 대화의 목표가 진리 추구인 반면, 수사학적 의사소통의 목표는 사실 목적이라고 불러야할 눈앞의 현실이다. 그것은 한 마디로 '타인(들)을 설득하는 것'이다. 법정에서의 변론, 현실정치에서의 정치 담론 뿐 아니라 문학작품들까지 모두 설득을 목적으로 하는 의사소통인 것이다. 플라톤 철학의 대화처럼 수사학의 설득도 언어를 매개로 이루어지는 언어활동이지만, 운영자가 철학자가 아니라 변론인, 정치인, 문인이라는 점에서 다르다 - 나중에 살펴볼 소쉬르의 의사소통 모형에서 운영자는 일반적 언어사용자다. 진리 추구의 목표이든 설득의 목적이든 그것들이 이루어지려면 언어적 의사소통이라는 관문을 통과해야 한다. 즉, 의미 교환이라는 토대 없이는 진리 추구도 설득도 존재하지 않기 때문에, 철학적 의사소통도 수사학적 의사소통도 언어적 의사소통을 기본으로 한다. 거꾸로 말하면, 언어적 의사소통 일반이 상호 이해를 목적으로 할 때, 철학적 의사소통과 수사학적 의사소통은 진리 추구라는 목표와 설득이라는 목적을 추가적으로 갖는다고 말할 수 있다. 다시 말해, 철학적 의사소통과 수사학적 의사소통은 일반적 의사소통에 비해 두 겹의 의사소통 구조를 갖고 있다고 할 수 있으며, 이러한 구조적 이중성이 일반적 의사소통과 철학적/수사학적 의사소통을 가르는 특성이라고 할 수 있다.

바르트(1985)가 정리하고 있듯, 수사학의 전통은 실로 장구한 전통이다. 그 전통의 기간은 철학 전통, 문법 전통의 기간과 유사하다. 차이점은 위상과 지속성에 있다. 철학의 경우, 그것이 출발한 이후 현재까지 '지혜에 대한 사랑' 또는 '진리 추구'라는 고귀한 이름 아래 그 활동의 가치를 인정받고 있다. 문법 역시 플라톤 이후 오늘날까지, 언어과학의 출현 이후에도 여전히, 말의 정확한 사용에 기여하며 존재 가치를 유지하고 있다. 반면 수사학은 학문의 지위를 얻었음에도 예나 지금이나 남을 속이는 기술자의 궤변술로 폄훼되곤 한다. 서양철학이 이오니아에서 동지중해로, 로마 제국에서 유럽의 중세철학으로 그리고 근대철학과 현대철학에 이르기까지 단절된 적이 없다고 할 때, 문법이 고대 그리스어 문법에서 라틴 문법으로, 포르-르와얄(Port-Royal)의 기술 문법과 보줄라(Vaugelas, Claude Favre de)의 처방 문법에서 학교문법 그리고 언어학적 문법(예를 들어, Riegel, Pellat et Rioul (1994))으로까지 끊임없이 이어져왔다고 할 때, 수사학은 19세기에 단죄 받으며 역사에서 잠시 물러나야 했다. 앞서 말했듯, 수사학은 처음부터 법정의 언어, 현실정치의 언어, 문학의 언어로서, 진리성을 가진 논리와 유관한 문법·변증술과 달리 정치적으로 말하는 방식을 가르쳐왔기에, 달리 말해, 영향을 주려는 언어를 교육해왔기에, 정치적 관점에 의해 공격 대상이 되어왔다. 18세기 프랑스대혁명이라는 정치적 낭만주의 운동은 구체제를 신체제로 대체하게 되는데, 이때 수사학은 일단 위축된다. 수사학이 구체제를 옹호해온 언어 장치로 간주된 것이다. 수사학이, 구체제의 특권계층인 성·속의 권력 집단의 지배를 공고히 하는 데 기여해온 권력 장치로 보인 것이다. 메이어(Meyer, Michel 2011)도 지적하고 있듯, 교회는 강론하는 사제와 청중인 신자들 사이에서 수사학의 언어인 설득의 언어가 전달되는 전형적인 수사학의 공간이었다. 하지만 혁명에서도 웅변은 필요했기 때문에 현실정치에서 수사학은 잠시 복귀하였다. 그러나 혁명의 진정한 주체로서 대혁명의 현실에 환멸을 느끼던 낭만주의자들은 수사학의 복귀를 두고 보지 않았다. 1856년 시집 『Les Contemplations(관조)』에서 빅토르 위고가 한 유명한 말, "Guerre à la rhétorique, paix à la syntaxe(수사학에는 전쟁을, 문법에는 평화를)"의 선언적 의미에 주목할 필요가 있다. 1885년 국무총리였던 페리(Ferry, Jules)는 공화국의 교육 제도에서 수사학을 고전 문학과 프랑스 문학 과목으로 대체하였다. 다시 말하지만, 수사학의 일시적 죽음은 수사학의 언어, 수사학의 의사소통이 얼마나 정치적인 것인가를 웅변한다. 위에서 말했듯, 정치적이라는 것은 영향을 준다는 것과 동의(同意) 표현인데, 문학의 수사학 역시 위고의 관점에서는 단순히 정치적이기만 한 것이 아니라 현실정치와 분리할 수 없는 것이었다. 반면에, 보들레르는 "L'action n'est pas la sœur du rêve.(행동은 꿈의 자매가 아니다.)"라는 표현에서 시(poésie)가 정치적 행동과 무관함을 역설하였는데, 시학(poétique)과 수사학의 공통분모를 통해 수사학에서 건너오는 정치성을 시에서 차단하였다고 해석할 수 있다.

수사학이 다시 역사에 등장한 것은 150년도 지난 20세기 중반에 들어와서이다. 재등장의 핵심 원인은 언어과학의 출현과 관련 있어 보인다. 익히 알려져 있다시피, 소쉬르의 『일반언어학 강의』(1916)를 계승한 이른바 구조주의 언어학은 촘스키의 공학적 언어학 프로그램이 나타나기 전까지 지배적 언어학이었다. 구조주의 언어학의 과학성은 기타 인문사회과학에 큰 영향을 주어, 소위 구조주의라는 사조가 생겨나기까지 하였다. 이 언어학적 전환의 시대에 수사학은, 구조주의 언어학의 학교에서 성장한 일단의 학자들에 의해 재발견되었다고 할 수 있다. 예를 들어, 프로이트나 라캉 같이 구조주의 언어학의 영향을 받은 정신분석학자들에 의해서도 수사학이 재발견되었다고 할 수 있는데, 정신분석이 수사학의 주요 주제인 은유와 환유라는 문채(figure)들을 의식 전(前)의 언어활동 형식으로 가정하였기 때문이다.

현대 수사학은 크게 두 줄기로 나눌 수 있는데, 하나는 논증적 수사학이고, 다른 하나는 문학적 수사학이다. 논증적 수사학은 변론, 현실정치의 담론과 같은 논증적 담화를 분석 대상으로 하여 그 안에서 논증(argumentation)이라는 설득 장치를 드러내고자 한다. 그 논증의 과정이 주로 언어적이기 때문에 논증은 현대언어학의 대상도 된다. 그런데 수사학은 언어적 논증 뿐 아니라, 설득하는 자의 에토스(ethos)와 설득 대상인 자의 파토스(pathos)를 의사소통 구조에서 포함한다. 전자는, 설득하는 자의 진정성(authenticité)과 같은 윤리적 가치를, 후자는, 설득 대상인 자의 이성과 감성으로 이루어진 믿음(croyance)을 포함한다. 물론 에토스와 파토스도, 에토스적 언어 표현과 파토스적 언어 표현이 문제가 될 때는 현대 언어학의 대상이다. 이런 관점에서도 바이이(Bally, Charles)의 문체론 연구를 수사학의 틀 속에서 재해석할 필요가 있다.

2.2.1 논증적 구조

알려진 바와 같이, 페렐만(Perelman, Chaïm 1977)이 시작한 현대의 논증적 수사학은 뒤크로(Ducrot, Oswald)와 같은 언어학자에 의해 언어학의 화용론 분야에서 발전되었다. 언어학의 화용론은 논증의 언어 기제를 밝히는 것을 주된 목적으로 한다. 우리가 보기에, 이단 논증법(enthymème)과 같은 절차와, 공론들(topoï)과 같은 논거들(arguments)이 언어학의 화용론의 논제가 되려면 그와 같은 수사학의 논제들이 언어적 기제에 속하는 것임이 먼저 입증되어야 한다. 반면, 논증적 부사나 논증적 접속사와 같은 언어 표현들은 그런 전제 없이 언어학의 화용론의 분명한 논제다.

의사소통의 논증적 구조는 다음과 같다.

〈표 2〉

화자(변론인/정치인) — 발화체(의미) → 청자(판사, 배심원/정치인, 유권자)
ethos + pathos
수사학(논증)
↓
설득

위의 구조가 보여주듯, 논증적 의사소통은 주로 설득하는 자에서 설득 대상인 자로 일방향으로 진행된다. 이런 상대적 일방향성도 수사학적 의사소통의 특징이다.

2.2.2 문학적 구조

현대 수사학의 두 번째 줄기인 문학적 수사학은 문학이라는 특정 의사소통과 관계있다. 문학은 사회 제도이기도 하다. 그런데 '문학(littérature)'은 18세기에 나타난 개념이다. TLFI(Trésor de la langue française informatisée)에 따르면, 12세기에 문학은 "문자로 쓰인 모든 것"을 의미했다. 그리고 15세기에는 "학문"을 의미했다. 그러므로 문학적 수사학의 전통에서 말하는 '미사여구(élocution, lexis)'라는 것이 곧바로 오늘날 상상력에 기반을 둔 문학을 의미하는 것은 아니다. 그것은 문체적(stylistique) 장식을 가하여 발표문을 작성하는 것을 말한다. 따라서 수사학의 전통은 주로 구어적 의사소통인 논증적 수사학과 주로 문어적 의사소통인 문학적 수사학으로 나눌 수도 있다. 그리고 미사여구에서 문체라는 것은 표현성과 직결되는 것으로 문장을 채색하는 문채(figure)와 깊은 관련이 있기 때문에, 문학적 수사학에서, 수사학과 문체론과 문채론은 만난다고 할 수 있다.

문학적 의사소통론의 구조는 다음과 같다.

〈표 3〉

화자(문인) — 발화체(의미) → 청자(독자)
ethos + pathos
수사학(문체(문채))
↓
설득

문학적 수사학의 전통이 오늘날 문학의 수사학으로 오기까지 그 전개 과정에서는 '문학적 대화'라는 문화와, 프레시오지테(préciosité)라는 문화가 연결고리를 만들고 있다. 문학적 대화는 철학적 대화와 다른 것이다. 일반적으로 전자는 후자와 달리 진리 추구의 목표를 갖지 않는다. 퓌마롤리(1992)가 지적하고 있듯, 문학적 대화는 이탈리아식 대화에서 온 것이다 — 이탈리아식 대화는 언어적 의사소통만 의미하지 않고 그것을 포함하는 '삶의 양식'이다. 삶의 양식으로서의 대화가 언어적 대화로 축소 규정된 것은 프랑스에서다. 사교계(monde mondain)라는 것은 프랑스식 대화가 이루어지는 공간이었다. 구체적으로, 귀족의 살롱들에서 프레시오지테라는 장식적 언어가 만개하였고, 그 언어가 엘리트 문학의 전신이라고 할 수 있다.

2.3 언어과학의 의사소통론

언어연구가 처음 과학화한 것은 19세기 역사비교문법에서이다. 현대언어학의 창시자로 평가되는 소쉬르도 이 역사비교문법의 틀 속에서 활동하였으며 기념비적 업적을 남긴 바 있다(Saussure 1879). 봅(Bopp, Franz)을 실질적 출발점으로 하는 이 문법 또는 언어학에서 과학적 인식론 역할을 해준 것은 생물학이라고 할 수 있다. 생물학은 언어학자들로 하여금 언어가 생(vie)을 갖는다고 생각하게 해주었고, parenté(혈연관계)라는 용어, 어족(famille des langues)이라는 용어 역시 생물학적 언어학의 용어들로 이해할 수가 있다 — 린네(Liné, Carl von)의 자연계에 대한 기본 분류법이 발표된 것은 1735년이고, 18세기에 뷔퐁(Buffon, Leclerc)은 생물의 공통 조상의 가능성을 제시하였다. 역사비교문법은 경험의 축적 위에서 추측(conjecture)이라는 과학적 방법을 통해 모어(langue-mère)를 '재구(restitution)'하고자 했다. 그러나 이 언어학은 의사소통이라는 상호적 언어활동에 대해서는 이론을 제시하지 않았다.

언어과학에서 의사소통에 관한 최초의 과학적 이론은 소쉬르 언어학에서 나타난다. 흔히 소쉬르 언어학을 역사비교언어학처럼 랑그 중심의 언어학으로 오해하지만, 소쉬르 언어학은 언어활동을 중시한 언어학이다. 소쉬르 언어학이 의사소통론을 이론의 기본 단계에서 제시한다는 점도 그 사실을 설명한다. 소쉬르 언어학의 의사소통 모형은 소쉬르 언어학의 핵심을 구성하는 특유의 기호론(théorie des signes)을 바탕으로 구성되었다.

2.3.1 소쉬르의 의사소통 모형

소쉬르 언어학의 핵심은 기호론에 있다고 할 수 있다. 그의 언어학은 기호학(sémiologie)이라는 미래 학문의 분과 학문으로 제시되었다. 소쉬르의 기호론의 핵심은 기호의 내부 분석에도 있다고 할 수 있다. 시니피앙과 시니피에, 그리고 그 양자 간의 결합(association)이라는 세 요소로 구성되는 기호는 소쉬르 언어학에서 정신적(의식적, 심리적) 단위로 설정된다. 이 정신적 기호 단위들의 체계를, 개별언어 공동체의 화자와 청자 일반은 공유한다. 이 공유 체계가 의사소통의 중요한 조건이 된다. 이것이 없으면 의사소통은 불가능하다. 소쉬르 언어학의 의사소통 모형은 다음과 같다.

〈표 4〉

화자/청자의 정신(시니피에-결합-시니피앙) -> 청자/화자의 정신(시니피앙-결합-시니피에)

↑ ↓

⟵

위의 도식은 소쉬르(1916: 27-28)의 도식을 변용한 것이다. 거기에서 의사소통은 대칭적인 순환 구조를 갖고 있다. 그 구조에서는 순환적으로 화자가 청자가 되고, 청자가 화자가 된다. 좀 더 자세히 말하면, 화자의 시니피에는 결합을 거쳐 시니피앙에 이르고, 이 시니피앙을 토대로 화자는 발음을 한다. 이 발음된 시니피앙을 들은 청자는 자신의 정신 속에서 상응하는 시니피앙을 찾고 결합을 거쳐 시니피에로 이르는 해독 과정을 갖는다. 소쉬르적 의사소통은 대화 구조를 갖고 있다. 소쉬르가 상정하는 의사소통은 일반적 화자와 일반적 청자 사이에 이루어지는 것으로, 지금까지 살펴본 다른 의사소통 모형들과 다르다. 예의 다른 의사소통 모형들의 화·청자는 특정 화·청자다. 한편, 소쉬르의 의사소통 모형에는 다른 의사소통 모형들에는 없는 정신적인 것, 달리 말해 뇌(cerveau)와 관련된 부분이 있다 - 소쉬르는 뇌를 생리적(physiologique) 관점에서는 논하고 있지 않고, 심리적(psychologique) 관점에서만 논하고 있다. 이 부분에서 공유되는 것이 언어 기호인데, 소쉬르는 바로 이 언어 기호에서 의사소통이 사회적인 것이 된다고 주장하고, 이 사회적인 언어 기호의 시스템을 랑그(langue)라고 불렀다. 즉, 랑그라는 사회적 언어 조건은 두 사람의 의사소통, 달리 말해 순환적 언어활동을 가능하게 하는 것인데, 이 조건은 앞선 다른 의사소통 모형들에서는 전혀 논의된 바 없다. 소쉬르의 의사소통론은 이처럼 의사소통이 기본적으로 사회적 언어라는 토대 위에서 가능한 것임을 밝히고 있다. 물론, 소쉬르의 의사소통 구조는 기본적이고 일반적인 의사소통 구조일 뿐이다. 거기에는 예를 들어 화/청자의 에토스/파토스는 전혀 고려되지 않고 있어서, 인간이 의사소통의 심리적 기계로 취급된 것은 아닌가 싶을 정도로 객관화되어 있다. 소쉬르 이전의 언어학에서 언어를 살아있는(vivante) 생물처럼 여겼던 것을 생각해보면 격차가 느껴지는 대목이다. 예의 심리적 기제의 작용 과정은 코드화(codage)와 해독(décodage)이다. 화자는 코드화하는 존재이고 청자는 해독하는 존재다. 두 대립적 작용 과정은 코드를 전제로 진행된다. 소쉬르 언어학에서 의사소통의 참여자는 코드화와 해독 능력을 장착한 자다.

2.3.2 벤베니스트의 의사소통론

소쉬르의 계보에 속하지만 자신만의 고유한 언어학을 펼친 벤베니스트(Benveniste, Emile 1966: 60)는 인간언어와 꿀벌의 언어 사이의 핵심적 차이점 중 하나를 대화의 존재 유무에서 찾는다. 인간언어에는 대화가 있고 꿀벌의 언어에는 대화가 없다는 것은, 전언을 받은 대화자가 언어적 반응, 다시 말해 대답을 할 수 있다/없다는 것을 의미한다. 그리하여 대화적 의사소통은 다양해지고 무한해질 수 있는 반면, 비대화적 의사소통은 빈약하다. 정보의 전달과 수용만이 비대화적 의사소통의 전부인 것이다. 전언의 소재 역시 빈곤하다. 꿀벌의 의사소통의 전언은 정해져있다. 반면 인간의 전언의 소재는 무궁무진하다. 고정된 전언들의 의사소통은 대화가 아니다. 대화는 전언의 소재의 자유를 포함한다.

벤베니스트는 이와 같은 대화적 의사소통의 부재를 언어활동 능력과 언어활동의 부재로 보고, 언어활동의 부재를 사회의 부재로 확대해석한다. 즉, 꿀벌의 집단은 언어활동을 기반으로 하는 '사회'가 아니라는 것이다. 반대로, 인간사회는 대화적 의사소통의 토대 위에서 존재한다고 할 수 있다. 이와 같이 벤베니스트의 의사소통론에서, 말하자면 '대화주의'는 벤베니스트의 언어학에 짙은 사회성과 함께 인류학적 지평을 주게 된다. 벤베니스트(1969a, b)가 언어 기호들과 사회문화의 관계에 대해 천착한 것 역시 이러한 배경에서 이해할 수 있다.

한편, 벤베니스트의 대화적 의사소통론은 독자 중심의 문학론들과 연결된다. 현대문학의 의사소통 구조에서 독자는 더 이상 수동적 대상이 아니라 능동적 주체다. 달리 말해, 영향 받는 존재이면서 영향을 주는 존재라고 주장된다. 심지어 바르트는 독자를 전언의 의미를 결정하는 자로서 재고한다. 다시 말해, 바르트적 의사소통 구조에서 가장 강력한 주체는 독자이다. 이 전복적 이론을 일반화하면, 의사소통 구조에서 가장 강력한 주체는 대화자인 것이다. 벤베니스트의 상호주체적(intersubjective) 의사소통 이론에서 말해보면, 인간과 달리 꿀벌과 같은 동물은 전언의 의미의 결정권이 없다고 할 수 있고, 인간의 대화에서는 화자/대화자가 계속 바뀌면서 대화자가 의미를 결정한다고 말할 수 있다.

또 한 가지 흥미로운 점은 벤베니스트의 언어학에서 수사학, 화용론 그리고 의사소통론의 관계이다. 뒤크로(Ducrot, Oswald)는 언어학의 화용론의 개척자가 바이이(Bally, Charles)라고 말한 바 있다. 바이이는 제네바의 시장(市場) 상인의 아들로, 자신이 경험한 시장이라는 공간의 대화 언어에 주목하고 화용론의 기초를 열었다. 벤베니스트는 화용론의 아버지는 아니지만 화용론에 지대한 공헌을 했다. 그런데 그의 화용론은 수사학과 관련이 있고 의사소통론과 관련이 있다. 데송(Dessons, Gérard 1993: 27)도 지적하고 있듯, 벤베니스트는 화용론의 개념을 수사학에서 가져왔다고 말한다:

> 발화자는 랑그를 대화자의 행동에 어떤 식으로든 영향을 주려고 사용한다.
> (L'énonciateur se sert de la langue pour influencer en quelque manière le comportement de l'allocutaire.)

> 명령문은 청자에게 작용하려는 것이기 때문에 화용론적이다.
> (La forme impérative se caractérise comme pragmatique, parce qu'elle vise à agir sur l'auditeur)

이상의 인용문들에서 엿볼 수 있듯, 화용론은 수사학적이다. 수사학의 목적도 타인을 설득하여 타인의 특정 행동을 유발하려는 데 있기 때문이다. Pragmatique라는 단어 자체가 행동과 관련 있다(주지하다시피, 고대 그리스어 $\pi\rho\alpha\gamma\mu\alpha$(prâgma)는 "행동(action)"이란 의미임). 이와 같이, 벤베니스트의 화용론적 의사소통 개념은 수사학과 내밀하게 연결된다. 데송(1993: 27)의 말처럼, 벤베니스트의 의사소통 개념에서 전언은 전달되는(transmettre) 것이 아니라 실은 화용론적 목적을 실현하(réaliser)는 데 사용되는 것이라 할 수 있고, 대화는 나(je)와 너(tu), 즉 1인칭과 2인칭의 상보적 행동(action complémentaire)이라고 할 수 있다.

2.3.3 야콥슨의 의사소통 모형

역시 소쉬르의 계보에 속하는 야콥슨은 「언어학과 시학」이라는 논문과 「언어학과 의사소통론」이란 논문에서 자신의 유명한 의사소통론을 제시한다.

〈표 5〉

	문맥	
화자 —	전언	— 대화자
	접촉	
	코드	

위의 도식에서 볼 수 있듯, 야콥슨이 제시한 의사소통의 구조에는 기본적으로 여섯 가지 부문이 필요하다. 의사소통의 두 참여자인 화자와 대화자가 있어야 하고, 전언이 있어야 한다. 그리고 전언이 놓이는 문맥이 필요하고, 화자와 대화자의 접촉이 있어야 한다. 마지막으로 코드가 있어야만 한다. 이 마지막 지점에서 야콥슨은 소쉬르의 의사소통 모형을 계승한 학자가 된다. 왜냐하면 코드란 랑그 자체를 가리키는 것이기 때문이다. 이 코드를 공유한 화자와 대화자는 코드화와 해독을 행하는데, 그것을 야콥슨은 일종의 번역 과정(reformulation)으로 보았다(야콥슨 1963b: 95). 그리고 그 번역 과정에 개입하는 번역의 원리가 의미의 등가(équivalence)이다. 야콥슨에서 의사소통은 번역의 과정이고, 의사소통의 원리는 등가라고 할 수 있는 것이다. 야콥슨

(1989: 57)이 스스로 밝히고 있듯, (표5)의 모형에서, "화자", "대화자", "문맥" 부문은 뷜러(Bühler, Karl 1933)의 의사소통 모형에서 먼저 제시된 것이고, "접촉" 부문은 말리노브스키(Malinowski, Bronisław 1953)에서 가져온 것이다. 나머지 "전언" 부문을 야콥슨은 「언어학과 시학」에서 집중해서 다룬다.

「언어학과 시학」은 원래 인디아나 대학교에서 열린 언어학자들, 인류학자들, 심리학자들, 문학비평가들의 '문체'를 둘러싼 학제적 컨퍼런스에서 발표한 것이다. 널리 알려져 있다시피, 야콥슨은 프라하학파의 초대 부회장으로서 소쉬르 언어학의 진정한 계승자 중 한 명이다. 그는 과학의 이름 아래 언어학의 대상을 축소하려는 흐름에 반대하며, 시언어를 포함하여 언어라고 부를 수 있는 모든 것에 대해 관심을 가져야 한다고 언어학자들을 일깨우던 언어학자다. 그의 번역론에 따르면 언어란, 문체론에서 말하듯, 표현(expression)과 동의어다. 따라서 음악도 회화도 사진도 영화도 광고도 모두 언어다. 이 언어들 간의 번역을 야콥슨은 언어 간 번역(traduction intralinguale)이라고 부르며, 하나의 언어 안에서의 다시 쓰기(reformulation) 그리고 랑그와 랑그 사이에서의 번역(traduction interlinguale)과 구분했거니와, 야콥슨의 언어 일반에 대한 방대한 관심에 걸맞게 야콥슨의 의사소통론은 일견 간단해보여도 함의하고 있는 것이 많아서, 그것을 통해 다양한 성찰과 사유가 가능하다.

예를 들어, "접촉"에 대해 말해보자. 접촉은 단순한 화·청자의 접촉만을 의미하는 것이 아닐 수 있다. 그것은 의사소통의 기본 개념을 무너뜨릴 정도의 파괴력을 갖고 있다. 이 글의 모두(冒頭)에서 말했듯, 의사소통은 기본적으로 의미의 상호이해를 목적으로 하는 개념인데, 인간은 "접촉"을 통해서 의미의 상호이해를 목적으로 하지 않는 상호적 언어활동을 하기 때문이다. 다시 말해, 상당수 인간의 대화는 의미의 상호이해가 중요한 것이 아니라, 상호간의 친밀성을 확인하는 것이 중요한 언어활동이다. 정확하게 말하면 그것은 의사소통 활동이 아닌 친교 활동이다. 달리 말해, 인간은 "접촉"을 통해, 의미를 주고받기 위해서가 아니라, 사회적 관계를 만들거나 확인하거나 재확인하거나 돈독하게 하기 위해 상호적 언어활동을 하는 것이다. 이 지점에서 의사소통과 예의 상호적 언어활동은 구분해야 할 필요성이 나타난다. 의사소통이 아닌 상호적 언어활동도 존재하는 것이다. 물론 의사소통을 의미의 교환을 넘어서 친교 활동까지 포함하는, 확대해서 말해 사교 활동까지 포함하는 것이라고 정의한다면, 의사소통과 의사소통이 아닌 상호적 언어활동을 구분할 필요성은 사라진다.

야콥슨이 제시한 의사소통의 구조를 이루는 여섯 가지 부문은 모두 언어적인 것이다. 여기서 "언어적"이라는 것은 구체적 언어 표현들과 관련 있다는 뜻이다. 「언어학과 시학」에서 야콥슨은 의사소통의 여섯 가지 부문에 대해 설명하고 있다. 야콥슨에 따르면 해당 부문들은 언어의 여섯 가지 기능(fonction)과 관련 있다 — 프라하학파에 의해 구축된 언어학의 구조주의는 기능주의이기도 한데, 그 기능주의가 의사소통 모형에서도 실현된 것이다. 야콥슨에서 의사소통은 여섯 가지 기능들의 복합체라고 할 수 있다. 달리 말해, 그 기능들의 복합체가 '의사소통'이라는 작동(fonctionnement)을 한다고 말할 수 있다.

〈표 6〉

지시 기능
감정 표시 기능 —— 시적 기능 —— 능동적 기능
친교 기능
메타언어적 기능

위의 표는 의사소통에 협력하는 여섯 가지 부문이 갖는 기능을 나타내고 있다. 일반적으로 그 기능들은 의사소통에서 함께 작용하지만, 어떤 언어 표현이 관계되느냐에 따라 '지배적' 기능이 달라진다. 예를 들어, 감탄문의 경우는 감정 표시(émotive) 기능이 지배적인 경우다. 지시(référentielle) 기능은 지시적 의미를 얻는 경우로 대부분 언어 표현이 여기에 해당한다. 친교(phatique) 기능을 하는 언어 표현은 의례적 인사 표현 같은 것이다. 이 기능의 언어 표현은 어린아이가 가장 먼저 습득하는 표현이라고 한다. 다른 말로 하면, 어린아이는 의사소통의 친교 기능을 가장 먼저 배운다. 능동적(conative) 기능은 대화자 부문과 관련 있는 것으로 대화자의 행동을 부르는 명령문이나 호격(vocative) 표현 같은 것과 관련 있다. 메타언어적 기능은 언어 코드 자체에 대해 언급하는 언어 표현이 갖는 기능이다. 예를 들어, 'Le ciel est bleu' est grammatical ("Le ciel est bleu는 문법적이다")이란 문장은 메타언어적 기능이 지배적인 언어 표현이라 할 수 있다. 이 기능의 상실은 실어증과 유관하다고 야콥슨은 말한다. 여섯 가지 기능 중 어떤 기능이 지배적이냐에 따라, 다시 말해 어떤 기능이 지배적인 언어 표현이 나타나는가에 따라, 의사소통의 구조가 달라지기 때문에 의사소통의 구조는 원칙적으로 여섯 가지가 있다고 할 수 있다. 다시 말해, 여섯 가지 대화 언어가 있다고 할 수 있다.

야콥슨이 제시한 의사소통론은 다양한 언어 표현들을 여섯 가지로 대별하고 그 언어표현들의 의사소통에 관여하는 구조를 밝힌 셈이다. 야콥슨도 의사소통과 정보 전달이 다른 것이라고 말하는데, 정보 전달은 말하자면 (표 6)에서 지시 기능만 나타나는 경우라고 할 수 있다. 벤베니스트처럼 야콥슨(1963b: 89)도 수사학이 언어학의 한 분야라고 말한다. 사실 예를 들어 감정 표시 기능은 화자의 태도와 관련 있기 때문에, 수사학의 틀 속에서 말하면 에토스와 유관하다고 말할 수 있다. 전언과 관련 있는 시적 기능 역시 은유, 환유 등의 문채 기제를 통해서 수사학과 시학에 공히 관련된다고 할 수 있다.

위에서 말했듯, 야콥슨에 따르면 시적 기능은 전언 자체와 관계가 있다. 여기서 전언이란 의미만 가리키는 것이 아니다. 그것은 발화체에 가까운 개념이다. 발화체 자체가 시적 기능과 관련 있다는 것은 여러 수준에서 설명되지만 단적으로 말하면, 시작법(versification)이라는 작법을 통해 만들어진 문장의 발화체는 시적 기능이 지배적인 표현이라 할 수 있다. 시작품에 사용된 시언어는 시적 기능이 지배적이지만, 시언어의 종류에 따라 다른 기능들의 구조도 달라진다. 서사시는 3인칭의 언어이기 때문에 지시 기능이 우세하고, 서정시는 1인칭이기 때문에 감정 표시 기능이 전면적이다.

3. 결론

의사소통이 언제나 성공적인 것은 아니다. 오히려 부조리 문학의 작품들이 말해주듯, 의사소통은 많은 경우 실패한다. 현대언어학에서도 의사소통의 실패를 말한다. 여러 가지 경우가 있는데, 실어증과 같은 극단적이고 다양한 경우도 있어서, 의사소통 장애를 치료하는 응용언어학이 '언어치료'라는 이름으로 발달해있다. 야콥슨 역시 실어증 분야에서 선구적 업적을 남겼다. 의사소통에 관한 다양한 이론들은 인간의 의사소통이 복합적이고 복잡한 것임을 알려준다. 그런 복합적이고 복잡한 기제 속에서 언제나 성공적인 의사소통이 이루어지기를 바란다는 것이 현실적으로 무리일 수 있다.

이 글에서는 의사소통에 관한 기존 이론들, 즉 플라톤의 대화론, 수사학의 논증적/문학적 이론, 소쉬르의 이론, 벤베니스트와 야콥슨의 이론들을 일별하면서 각각의 특징을 모형들을 토대로 재정리하고자 했다. 의사소통에 관한 이론들은 나름대로 역사를 이루고 있다고 말할 수 있다.

이제 또 다른 의사소통론의 출현을 기대할 수 있다. 이미 토마셀로(Tomasello, Michael 2008)에서처럼 의사소통의 기원들에 대한 진화론적 논의들이 존재한다. 다른 한 편, 맥루언(McLuhan, Marshall 2001/1964)에서처럼 현대사회의 미디어라는 새로운 매체 기술문명을 통한 의사소통의 확대 양상에 대한 논의들도 존재한다. 대중매체 시대에 언어적 의사소통론이 대중매체론과 연결되며 간학문적인 매체적 의사소통론으로 이어진 것이다. 하버마스(Habermas, Jürgen 2006)의 사회철학적인 의사소통 행위론 역시 주목된다.

최근 발달하고 있는 인공지능과 인간의 의사소통의 시대에는 새로운 의사소통론이 필요할 것이다. 그것은 미증유의 의사소통에 대한 이해를 위해 필요하고, 해당 의사소통의 실천을 위해서도 필요할 것이다. 이 논문에서 다룬 의사소통론들에 대한 보다 심층적인 논의는, 진행 중인 의사소통론 연구에서 이어질 것이다.

참고문헌

아리스토텔레스(2017), 천병희 옮김, 『수사학/시학』, 서울, 숲.

올리비에 르불(1999/1984), 박인철 옮김, 『수사학』, 서울, 한길사. (원전: Reboul, O. *La Rhétorique*, Paris, PUF.)

로만 야콥슨(1989/1960), "언어학과 시학", 『문학 속의 언어학』, 서울, 문학과지성사. (원전: Jakobson, R., "Linguistics and Poetics", *Style in Language*, ed. by T. A. Sebeok, New York · London, MIT Press & John Wiley & Sons, Inc.)

롤랑 바르트(1985/1970), 김성택 옮김, 「옛날의 수사학」, 『수사학』, 서울, 문학과지성사. (원전: Barthes, R.(1970), "L' Ancienne rhétorique", *Communications,* 16, 172-229.)

위르겐 하버마스(2006a), 장춘익 옮김, 『의사소통행위론』1 – 행위합리성과 사회합리화, 서울, 나남출판.

위르겐 하버마스(2006b), 장춘익 옮김, 『의사소통행위론』2 – 기능주의적 이성 비판을 위하여, 서울, 나남출판.

플라톤(2013), 정준영 옮김, 『테아이테토스』, 서울, 이제이북스.

Arnauld & Lancelot(1969/1660), *Grammaire générale et raisonnée,* Paris, Republications Paulet.

Bally, Ch.(2012/1905), *Précis de stylistique*, Reprinted from the Collections of the University of California Libraries/Genève, A. Eggimann & Cie, Libraires-Editeurs.

Benveniste, E.(1966/1952), "Communication animale et langage humain", *Problèmes de linguistique générale I*, Paris, Gallimard.

Benveniste, E.(1969a), *Le Vocabulaire des institutions indo-européennes I*, Paris, Editions de Minuit.

Benveniste, E.(1969b), *Le Vocabulaire des institutions indo-européennes II*, Paris, Editions de Minuit.

Benveniste, E.(1974), *Problèmes de linguistique générale II*, Paris, Gallimard.

Bühler, K.(1933), "Die Axiomatik der Sprachwissenschaft", *Kant-Studien*, XXXVIII, 19-90.

Dessons, G.(1993), *Emile Benveniste,* Paris, Bertrand-Lacoste.

Ducrot, O.(1980a), *Les Echelles argumentatives*, Paris, Editions de Minuit.

Ducrot, O.(1980b), *Les Mots du discours*, Paris, Editions de Minuit.

Fumaroli, M.(1992), *Trois institutions littéraires*, Paris, Gallimard.

Hugo, V.(1973/1856), *Les Contemplations*. Paris, Gallimard.

Jakobson, R.(1963a/1959), "Aspects linguistiques de la traduction", *Essais de linguistique générale*, Paris, Minuit. (원전: "On Linguistic Aspects of Translation", *On translation,* Cambridge, Havard University Press, 232-239.)

Jakobson, R.(1963b/1961), "Linguistique et théorie de la communication", *Essais de linguistique générale*, Paris, Minuit. (원전: "Linguistics and Communications Theory", *Structure of Language and its Mathematical Aspects*, ed. by R. Jakobson, Proceedings of Symposia in Applied Mathematics, 12, 245-252.)

Malinowski, B.(1953), "The Problem of Meaning in Primitive Languages", in C. K. Ogden and I. A. Richards, *The Meaning of Meaning*, New York and London, 296-336.

McLuhan, M.(2001/1964), *Understanding Media : the Extension of Man*, London, Routledge.

Milner, J.-Cl.(1989), *Introduction à une science du langage*, Paris, Seuil.

Milner, J.-Cl.(2002), *Le Périple structural*, Paris, Seuil.

Meyer M.(2011), 수사학 관련 Collège de France 연속 강연 동영상 자료.

Perelman, Ch.(1977), *L'Empire rhétorique*, Paris, J. Vrin.

Riegel, M., Pellat J.-Ch. et R. Rioul(1994), *Grammaire méthodique du français*, Paris, PUF.

Saussure, F. de(1879), *Mémoire sur le système primitif des voyelles dans les langues indo-européennes*, Leipzig, Teubner.

Saussure, F. de(1972/1916), *Cours de linguistique générale, Edition critique de T. de Mauro*, Paris, Editions Payot.

Tomasello, Michael(2008), *Origins of Human Communication*, Cambridge: Massachusetts, MIT Press.

Vaugelas, C. F. de(1996/1647), *Remarques sur la langue française*, Paris, Editions Ivrea.

디지털 의사소통 매체의 사용과 한국어의 변화 가능성

조태린(연세대, 국어국문학)

1. 머리말

한국에서 디지털 의사소통 매체에서 사용되는 언어의 특성에 대한 연구는 이미 적지 않은데, 이러한 연구들은 주로 '(인터넷) 통신 언어'라는 용어와 함께 이루어졌다. 이를 학문 분야로 나누어 보면, 국어학적 접근(정진수 2005, 박철주 2006, 이주희 2010 등)이나 커뮤니케이션학적 접근(박현구 2006, 박현구 외 2010 등)도 있었지만, 사회언어학적 접근이 가장 활발했다(이정복 2003, 2009, 2017, 신승용 2005, 2018 등). 이러한 기존 연구들을 통해 우리는 디지털 의사소통 매체에서 새롭게 나타나는 언어 현상들에 주목하게 되었고, 그러한 언어 현상의 다양한 양상과 특성을 이해하게 되었다. 따라서 이 글이 디지털 의사소통 매체에서 사용되는 언어가 어떠한 점에서 새로우며 어떠한 특성을 가지고 있는지를 기술하는 기존의 논의를 반복할 필요는 없을 것이다. 그보다 이 글은 다음과 같은 두 가지 질문을 통해 조금 더 나아간 논의를 해 보고자 한다.

첫째, 디지털 의사소통 매체에서 사용되는 언어는 다른 매체나 일상적인 구어 대화에서 사용되는 언어와 전혀 다른 언어인가?

둘째, 디지털 의사소통 매체에서 사용되는 언어가 지금까지 사용하던 언어를 근본적으로 변화시키는 측면이 있는가?

먼저 첫 번째 질문에 답을 하기 위해서는 기존 연구들에서 디지털 의사소통 매체에서 사용되는 언어의 특성으로 제시된 것들을 체계적으로 정리하고, 이러한 특성이 다른 매체나 일상적인 구어 대화에서는 나타나지 않는 것인지를 확인할 필요가 있다. 그리고 디지털 의사소통 매체에서 사용되는 언어의 고유한 특성이 있다면, 그 특성을 어떠한 관점에서 이해하는 것이 적절한지 논의해 보아야 할 것이다. 다음으로 두 번째 질문에 답을 하려면 주요한 기존 연구의 논의와 쟁점을 검토하여 분석의 틀을 마련하고, 그 틀을 바탕으로 디지털 매체에서 사용되는 언어의 특성이 지금까지 사용하던 언어에 전이되거나 확장되면서 그 형식이나 사용 방식을 변화시키고 있는지를 확인하는 것이 필요할 것이다.

그러나 일종의 시론 수준의 논의를 시작하는 이 글에서 위의 두 가지 질문에 대한 답을 온전하게 제시하기는 어려울 것이다. 그것을 위해서는 디지털 의사소통 매체에서 나타나는 실제의 언어 사용 양상을 대규모 자료를 바탕으로 구체적으로 조사하고 분석하는 작업이 선행되어야 하기 때문이다. 따라서 이 글은 기존 연구들에 대한 상세한 검토와 비판적 고찰을 바탕으로 위의 두 가지 질문에 대한 해답을 내기 위해 필요한 연구와 향후 과제의 방향을 모색하는 것에 논의를 한정하고자 한다. 이를 통해 기존의 연구들에서 쟁점이 되어 왔으나 아직까지 분명한 결론을 내리지 못한 몇 가지 문제들을 정리하고 향후 그에 대한 해답을 구할 수 있는 계기가 마련될 수 있기를 기대한다.

2. 디지털 의사소통 매체에서 사용되는 언어의 명칭

디지털 의사소통 매체에서 사용되는 언어의 명칭에 대해 논의하기 위해서는 먼저 '디지털 의사소통 매체'의 개념과 범위를 분명하게 하는 것이 필요하다. 이 연구에서 사용하는 디지털 의사소통 매체라는 용어는 인터넷 기반 통신망을 기반으로 의사소통을 위해 사용하는 모든 종류의 매체(media)를 가리키는데, 이는 가장 초기적 형태의 전자우편(e-mail)에서 시작하여 온라인 게시판, 블로그, 대화방, 메신저 등은 물론이고 최근 사용이 급격하게 증가하고 있는 사회적 소통망 서비스(SNS)까지 모두 포함할 수 있다. 이러한 디지털 의사소통 매체에서 사용되는 언어를 가리키는 용어는 매우 다양한데, 먼저 국내외의 주요 기존 연구에서 사용하는 몇 가지 용어들을 살펴보자.

디지털 의사소통 매체에서 사용되는 언어를 가리키는 용어로 국내의 기존 논의에서 가장 많이 사용되는 것은 '인터넷 통신 언어'인데, 그 대표적인 정의로는 "전자 통신에서 사람들 사이의 의사소통을 위해 사용하는 모든 종류의 글자 언어"(이정복 2003: 21)를 들 수 있다. 이를 줄여서 '인터넷 언어', '통신 언어' 또는 '통신어'라고 부르기도 하는데, 최근에는 상대적으로 간략한 통신 언어라는 명칭이 많이 사용되고 있다. 초기에는 위의 정의에서 나타난 것처럼 '글자'에 주목했지만, 최근에는 글자만이 아니라 문장 부호, 숫자, 그림 문자(이모티콘) 등으로까지 논의가 확장되고 있다. 이 용어는 가장 널리 쓰인다는 점에서 학문적 논의와 소통에서 유리한 점이 있지만, 빠른 속도로 변화하고 발전하는 디지털 의사소통 매체들, 특히 다양한 기능과 획기적인 플랫폼을 가진 사회적 소통망 서비스에서 사용되는 언어를 다루기에는 다소 구식(舊式)이라는 느낌을 주기도 한다.

실제로 (인터넷) 통신 언어는 인터넷을 기반으로 하는 PC 통신 언어, 게시판 언어, 전자우편 언어, 채팅어 등으로 사용 가능한 의미 영역이 제한된다는 비판이 존재하고, 이를 대체하는 용어로 '사이버 언어'가 등장하기도 했다. 사이버 언어는 "전자매체를 매개로 하여 형성된 비대면적 가상의 사이버공간에서 사용되는 의사소통 행위로서, 쓰여진(Written Language) 언어"(송민규 2003: 59)로 정의되며, 전자우편, 게시판, 채팅, 메신저, 컴퓨터게임, 웹 등 다양한 유형의 디지털 커뮤니케이션에서 두루 사용되는 언어(시정곤 2004: 53)라고 할 수 있다. 이는 인터넷 통신 언어보다 컴퓨터를 매개로 한 가상공간상의 의사소통에 사용되는 언어를 가장 포괄적으로 가리킬 수 있다는 점에서 장점이 있다. 이와 유사한 의미를 지닌 용어로 '온라인 언어'도 제안되었는데, 온라인 언어는 실제로 사용되는 경우가 많지 않다.

인터넷 통신 언어와 사이버 언어가 매체 사용 공간 또는 환경을 주요하게 고려한 용어라면, 그러한 공간에 참여하는 사용 주체를 강조하는 용어로 '네티즌 언어'가 제안되기도 했다. 네티즌 언어는 "컴퓨터나 인터넷이라는 가상공간에서 네티즌이 중심이 되어 이루어지는 커뮤니케이션에 사용되는 모든 언어"(서은아 2007: 41)라고 정의된다. 이러한 네티즌 언어는 가상공간에서 의사소통하는 주체들을 하나의 사회집단으로 설정하고 그들이 사용하는 언어를 일종의 사회 방언으로 간주하는 것인데, 이 용어 역시 그리 널리 사용되지는 않고 있다.

한편 국외에서 널리 쓰이는 용어로는 직역하면 '인터넷말'이라고 번역할 수 있는 'Netspeak'가 있다. 이 용어는 'Netlish(인터넷어)', 'Weblish(웹어)', 'Internet language(인터넷 언어)', 'cyberspeak(사이버말)', 'electronic discourse(전자 담화)', 'electronic language(전자 언어)', 'interactive written discourse(상호작용적 문어 담화)', 'computer-mediated communication (CMC, 컴퓨터 매개 의사소통)' 등의 기존 용어들을 포괄하고 대체하는 용어로 제안되었다. Netspeak는 주요 영어 사전(온라인판)에 등재되고 최근까지도 많은 학술논문에서 확인될 정도로 널리 사용되고 있는데, 이는 Netspeak가 그보다 앞서 사용된 Webspeak보다 더 포괄적이며 간결하면서도 충분히 실용적인 용어라고 판단되기 때문인 듯하다. 다만 이 용어에서 유의해야 할 점은 Netspeak에서의 'speak'가 말하기뿐만 아니라 쓰기도 포함하며, '듣기와 읽기' 같은 수용적 요소까지 포함하는 의미를 가진다는 것이다.(Crystal 2006: 19).

또한 더 최근에는 넓은 의미에서 컴퓨터 매개 의사소통(computer-mediated communication, CMC)에 사용되는 언어를 가리키는 'Digilect(디지털방언)'이라는 용어도 등장했다. 이 용어는 컴퓨터가 아닌 다른 매체에 의해 이루어지는 의사소통에서는 나타나지 않고 컴퓨터에 기반하는 의사소통에서만 특징적으로 나타나는 특정한 자질을 가진 '새로운 언어 변종(new language variety)'을 가리키기 위해 제안되었다(Veszelszki 2017: 23).

이상과 같은 다양한 용어들은 모두 디지털 의사소통 매체에서 사용되는 언어를 가리키기 위해 제안된 것들이다. 따라서 그 개념과 지시 범위에는 적지 않은 공통점이 존재하지만, 각각 초점을 두고자 하는 부분에서는 약간씩의 차이가 발견된다. 그런데 문제는 이러한 용어들이 인터넷을 기반으로 끊임없이 변화하고 발전하고 있는 디지털 의사소통 매체와 그 매체에서 특별히 사용되는 언어 또는 언어적 특성을 논의하기에 충분하지 않다는 사실이다. 이런 까닭에 이 글에서는 다양한 디지털 의사소통 매체와 거기에서 사용되는 특정한 언어 또는 언어적 특성을 포괄하면서 그러한 언어 사용의 매체 또는 사용역(register)을 중요시하는 차원에서 '디지털 매체 언어'라는 용어를 사용하기로 한다.

3. 디지털 매체 언어의 주요 특성

앞서 언급한 것처럼, 국내외를 막론하고 2000년대 초부터 활성화되기 시작한 디지털 매체 언어의 특성에 대한 관심과 연구는 지금까지 계속 이어지고 있으며, 이를 통해 이미 우리는 디지털 매체 언어의 다양한 특성에 대해 적지 않은 지식을 갖게 되었다. 기존 연구들의 성과를 종합하여 정리할 수 있는 디지털 매체 언어의 주요 특성은 크게 일곱 가지로 나누어 볼 수 있는데, 표기 규범 위반, 음차 표기, 줄임말 사용, 음절 · 음소 첨가, 의성 · 의태어 사용, 유아어 사용, 비언어적 표현 수단 사용 등이 그것이다. 이러한 특성들이 디지털 매체 언어에서만 나타나는 것은 아니지만, 디지털 매체 언어에서 특별히 두드러진다는 점에서 주목할 만하다. 각각의 특성을 기존 연구에서 제시한 예시들과 함께 살펴보면, 다음과 같다.

첫째, '표기 규범 위반'은 기존 연구들에서 공통적으로 가장 많이 언급하고 있는 디지털 매체 언어의 특성으로 현행 표기 규범을 준수하지 않는 표기를 의미하는 것이다. 이러한 표기들은 현행 표기 규범에서는 원래의 형태를 밝혀 적도록 한 경우에도 연음되거나 동화되는 소리를 그대로 적거나 표준 발음으로 인정되지 않는 구어 발음을 그대로 표기하는 것들이 대부분이다.

(1) 가. 책 일거써, 기분 조아, 조쿠말구 (한동완 2003: 362)

나. 그러치, 학원끈내고, 봄두 만만치 안을거야 (이주희 2010: 6-7)

다. fone (phone), shud (should), Thru (through) (Crystal 2009: 48-49)

표기 규범 위반은 넓은 의미에서의 표기 규범의 일부를 구성하는 띄어쓰기 규범을 준수하지 않는 경우도 포함하는데, 규범에서 요구하는 것 이상으로 띄어 쓰는 경우는 드물고 경제성의 원리를 명분으로 거의 붙여 쓰는 경우가 대부분이다.

(2) 가. 언니가두껍게입었드라구, 유치원행사하는데 (이주희 2010: 6)

나. 오늘또버림받네, 개강을했는데도방학같다 (이정복 2012: 184)

다. omigod (oh my god), wassup (what's up) (Crystal 2009: 48-49)

둘째, '음차 표기'는 디지털 매체 언어의 대표적 특성 중의 하나로 특정 단어나 표현(또는 그 일부)의 소리를 원래의 표기 문자가 아닌 다른 숫자나 기호, 문자 등으로 표기하는 것을 의미한다. 이때 이용되는 숫자나 기호, 문자 등은 원래의 의미와는 의미적 관련성이 전혀 없고 단지 소리가 같거나 비슷하다는 점만을 이용하는 것이다.

(3) 가. 8282 (빨리빨리), 1010235 (열렬히 사모해), R겠G (알겠지) (이주희 2010: 8)

나. B4 (Before), 2go (to go), 2C (to see), gr8 (great) (Crystal 2009: 25)

셋째, '줄임말 사용' 또한 디지털 매체 언어의 특성으로 흔히 언급되는 것 중의 하나인데, 이는 하나 또는 둘 이상의 단어를 짧게 줄여서 사용하는 것을 의미한다. 이때의 줄임말은 음소 또는 음절을 축약하거나 탈락시키는 방법과 어절의 첫 음절이나 각 음절 또는 어절의 초성만을 남기는 방법을 통해 만들어진다.

(4) 가. 함 (한번), 아님 (아니면), 땜에 (때문에), 첨 (처음) (한동완 2003: 365)

나. 강추 (강력추천), 공구 (공동구매), 정모 (정기모임) (이주희 2010: 13)

다. 슬 (슬퍼), 캐릭 (캐릭터), 뇨 (아뇨), 더럽 (더럽다) (조민하 2016: 73)

라. 마상 (마음의 상처), 갑분싸 (갑자기 분위기 싸해짐) (신승용 2018: 89)

마. ㅇㅈ (인정), ㅊㅋ (축하), ㄱㅅㅎㄴㄷ (감사합니다) (신승용 2018: 91)

바. gran(dmother), bro(ther), esp(ecially), max(imum) (Crystal 2009: 51)

사. plsed (pleased), msg (message), comin (coming) (Crystal 2009: 46)

아. GTG (got to go), LOL (laugh out loud) (Barton & Lee 2013: 5)

이러한 줄임말의 사용에는 음소 또는 음절을 축약하거나 탈락시키는 것이 아니라 다른 형태를 사용하여 말의 길이를 줄이는 것도 포함할 수 있는데, 다음과 같이 종결어미를 단음절의 명사형으로 대체하는 소위 '음슴체'가 대표적이다.

(5) 가. 쓰겠슴, 폰바꿈, 해주셈, 절대안삼 (변혜원 2011: 53)
나. 있슴, 수업 감, 도서관 왔음, 했슴 (이정복 2012: 188-189)
다. 이사를 옴, 주택임, 만나게됨, 하는거임 (장경현 2013: 178)

넷째, '음절 · 음소 첨가'는 원래는 존재하지 않던 특정 음절 또는 음소를 삽입하거나 추가하는 것이라는 점에서 앞서 살펴본 줄임말 사용과는 정반대가 되는 일종의 늘림말 사용이다. 이는 구어에서 발음될 때보다 디지털 매체 언어에서 시각적으로 표현될 때 더 두드러진다. 음소의 첨가는 다음과 같이 다양한 위치에서 나타난다.

(6) 가. 나부텀 (나부터), 넵 (네), 나오쥐 (나오지), 옵빠 (오빠) (송민규 2003: 71)
나. 자알 (잘), 캄수아합니다 (감사합니다) (이주희 2010: 16)
다. 안녕하세염 (안녕하세요), 어렵당 (어렵다) (박동근 2013: 25)
라. I'm sooooooooooo happy! (Barton & Lee 2013: 5)

반면에 음절의 첨가는 주로 종결어미에서 나타나며, 이는 기존과는 다른 새로운 종결어미 또는 종결 형식인 것처럼 보이게 한다. 다음과 같은 소위 '한다요체'와 '한다능체'가 대표적인데, 전자는 기존의 해라체 종결어미에 높임의 보조사 '요'를 첨가하는 방식이고, 후자는 관형형으로 문장을 끝내면서 어미의 끝부분 받침소리를 비음 [ŋ]으로 내는 방식이다.

(7) 가. 이거 봐라요, 이거 본다요. 이거 보자요 (변혜원 2011: 51)
나. 미안했다능, 용서해주라능 (이정복 2012: 188)

다섯째, '의성 · 의태어 사용'도 디지털 매체 언어에서 두드러지는 특성 중 하나인데, 화자의 감정이나 태도, 사물이나 사태, 행동의 상태나 변화를 구체적으로 묘사하거나 기술하는 대신에 효과적인 의성어나 의태어를 사용하여 간략하게 표현하는 것이다. 의성어는 웃음소리와 같이 사람이 내는 소리를 표현하는 경우가 많고, 의태어는 사람의 얼굴 표정이나 행동을 표현하는 경우가 흔하다.

(8) 가. 푸하하, 캬캬캬, ㅋㅋ, ㅎㅎ (조민하 2016: 78)
　나. 그렁그렁, 삐질삐질, 꾸벅, 후다닥, 휘리릭 (조민하 2016: 79)
　다. 휴~우, 뜨아, 헐, 쓰담쓰담, 토닥토닥, 샤르륵 (신승용 2018: 88)

여섯째, '유아어 사용'은 성인에 비해 자음과 모음이 덜 발달한 유아의 발음을 흉내 내거나 유아 단계에 어울리는 어휘를 사용하는 것을 의미한다. 유아어의 사용은 대부분 성인이 사용하는 언어에 비해 발음하고 이해하기 쉽다는 점에서 넓은 의미에서의 단순화에 해당하는데, 주로 귀여움이나 친근감 같은 정서적 의미를 강화화려는 목적에서 사용된다(신승용 2018: 88).

(9) 가. 왔쪄요, 다나아쪄, 주사도 마자쩌, 칭찬해쩌 (이정복 2007: 205)
　나. 해쪄염, 사 듀세요, 아포??, 아야~ 아야~해, 쿵해쪄 (신승용 2018: 87)

마지막으로 일곱째, '비언어적 표현 수단 사용'은 음운이나 문자라는 전형적인 언어적 표현 수단이 아니라 이모티콘(emoticon), 스마일리(smiley), 이모지(emoji) 등으로 불리는 일종의 그림 문자를 사용하여 표현하는 것을 의미한다. 이모티콘은 기존의 자모나 문장 부호, 기호, 숫자 등을 그것의 원래 기능과 무관한 시각적 표현 수단으로 사용하는 것에서부터 특정한 그림이나 사진(더 나아가 영상)을 시(청)각적 표현 수단으로 사용하는 것까지를 모두 포함하는 넓은 의미의 그림 문자를 가리키는 용어이다. 반면에 스마일리는 컴퓨터나 휴대폰의 자판에 존재하는 부호나 자모를 통해 사람의 감정이나 표정을 표현하는 이모티콘에 한정되는 용어이다.

(10) 가. ^^, --, @.@, =33333, ㅠ.ㅠ, ㅇㅅㅇ, (허상희 2016: 126)
나. :-) (smile), ;-) (wink), *o* (surprised), ^_^ (cute) (Crystal 2009: 38)

한편 이모지는 기존의 자판으로 표현할 수 없지만, 컴퓨터가 텍스트를 표현하는 표준인 유니코드로 인코딩된 그림을 가리키는 용어이다(Giannoulis & Wilde 2020: 2).

[그림 1] 이모지의 몇 가지 예시

최근에는 이러한 그림이 실사화되거나 움직이는 영상으로 만들어지는 경우도 많을 뿐만 아니라 소리를 실어 청각적 효과를 내는 것으로까지 발전하고 있다.

4. 디지털 매체 언어 연구의 몇 가지 쟁점

디지털 매체 언어에 대한 연구가 활성화되면서 이론적 측면과 구체적 사례 적용의 측면, 양자 모두에서 많은 발전과 성과를 보이고 있지만, 지금도 확실하게 결론을 내리지 못하고 있는 몇 가지 쟁점이 존재한다. 그 첫 번째 쟁점은 "디지털 매체 언어는 기존 언어와 구별되는 새로운 언어인가?"라는 의문에서 출발하며, 이 밖에도 "디지털 매체 언어는 사회 방언인가? 상황 변이어인가?", "디지털 매체 언어는 구어인가? 문어인가?", "디지털 매체에서 사용되는 이모티콘 등의 그림 문자도 언어인가?", "디지털 의사소통 매체의 행동유도성이 언어에 어떠한 영향을 미치는가?" 등의 의문에서 출발하는 쟁점들이 있다. 이러한 다섯 가지 쟁점들은 디지털 매체 언어의 현재 모습을 이해하는 데에 도움이 될 뿐만 아니라 그로 인한 기존 언어의 변화 가능성과 방향을 예측할 수 있게 한다는 점에서도 중요하다.

4.1 디지털 매체 언어는 기존 언어와 구별되는 새로운 언어인가?

앞 장에서 살펴본 디지털 매체 언어의 주요 특성은 관련 매체를 통해 의사소통하는 많은 사용자에게 디지털 매체 언어를 기존 언어와 구별되는 새로운 언어로 인식하게 만드는 원인이 되었던 듯하다. 이러한 인식은 디지털 매체 언어를 연구하는 언어학자들에게서도 어렵지 않게 찾아볼 수 있다. 예를 들어, 한동완(2003: 357-358)은 디지털 매체 언어가 음성 언어와 문자 언어의 단계에 이어 언어 매체의 변화에 따른 발전적 단계의 하나이므로, 그것을 음성 언어나 문자 언어의 단순한 부수물이나 대체물로 간주하는 게 아니라 그것들과는 다른 새로운 매체를 통해 성립된 언어임을 인정하자고 주장한다. 시정곤(2004: 57-58) 또한 비슷한 맥락에서 구어와 문어가 혼재된 디지털 매체 언어에 '제3의 언어'라는 이름을 붙이기도 하였다.

이에 반해 영국의 대표적인 언어학자 데이비드 크리스털(Crystal 2009: 37)은 휴대전화 문자메시지의 언어적 특징에 대해 논의하면서, 그러한 특징 중 어느 것도 언어학적으로 새로운 것은 아니라고 주장한다. 그러한 특징들 대부분은 휴대전화가 등장하기 이전부터 컴퓨터를 매개로 하는 의사소통에서 이미 나타났고, 그 중 또 일부는 컴퓨터가 발명되기 훨씬 이전에도 비격식적인 글쓰기에서 흔히 발견되었기 때문이다.

실제로 앞선 3장에서 살펴본 디지털 매체 언어의 주요 특성은 디지털 매체 언어에서만 고유하게 나타나는 것도 아니다. 표기 규범 위반, 음차 표기, 줄임말 사용, 음절 · 음소 첨가, 의성 · 의태어 사용, 유아어 사용 등은 기존의 일상적 문어나 구어에서 그 사례를 얼마든지 찾아볼 수 있다. 심지어 그림 문자 등의 비언어적 표현 수단 사용은 고대 동굴 벽화 등에서 확인되는 것처럼 문자의 발달이 본격화되지 않았던 시대에는 오히려 일반적인 표현 방식이었다. 이러한 까닭에 송민규(2003: 63)는 디지털 매체 언어가 기본적으로 일상 언어를 기반으로 하되 그 자체가 다시 일상 언어로 재생산될 수 있다는 사실에 주목하면서 일상 언어와 디지털 매체 언어의 명확한 구별과 연구 대상의 설정이 어려움을 지적하기도 했다.

반면에 디지털 매체 언어와 일상 언어의 구별을 위한 엄격한 기준의 제시 문제를 중요하게 고려하지 않는 관점도 존재한다. 그 대표적인 예로 이정복(2005: 59)은 일상어에서 이미 쓰였거나 지금도 쓰고 있는 방식의 용법이라 하더라도 통신 공간에서 화자들이 특별한 동기나 목적에서 새롭게 주목하고 널리, 그리고 활발히 쓰는 것은 일상어와 구별되는 '전형적인' 디지털 매체 언어로 간주하였다. 이러한 관점에서는 디지털 매체 언어가 기존 언어와 구별되는 새로운 특징을 보이는지가 중요한 것이 아니라 디지털 매체에서 사용되는 언어가 그 자체로 어떠한 특성과 사용 양상을 보이는지가 중요한 것이다.

이 글은 디지털 매체 언어가 기존 언어와 구별되는 새로운 언어인가라는 질문에 대해 아직은 명확한 답변을 하기 어렵지만, 그러한 질문에 지속적인 관심을 가질 뿐만 아니라 그에 대한 설득력 있는 답변을 내기 위해 노력하는 것이 필요하다는 입장이다. 이러한 관심과 태도는 디지털 매체 언어가 기존 언어를 근본적으로 변화시킬 것인가라는 또 하나의 질문과도 밀접하게 연관된다는 점에서도 중요하다.

4.2 디지털 매체 언어는 사회 방언인가? 상황 변이어인가?

디지털 매체 언어는 기존의 여러 연구들에서 사회 방언의 한 종류로 간주되는 경우가 많았다. 이정복(2005: 41~42)은 디지털 매체 언어가 다음과 같은 두 가지 면에서 사회 방언의 모습을 보인다고 하였다. 첫째는 그것을 주도적으로 사용하는 화자들이 특정 세대 계층에 편중되어 있고 인터넷 통신에 접속해 있는 특수한 상황에서 쓰이며, 여러 가지 면에서 일상어와 구별되는 변이어라는 점이고, 둘째는 그 구체적인 모습이 통신 화자들의 세대, 성, 언어 사용 목적과 전략 등에 따라서 다양한 내적 변이를 보인다는 점이다. 신승용(2005: 81) 또한 디지털 매체 언어를 10대나 20대를 중심으로 한 네티즌들 사이에서 집중적으로 통용되는 측면에 주목하면서 사회 방언의 한 하위 변종어 또는 일종의 사회 방언으로 간주한 바 있다.

그러나 최근 신승용(2018: 93-99)은 자신(신승용 2005)을 포함하는 기존의 견해를 비판하고 디지털 매체 언어를 사회 방언이 아니라 상황 변이어(언어 사용역, register)로 보아야 한다고 주장하였다. 방언이 화자의 특징(연령, 성별, 계층 등)에 따른 언어 변이(user-related variation)인 반면에, 상황 변이어는 언어 사용 상황(격식적/비격식적, 공적/사적 등)에 따른 언어 변이(use-related variation)라고 할 때(한국사회언어학 2012: 114), 디지털 매체 언어는 더 이상 특정 세대나 집단의 사용자에 한정되지 않으며 그 특징은 디지털 매체라는 사용 상황 또는 수단에 기인하기 때문이다.

이 글도 디지털 매체 언어를 일종의 상황 변이어로 보아야 한다는 주장에 동의한다. 디지털 매체 언어를 굳이 일종의 방언으로 설명하고자 한다면, 사용자의 사회적 특성이 아닌 사용 상황 또는 수단으로서의 매체적 특성을 강조하는 차원에서 '매체 방언' 정도가 가능하겠지만, 매체적 특성을 강조하더라도 '매체 변이어' 정도의 용어가 더 적절할 것이다.

사회 방언적 특성은 디지털 매체 언어 자체에서 나타나는 것이 아니라 디지털 매체 언어 내에서 세대, 성별, 계층 등의 사회적 변인에 따라 나타난다고 할 수 있다. 크리스털(Crystal 2009: 61-62)이 문자메시지에서 나타나는 다양한 변이에 일종의 방언적 특성이 있음을 확인하면서 언젠가는 문자메시지 방언학(texting dialectology)이 중요한 주제가 될 것으로 예상한 것도 그러한 맥락에서 이해되어야 할 것이다. 실제로 디지털 매체 언어 또는 디지털 담화에서 나타나는 언어 변이의 변인(매개변수)으로 세대, 성별, 계층 등이 고려된다면, 그 변항(variable)으로는 음성/음운적 변이, 활자(typographic) 변이, 철자법(orthographic) 변이, 형태론적 변이, 어휘적 변이, 통사론적 변이, 코드 전환(code-switching) 등이 논의될 수 있다(Hinrich 2016: 22-26).

4.3 디지털 매체 언어는 구어인가? 문어인가?

디지털 매체 언어가 구어인가, 문어인가라는 문제는 초기 연구에서부터 많은 관심과 논의의 대상이 되었다. 앞서 2장에서 살펴본 것처럼, 디지털 매체 언어는 문자 등의 시각적 기호를 사용하여 의사소통하는 언어로 정의되는 것이 일반적이라는 점에서 문어라고 할 수 있지만, 구어를 그대로 옮겨 놓은 듯한 모습이 많다는 점에서는 기존의 문어와 분명한 차이를 보인다. 이러한 특징에 주목하면서 신승용(2005: 78, 각주 7)은 디지털 매체 언어를 기본적으로 문어로 보는 경향을 비판하고, 엄밀히 말하면 오히려 구어에 가까운 성격을 띠고 있다고 주장했다. 더구나 최근에는 기술적 발전에 따라 디지털 매체 언어가 문자와 기호 등을 보완하면서 부분적으로, 또는 문자와 기호 없이 전적으로 음성에 의해 실현되는 경우가 늘어나고 있다는 사실에도 주목할 필요가 있을 것이다.

반면 송민규(2003: 62)는 디지털 매체 언어의 영역을 대화방, 게임, 메신저 등에서처럼 실시간으로 대화가 이루어지는 '동시적 교류 언어'와 게시판, 전자우편 등에서처럼 동시적인 의사소통이 이루어지지 않는 '비동시적 교류 언어'로 나누고, 전자는 구어적 특성이 강한 반면에, 후자는 문어적 특성이 강함을 지적하였다. 크리스털(Crystal 2006: 31~32) 역시 디지털 매체 언어가 구체적인 매체의 유형에 따라 구어적 특성과 문어적 특성의 비중이 다름에 주목했다. 즉각적이고 즉흥적이며 시간의 제한을 받는 채팅이나 문자메시지 등에서는 구어적 특성이 강하게 나타나는 반면에, 텍스트를 인터넷상에 옮겨 놓은 것일 뿐인 웹페이지에서는 문어적 특성이 훨씬 강하다는 것이다. 이러한 시각은 디지털 매체 언어를 구어나 문어의 어느 한쪽에 치우친 언어로 규정하기보다는 구어와 문어의 특성을 동시에 가지고 있으면서 디지털 매체의 유형에 따라 두 가지 특성의 비율이 달라짐을 통합적으로 이해하는 데에 도움이 된다(송민규: 2003: 73-74).

이 글 또한 위와 같은 통합적 이해가 적절하다는 입장인데, 디지털 매체 언어는 기존의 구어와 문어의 이분법으로 설명하기 어렵다는 점 자체가 그것의 중요한 특성이 될 것이기 때문이다. 그럼에도 구어와 문어의 이분법을 적용하는 것을 포기하지 않으려 한다면, 디지털 매체 언어는 연음이나 비표준 발음, 줄임말, 음절 · 음소 첨가, 의성 · 의태어 사용 등 구어에서 많이 나타나는 현상을 그대로 문자로 옮겨 적는 것 같은 특징을 보인다는 점에서 일종의 '구어체 문어'라고 할 수 있을 것이다.

그러나 디지털 매체에 따라 구어적 특성이 더 강하게 나타나거나 문어적 특성이 더 강하게 나타나는 것이 있다고 할지라도 그러한 특성이 실제의 구어 대화나 문어 텍스트에서와 동일한 모습을 보이지는 않는다는 점도 강조할 필요가 있다. 예를 들어, 크리스털(Crystal 2006: 32-34)은 디지털 매체 언어(Netspeak)는 구어적 특성을 많이 보인다고 하더라도 구어적 대면 대화와 비교하면 상대적으로 동시적 피드백(simultaneous feedback)이 부족하고 이에 따른 시간 지연으로 인해 대화의 리듬도 느리다는 점을 지적한다. 이러한 차이는 전자우편이나 게시판에서와 같은 비동시적 교류 언어에서 특히 뚜렷하게 드러나기도 한다.

물론 디지털 매체 언어는 구어에 동반되는 몸짓, 시선 등의 준언어(paralanguage)와 음의 높낮이, 크기, 속도, 리듬 등의 운율(prosody)을 옮겨 적기 어렵다는 한계를 극복하기 위해 글꼴, 띄어쓰기, 특수 기호, 글자나 문장 부호의 반복 등을 사용하고(Crystal 2006: 37), 더 나아가 최근에는 그림과 영상, 음성까지도 활용하고 있다. 그럼에도 디지털 매체 언어는 구어와 같아지려고 하는 경향이 있을 뿐이지 구어의 가장 근본적인 속성들, 즉 동시적, 시각적, 음성적 특성들과는 아직까지 거리가 있어 보이며, 구어와의 유사성은 전통적인 문어와 비교할 때의 상대적인 것이라고 할 수 있다(Crystal 2006: 45~46).

이처럼 디지털 매체 언어가 구어와 갖는 공통점은 제한적인데, 이러한 제한은 문어와의 공통점을 비교해도 마찬가지다. 디지털 매체 언어는 구어에 비해 동시적, 즉각적, 시각적 피드백이 없거나 부족하다는 점에서 문어와 비슷한 특성을 보이지만, 전통적인 문어에 비해 수정이나 변경이 쉽고 메시지의 지속력이 짧으며 문자가 아닌 기호와 부호, 그림 등의 사용이 상대적으로 풍부하다. 그럼에도 크리스털(Crystal 2006: 51-52)은 디지털 매체 언어를 글로 적힌 구어라기보다 구어의 방향으로 조금 끌려간 문어라고 보는 것이 더 타당하다는 입장을 피력하기도 했다. 그러나 그가 더 강조한 것은 구어와 문어의 전통적인 이분법에 빠져서는 안 되고, 디지털 매체 언어는 구어적 특성과 문어적 특성의 결합 그 이상이며 두 가지 특성을 겸비하는 진정한 의미에서의 '제3의 매체' 언어일 수 있다는 점이다. 이러한 입장은 앞서 디지털 매체 언어를 구어와 문어가 혼재되거나 둘 다를 넘어선다는 이유에서 기존 언어와 구별되는 새로운 언어로 보았던 한동완(2003)이나 시정곤(2004)의 견해와 일맥상통하는 것이다.

비슷한 맥락에서 Barton & Lee(2013: 3~4)에서는 디지털 매체와 기술 발달이 기존 언어 연구의 안정적 개념들에 동요를 가져왔음에 주목했다. 그러한 동요 중 하나는 디지털 매체에서 텍스트가 수많은 이미지와 결합하여 구성되면서 일반언어학적 개념으로서의 텍스트 개념에 동요가 발생한 것이고, 다른 하나는 구어와 문어의 경계가 분명하지 않게 되면서 읽기와 쓰기의 활동까지 재정의되고 있다는 것이다. 이와 유사한 관점은 커뮤니케이션학적 논의에서도 발견되는데, 박현구(2006: 50-51)는 디지털 매체 언어가 입으로 말하고 손으로 글 쓰는 인간의 신체 운동과 언어 사이의 전통적 관계에서 벗어난 것이고, 컴퓨터 키보드나 휴대전화 자판을 통해 표현되는 손으로 하는 '대화'이자 모니터나 단말기를 통해 이해되는 시각적 상징 언어라는 점에서 구어와 문어의 융합적 특성이 있음을 확인하였다.

이상의 논의를 종합해 보면, 디지털 매체 언어가 구어인가, 문어인가라는 이분법적 논쟁은 최근에는 별다른 관심을 얻지 못하고 있는 듯하다. 오히려 중요한 쟁점은 디지털 매체 언어가 구어적 특성과 문어적 특성을 겸비하는 새로운 제3의 언어가 되었거나 되고 있는 것인지, 그리고 그렇게 새로운 언어가 형성된다면 그 언어는 기존의 구어와 문어에 어떠한 영향을 미치고 어떠한 변화를 가져올 것인지가 될 것이다.

4.4 디지털 매체에서 사용되는 이모티콘 등의 그림 문자도 언어인가?

앞서 3장에서는 디지털 매체 언어의 주요 특성 중 하나로 이모티콘, 스마일리, 이모지 등으로 불리는 일종의 그림 문자들을 비언어적 표현 수단으로 사용하는 것을 살펴본 바 있는데, 이러한 그림 문자가 디지털 매체에서 특징적으로 많이 사용되는 이유에 대해서는 별로 논쟁의 여지가 없는 듯하다.

크리스털(Crystal 2006: 38~41)은 이모티콘과 스마일리 같은 그림 문자들이 사람들이 느끼는 감정, 기본적으로 긍정적 태도 또는 부정적 태도를 시각적으로 표현하기 위해 도입되었다고 한다. 그러한 감정들은 얼굴 표정이나 시선, 몸짓 등을 동반할 수 있는 구어에서는 직접적으로 표현될 수 있지만, 문자 표현 중심의 디지털 매체에서는 나타내기 어렵기 때문이다. 또한 Giannoulis & Wilde(2020: 1)에서는 이러한 그림 문자가 디지털 매체에서 글로 쓰인 말(written words)에 특정한 어조(tone)을 더하기, 반어법을 나타내기, 메시지를 강조하거나 중화하기, 의사소통을 마무리하기, 부드럽고 섬세한 느낌을 주기, 앞선 발화를 시각화하기 등에 사용된다고 했는데, 이러한 기능들 역시 구어 대화에서는 얼굴 표정이나 몸짓 등을 통해 직접적으로 나타낼 수 있는 것들이다.

여기서 문제는 그러한 그림 문자들을 '문자'라고 하면서도 '비언어적' 표현 수단이라고 보는 것이 적절한 것인가, 달리 말하면 모순적인 것은 아닌가하는 것이다. 실제로 학계는 물론이고 일반적인 인식에서도 이러한 그림 문자를 전 세계 최초로 진정한 '의사소통'의 보편적 형식이지만 '언어'는 아니라고 보는 입장과 새로운 보편적 '언어' 또는 '새로운 시각적 일상어(new visual vernacular)로 보는 입장이 대립하고 있다(Giannoulis & Wilde 2020: 2). 또한 그림 문자를 하나의 언어로 간주한다 하더라도 그것이 음성적 실현을 그림으로 대신 표현한다는 차원에서 구어적 성격이 강조될 수도 있고, 문자보다 효율적인 그림으로 표현한다는 차원에서 문어적 성격이 강조될 수도 있을 것이다.

예를 들어, 정혜욱(1028: 132-133)은 이모티콘 등의 그림 문자의 사용을 구술성과 문자성의 결합을 통해 다차원적이고 자유로운 표현의 욕구와 이를 실현시키는 능력을 지닌 인간의 새로운 언어 활용 양상으로 보았다. 그리고 그러한 그림 문자가 구술성을 내포하면서 영혼과 감성을 담은 비가시적 메시지를 동시에 전달하는 '음성 언어'의 기능을 수행함을 강조하였다. 반면에 Giannoulis & Wilde(2020: 6~7)에서는 디지털 매체에서 사용되는 그림 문자를 의사소통의 언어적 모드와 경쟁 관계에 두지 말고 오히려 '의미 형성'의 보완적 모드로 간주할 것을 주장했다. 이는 그림 문자를 언제나 다중모드적인(multimodal) 의사소통의 '기호적 자원(semiotic resource)'으로 보는 입장이라고 할 수 있다.

이 글도 그림 문자를 언어의 지위로까지 격상시킬 필요는 없다는 입장이지만, 이러한 입장이 그림 문자가 디지털 매체 언어에서 지니는 기호적 자원으로서의 가치를 간과하는 것은 전혀 아님을 강조하고자 한다. 다중모드적 특성이 강한 디지털 매체에서 언어와 이미지는 의미 형성의 가장 강력한 두 가지 형식이고 언어와 이미지의 새로운 결합 방식이 의미 생성의 새로운 방식을 창출할 수 있기 때문이다. 따라서 그림 문자는 언어와 결합하는 이미지로서 매우 중요한 기호적 자원임에 틀림없다(Barton & Lee 2013: 18-19). 디지털 매체 언어가 구어와 문어의 융합을 가져올 가능성이 있다면, 그림 문자도 그 용어에서 보여지는 것처럼 문자와 그림의 경계를 허물 가능성이 있다는 점에서 지속적인 관심과 관찰이 필요할 것이다.

4.5 디지털 의사소통 매체의 행동유도성이 언어에 어떠한 영향을 미치는가?

행동유도성(affordance)은 어떤 상황이나 사물의 인상이 자연스럽게 특정 행동으로 이어지는 속성을 가리키기 위해 제안된 개념으로 '사물이나 환경이 지닌 속성이 인간에게 특정한 행동을 하도록 유도하는 성질'이라고 정의된다(주민재 2019: 387-388). 이 개념은 초기에는 단지 환경에 따른 행동이라는 물리적 측면에만 주목했지만, 이후 인간이 그러한 환경이 제공하는 정보를 지각하여 이해하고 생각하는 측면을 강조하면서 행위자 중심의 '지각된(perceived) 행동유도성' 개념으로 발전하였다(이호선 2014: 569). 이런 의미에서 행동유도성은 사람들이 어떤 상황에서든 선택적으로 지각하는 행동에 대한 가능성과 제약이자 행동의 맥락이 되는 것이다(Barton & Lee 2013: 27).

이러한 행동유도성은 디지털 의사소통 매체의 플랫폼에 따라 사용자의 언어에도 영향을 미칠 수 있다. 이재현(2013: 8)은 디지털 의사소통 매체를 웹 페이지나 블로그와 같은 정보 기능을 하는 것과 사회적 소통망 서비스(SNS)나 인스턴트 메신저(instant messenger)와 같은 커뮤니케이션 기능을 하는 것으로 구분하는데, 이중 특히 후자는 사용자의 언어에 영향을 미치는 행동유도성이 두드러진다. 주로 휴대전화를 기반으로 이루어지는 사회적 소통망 서비스나 인스턴트 메신저는 컴퓨터에 비해 작은 화면과 자판을 사용한다는 하드웨어적 특성과 글자 수나 데이터 용량의 제한, 실시간 접속 및 피드백 가능 등의 소프트웨어적 특성을 동시에 가진다. 그리고 이러한 특성은 디지털 의사소통 매체 사용자로 하여금 의사소통의 경제성과 구술성의 극대화하도록 유도하고, 그러한 극대화 노력이 줄임말과 그림 문자의 빈번한 사용으로 이어지는 것을 확인할 수 있다(주민재 2019: 395).

그러나 아직까지 디지털 의사소통 매체의 행동유도성에 관한 논의의 대부분은 플랫폼이나 어플리케이션의 디자인 문제에 집중되어 있으며, 그것이 언어에 미치는 영향도 언어의 형식이나 구조 측면보다는 언어의 사용 방식 또는 의사소통 방식, 특히 읽기와 쓰기 방식의 측면에서만 주로 논의되고 있다(이재현 2013, 이호선 2014, 주민재 2019 등). 그럼에도 디지털 매체의 행동유도성이 언어의 형식이나 구조 측면에도 영향을 미치는 측면이 존재하고 그러한 영향력이 증가할 가능성이 있다는 점에서 앞으로 그 양상과 추세에 대해 더 많은 관찰과 논의가 필요할 것이다.

5. 디지털 의사소통 매체의 사용이 한국어를 변화시키는가? - 맺음말을 대신하여

지금으로부터 10여 년 전에 크리스털(Crystal 2009: 33)은 휴대전화의 문자메시지에서 나타나는 언어학적 특성을 논의하면서, 문자메시지가 언어에 얼마나 많은 영향을 미칠 것인지에 대해 답하기에는 아직 너무 이르다고 말한 바 있다. 그는 문자메시지에서 사용되는 특징적 표현들 대부분이 사라질 것이라고 예상하면서도 그중 몇몇은 살아남아서 일상의 구어에 새로운 표현들로 추가될 가능성도 보았기 때문이다. 이 글 역시 비슷한 맥락에서 디지털 의사소통 매체의 사용이 한국어에 얼마나 많은 영향을 미칠 것이고, 그 결과 한국어에 일어날 변화의 방향과 규모에 대해 분명한 견해를 밝히는 것은 다소 시기상조라고 본다.

다만 디지털 의사소통 매체의 사용이 한국어에 일정한 영향을 미치고 있는 것도 사실이기에, 그러한 영향이 한국어의 변화를 야기할 가능성이 전혀 없다고 단언하는 것 또한 적절하지 않아 보인다. 앞서 언급한 것처럼, 디지털 매체 언어의 여러 가지 특성이 일상의 구어나 문어에서는 찾아볼 수 없을 만큼 고유한 것은 아니다. 하지만 디지털 의사소통 매체 특유의 행동유도성으로 인해 그러한 특성이 비약적으로 증가한 것은 분명한 사실이며, 디지털 의사소통 매체의 사용이 우리의 일상적 언어생활에서 더 많은 비중을 차지하게 된다면, 그로 인해 한국어의 형식과 사용 방식이 변화할 가능성을 완전히 배제할 수는 없기 때문이다.

그런데 한국어의 이러한 변화 가능성은 그동안 디지털 매체 언어가 한국어의 본래 모습과 질서를 파괴한다는 규범적 시각에서만 주목되고 비판을 받는 경우가 많았다(조민하 2016: 65). 이러한 규범적 접근과 달리, 디지털 매체 언어가 "일부 논문에서 또는 여러 언론매체에서 순화론적 관점에서 요란하게 떠들 만큼 별종의 언어는 아니"며(신승용 2005: 85), 그것의 새로운 언어 형식들은 자기 나름의 규칙과 목적을 가진 독자적 체계로서 풍부한 변이형들로 가득 차 있고, 화자들의 전략적이면서 흥미로운 언어 사용 모습을 실시간으로 잘 보여 준다는 새로운 인식은 언어의 실제 모습과 변화를 있는 그대로 바라보는 사회언어학적 접근을 통해서 가능해질 수 있었다.

이러한 사회언어학적 접근, 그중에서도 특히 변이 사회언어학적(variationist sociolinguistic) 접근은 디지털 매체 사용에 따라 한국어의 형식과 사용에서 나타나는 새로운 특성을 포착하고, 이를 통해 한국어의 변화 가능성과 방향을 예측하는 데에 적지 않은 도움을 주었다. 그러나 디지털 의사소통 매체 사용에 의한 한국어의 변화 가능성을 좀 더 체계적이고 풍부하게 논의하기 위해서는 변이 사회언어학적 접근만으로는 부족한 부분이 있다. 변이 사회언어학은 기본적으로 언어 형식의 사회적 변이 양상을 양적 접근법을 통해 분석한다는 점에서 디지털 매체 언어의 새로운 특성을 체계적으로 기술할 수는 있지만, 그러한 특성이 발생하거나 유지되는 이유를 설명하고 또 다른 변화의 가능성과 방향을 예측하기는 어렵기 때문이다.

이런 까닭에 디지털 메채 언어에 대한 변이 사회언어학적 연구는 기존의 양적 접근에만 머무르지만 말고 대화 분석, 담화 분석, 민족지학(ethnography) 등과 같은 질적 접근도 함께 활용하는 혼합적 연구 방법(mixing methods)으로 발전할 필요가 있으며(Hinrichs 2016: 30), 최근 디지털 매체를 통한 의사소통 관행의 형태와 본질을 포착하는 질적 접근 방식의 하나로 등장한 디지털 민족지학(digital ethnography)에 주목할 필요가 있다(Varis 2016).

또한 앞 장에서 살펴본 것처럼, 디지털 매체 언어가 기존의 구어와 문어의 이분법을 허물고 그림과 문자의 경계도 의미 없게 만들 가능성이 있다는 점에서 디지털 매체 언어에 대한 연구는 다중모드 분석(multimodal analysis)의 방법론을 적극적으로 도입할 필요도 있다. 이러한 다중모드 분석은 다양한 그림과 영상을 바탕으로 몸짓, 시선, 이미지 등의 시각적 자원은 물론이고 소리와 음악 등의 청각적 자원까지 활용하는 의사소통 형태들과 그것들 사이에 형성되는 관계에 주목하기 때문이다(Jewitt 2016).

따라서 디지털 매체 언어에 대한 향후 연구에서는 이상과 같은 다양한 접근 방법들의 적용이 더욱 활성화될 필요가 있다. 이러한 연구의 성과가 지속적으로 축적된다면, 디지털 의사소통 매체의 사용에 따른 한국어의 형식과 구조의 변화는 물론이고 한국어의 사용 방식, 즉 한국어 사용자 간 의사소통 방식의 변화 가능성과 방향에 대한 이해가 더 풍부해지고 그에 대한 예측도 더 정확해질 수 있을 것이다.

참고문헌

박동근(2013), 「매체 변화에 따른 언어 사용 방식의 변화」, 『새국어생활』 23(1), 18~33.

박철주(2006), 「PC 통신언어 명사의 음운론적 연구」, 『국어교육』 119, 457~486.

박현구(2006), 「온라인 문자발화환경에서 언어의 융합적 특성」, 『한국소통학보』 6, 45-70.

박현구 외(2010), 「온라인 언어의 공공성과 부정적 유사언어의 관계에 관한 실험연구」, 『한국언론학보』 54(4), 233-252.

변혜원(2011), 「청소년들의 언어사용 - 중학생 언어행동의 주요 특성과 변이」, 서울대 인류학과 석사학위논문.

서은아(2007), 『글쓰기로써 말하기 또는 네티즌의 펌글, 댓글, 베플, 악플, 아이디 그리고 이모티콘의 언어학적 분석』, 커뮤니케이션북스.

송민규(2003), 「사이버언어 연구의 몇 문제」, 『우리어문연구』 21, 55~83.

시정곤(2004), 「디지털 네트워크와 사이버 언어의 미래」, 『한국학연구』 20, 45~72.

신승용(2005), 「사회방언으로서의 통신언어의 위상 재정립」, 『한민족어문학』 46, 75-102.

신승용(2018), 「통신언어의 코드적 특성과 언어사용역」, 『동아인문학』 45, 83~104.

이재현(2013), 『디지털 시대의 읽기 쓰기』, 커뮤니케이션북스.

이정복(2003), 『인터넷 통신 언어의 이해』, 월인.

이정복(2005), 「사회언어학으로 인터넷 통신 언어 분석하기 - 최근의 연구 현황과 과제」, 『한국어학』 27, 37~79.

이정복(2007), 「인터넷 통신 언어에 대한 사회적 인식과 평가」, 『방언학』 5, 199~236.

이정복(2009), 『인터넷 통신 언어의 확산과 한국어 연구의 확대』, 소통.

이정복(2012), 「스마트폰 시대의 통신 언어 특징과 연구 과제」, 『사회언어학』 20(1), 177~211.

이정복(2017), 『사회적 소통망(SNS)의 언어문화 연구』, 소통.

이주희(2010), 「통신언어의 표기와 음운적 특성」, 『언어연구』 27(1), 1~18.

이호선(2014), 「어포던스 기반의 모바일 커뮤티케이션 콘텐츠 다자인에 관한 연구」, 『한국과학예술포럼』 18, 565-576.

장경현(2013), 「인터넷 언어의 종결어미 회피 현상 연구」, 『언어사실과 관점』 31, 171~194.

전병용(2002), 「통신언어의 음운론적 특성에 대한 연구 - 대화방 언어를 중심으로」, 『한국언어문화』 21, 251~274.

정진수(2005), 『컴퓨터 통신언어 연구』, 역락.

정혜윤(2018), 「구술성과 문자성을 결합한 모바일 언어로서의 이모티콘의 특성」, 『Archives of Design Research』 31(4), 125-135.

조민하(2016), 「통신언어의 경제성과 연령별 특징 - 축약과 탈락을 중심으로」, 『돈암

어문학』 29, 63~86.
주민재(2019), 「디지털 쓰기 플랫폼의 행동유도성이 디지털 쓰기 수행과 필자의 쓰기 동기에 미치는 영향 분석」, 『언어사실과 관점』 48, 385-415.
한국사회언어학회(2012), 『사회언어학 사전』, 소통.
한동완(2003), 「언어매체적 특성으로 본 인터넷 통신언어」, 『어문연구』 31(2), 353~375.

Barton, D. & Lee, C.(2013), *Language Online: Investigating Digital Texts and Practices,* London and New York: Routledge.
Crystal, D.(2006), *Language and the Internet*(2nd edition), Cambridge: Cambridge University Press.
Crystal, D.(2009), *Txtng: The gr8 db8*, Oxford: Oxford University Press. (이주희, 박선우 역(2011), 『문자메시지는 언어의 재앙일까 진화일까』, 알마.)
Deumert, A.(2014), *Sociolinguistics and Mobile Communication*, Edinburgh: Edinburgh University Press.
Georgakopoulou, A. & Spilioti, T.(2016)(eds.), *The Routledge Handbook of Language and Digital Communication*, London and New York: Routledge.
Giannoulis, E. & Wilde, L.R.A.(2020), "Emoticons, Kaomoji, and Emoji: The transformation of communication in the digital age", In E. Giannoulis & L.R.A. Wilde (eds.), *Emoticons, Kaomoji, and Emoji: The Transformation of Communication in the Digital Age*, London and New York: Routledge, 1-22.
Giannoulis, E. & Wilde, L.R.A.(2020)(eds.), *Emoticons, Kaomoji, and Emoji: The Transformation of Communication in the Digital Age*, London and New York: Routledge.
Hinrichs, L.(2016), "Approach to language variation", In A. Georgakopoulou & T. Spilioti(eds.), *The Routledge Handbook of Language and Digital Communication,* London and New York: Routledge, 19-35.
Jewitt, C.(2016), "Multimodal analysis", In A. Georgakopoulou & T. Spilioti(eds.), *The Routledge Handbook of Language and Digital Communication,* London and New York: Routledge, 69-84.
Varis, P.(2016), "Digital ethnography", In A. Georgakopoulou & T. Spilioti(eds.), *The Routledge Handbook of Language and Digital Communication*, London and New York: Routledge, 55-68.
Veszelszki, A.(2017), *Digilect: The Impact of Infocommunication Technology on Language*, Berlin: De Gruyter.

한국어 드라마의 언어적 특성
- 말뭉치언어학적 접근

이민행 (연세대, 독어독문학)

1. 들어서기

이 장에서는 한국 드라마 대본을 검색가능한 말뭉치로 구축하여 언어학적으로 분석한다. CWB(corpus workbench)를 사용하여 말뭉치를 구축하기 때문에 이 말뭉치에는 효율성이 뛰어난 검색엔진 CQP가 함께 부착된다. CWB를 토대로 하여 한국어 말뭉치를 구축하는 방식으로는 텍스트 데이터를 어절을 기반으로 하는 유형과 형태소를 기반으로 하는 유형으로 구분한다. 여기서는 어절을 기반으로 한 한국 드라마 말뭉치를 KODRA21(Korean Drama Corpus for 21st Century)로 명명하고 형태소를 기반으로 한 드라마 말뭉치를 KODRA21-M으로 지칭한다. KODRA21의 규모는 15,212,114 어절, KODRA21-M의 규모는 21,667,394 형태소에 이른다.[1] 두 가지 유형의 말뭉치로부터 여러 가지 종류

1 한국 드라마 말뭉치 KODRA21과 KODRA21-M의 구축을 위해 웹크롤링을 통해 대본을 수집하는 한

의 데이터를 추출할 수 있는데, 개별 어휘들의 품사분포, 품사별 어휘분포, 드라마의 장르 정보와 장면 정보가 말뭉치로부터 직접 추출가능한 데이터들이다.[2]

이 연구는 말뭉치를 구축하는 두 단계, 곧 형태품사 태깅 및 인코딩 절차에 대해 상세히 기술하는 작업으로부터 시작한다. 이어서 드라마에 출현한 빈도정보를 토대로 하여 어휘들의 품사별 특성을 밝혀내고 드라마의 장르적 특성에 대해 논의한다. 드라마 장르는 13가지로 설정한다. 거기에 더해 말뭉치에 메타정보의 하나로 포함되어 있는 장면 정보를 활용하여 드라마에서 장면이 어떤 기능을 수행하는 지도 살펴보려고 한다. 이 연구에서는 또한 기계학습 분야에서 사용되는 여러 가지 분석 방법론을 이용하여 드라마의 언어적 특성을 규명하고자 한다. 이들 분석방법론은 변별적 공연 어휘소 분석 방법론, 계층적 군집 분석 방법론 및 대응분석 방법론 등이다.

최종적으로 드라마 말뭉치의 활용도를 높이기 위해 말뭉치를 웹기반 말뭉치 포털 사이트 http://www.cqpweb.kr/에 일부 공개하여 일반 연구자들도 사용할 수 있도록 한다.[3]

2. 말뭉치 KODRA21과 KODRA21-M의 구축 및 특성

이 절에서는 한국 드라마 대본을 검색가능한 말뭉치로 구축하여 언어학적으로 분석한다. CWB(corpus workbench)를 사용하여 말뭉치를 구축하기

편, 등단을 준비하는 작가들이 주로 활동하는 네이버 카페들에서 제공된 드라마 대본들을 태깅전 원시 말뭉치로 사용했음을 밝힌다.

2 말뭉치를 이용하여 한국 드라마의 특성을 연구한 선행연구로는 이민(2012)가 있다.

3 저작권 이슈가 제기될 수 있어 형태소기반 말뭉치 KODRA21-M의 일부만을 http://cqpweb.kr/에 공개한다. 웹기반 말뭉치 검색시스템에 대해서는 Evert&Hardie(2011) 및 Hardie(2012) 참조.

때문에 이 말뭉치에는 효율성이 뛰어난 검색엔진 CQP가 함께 부착된다.

한국어 드라마 말뭉치 KODRA21과 KODRA21-M은 웹크롤링을 통해 수집한 언어자원을 대상으로 하여 형태품사정보를 부착한 후 검색가능하도록 만든 특수말뭉치이다. 이제 말뭉치의 구축 과정을 상세히 기술하기로 한다.

일반적으로 독일 Stuttgart대 언어정보연구소에서 오픈소스로 개발한 말뭉치 플랫폼 CWB(corpus workbench)를 활용하여 검색 가능한 말뭉치를 구축한다. CWB를 사용한 단일어 말뭉치 구축절차는 네 단계로 이루어진다.

(1)

제1단계: 말뭉치의 토대가 될 언어자원을 선별하여 텍스트 파일 하나로 저장한다.

제2단계: 드라마 대본과 관련된 제목이나 장르, 혹은 장면이름 등 메타정보를 〈text〉, 〈genre〉 혹은 〈scene〉 등 XML 태그를 이용하여 파일에 담는다.[4]

제3단계: 메타정보들이 포함된 텍스트 파일에 여러가지 형태론적 정보, 곧 어휘형태(word), 품사(pos) 혹은 레마(lemma) 정보를 부착한다.

제4단계: 메타정보와 형태론적인 정보가 부착된 파일을 원천 자료로 하여 말뭉치작업대(CWB)를 이용하여 인코딩작업을 수행한다.

위의 제2단계에서, 드라마 말뭉치의 경우 드라마의 대사와 연관성있는 장면에 대한 정보도 추가할 수 있다. 이 작업은 프로그램 언어 Perl을 이용하여 수행하거나 일반 에디터를 이용하여 수행할 수도 있다. 제3단계에서 형태론적 정보를 부착할 때는 독일 Stuttgart대학에서 개발한 트리태거(Treetagger)를[5]

4 드라마 대본에 장면정보를 편집하고 장르정보를 부착하는 작업을 수행하는 과정에서 연세대와 이화여대 독문과의 대학원생 이동은 학생과 김도연 학생으로부터 도움을 받았다. 두 대학원생에게 감사의 말을 전한다.

5 트리태거의 엔진과 한국어 파라메터 파일은 다음 사이트에서 내려받을 수 있다. https://www.cis.uni-muenchen.de/~schmid/tools/TreeTagger/

사용한다. 한국어 파라메터가 있기 때문에 한국어 텍스트를 대상으로 트리태거를 이용하여 형태론적 정보를 부착할 수 있다.[6] 이제부터는 어절 기반의 한국어 드라마말뭉치 KODRA21을 구축하는 과정을 각 단계별로 서술하기로 한다.

제1단계는 말뭉치의 토대가 될 드라마 대본들을 모으는 단계이다. 우리의 경우, 이민(2012) 말뭉치에 포함된 드라마 대본들과 따로 여러 웹사이트에서 구한 드라마를 합하여 모두 276편의 대본이 말뭉치를 구성한 텍스트들이다. 드라마 대부분은 연속극의 형식으로 되어 있어 심지어 232회로 구성된 드라마도 포함되어 있다. 말뭉치에 포함된 드라마는 13개 장르로 분류되며 각 장르마다 편입된 드라마 수에는 차이가 있다. 말뭉치에 포함된 작품들의 장르별 분포와 드라마의 장르적 특성에 대해서는 제4절에서 논의한다.

제2단계는 메타정보를 부착하는 단계이다. 드라마의 경우 묘사한 글이나 대사가 어떤 장면에 속하는 지가 매우 중요하기 때문에 "장면"에 대한 정보를 메타태그 포맷 〈scene id=" "〉을 이용하여 담는다. 아래에 이러한 메타태그가 부착된 예가 하나 제시되어 있다.

(2)

〈scene id="요양원 병실"〉

(오후) 승희, 잠이 든 채 침대에 누워 포도당을 투여 받고 있다. 유간호사가 포도당 수액을 조절하고 있는데 문이 급하게 열리며 승하가 뛰어 들어온다. ......

〈/scene〉

이 예는 "요양원 병실" 장면을 묘사한 대본의 일부이다. 여기에서 확인할 수 있듯이, 드라마 말뭉치의 텍스트 파일에는 장면(scene_id)에 대한 정보가 저장

---

6 트리태거 한국어 파라메터는 세종말뭉치 태그세트를 사용한다. 세종 태그세트에 대해서는 다음 사이트 참조: http://www.smart21.kr/sj21tagset.html

된다. 이 정보는 검색시에 매우 유용하게 쓰인다. 왜냐하면, 장면에 따라 대사가 다를 수 있고 사용되는 어휘들도 상이하기 때문이다.

제3단계는 메타정보로서 장르정보와 장면정보가 추가된 드라마 대본들을 모두 텍스트 파일 하나에 모은 다음에 형태정보를 부착하는 과정인데, 이 과정을 전문용어로 태깅(tagging)이라고 부른다. 한국어 태깅은 트리태거(TreeTagger)의 한국어 파라메터를 사용하여 수행된다. 트리태거를 사용하는 방법은 매우 간단하다. 윈도우의 명령프롬트 창에서 다음 (3)과 같은 명령식을 실행함으로써 태깅작업이 이루어진다.

(3)

tag-korean-pure kodra21-raw.txt 〉 TAG-KODRA21.txt

이 명령식에서 tag-korean-pure가 한국어의 어절 기반 태깅을 위한 명령어이다. 그리고 kodra21-raw.txt는 태깅하고자 하는 텍스트 파일의 이름이며 TAG-KODRA21.txt는 태깅이 완료된 파일의 이름이다. 아래 (4)는 이 파일에 포함되어 있는 문장 하나에 태깅이 이루어진 결과를 보여준다.

(4)

〈scene id="요양원 병실"〉

(	SS	(
오후	NNG	오후
)	SS	)
승희	NNP	승희
,	SP	,
잠이	NNG_JKS	잠_이
든	VV_ETM	들_ㄴ
채	NNB	채

침대에	NNG_JKB	침대_에
누워	VV_EC	눕_어
포도당을	NNG_JKO	포도당_을
투여	NNG	투여
받고	VV_EC	받_고
있다	VX_EF	있_다
.	SF	.

…

…

〈/scene〉

여기에 제시된 데이터 구조를 살펴보면, 메타정보인 장면정보를 담은 행들을 제외하고 모든 행이 세 가지 유형의 형태론적 정보를 포함하고 있는 것을 알 수 있다. 세 가지 정보는 어절 정보, 품사 정보 및 기본형 정보이다. 한국어의 특성상 형태소 여러 개가 어절 하나를 형성할 수 있기 때문에 세번째 열에는 기본형 정보로서 형태소 복합체가 기재되고 각 형태소에 대응하는 품사 복합체가 두번째 열에 표상된다. 예를 들어 아홉째 행의 첫 열에 쓰인 어절 '누워'는 형태소 '눕'과 형태소 '어'로 분석될 수 있어서 '눕_어'라는 형태소 복합체가 셋째 열에 나타나고 각 형태소가 속한 품사, 곧 'VV'(동사)와 'EC'(연결어미)가 하나의 품사 복합체 'VV_EC'로 둘째 열에 기재된 것이다.

제4단계에서는 태깅된 파일을 대상으로 CWB의 인코딩 시스템을 통해 CQP에 의해 검색이 가능한 말뭉치 검색시스템으로 변환한다. 제4단계가 말뭉치 구축과정에서 핵심적이기 때문에 이 단계에 대해 보다 상세히 기술하고자 한다. 이 단계는 다음과 같이 세 가지 하위단계로 세분화된다.

(5)

첫 하위 단계, 말뭉치의 명칭을 정하여 그 명칭을 가진 폴더를 내 컴퓨터내의 적당한 위치에 만든다. 여기서는 편의상 C:\corpora라는 폴더안에 "KODRA21"이라는 폴더를 새로 만드는 것으로 하겠다.

둘째 하위 단계, CWB의 인코딩 명령어를 이용하여 인코딩 작업을 수행한다.

셋째 하위 단계, 인코딩 결과를 CWB 시스템에 등록한다.

위의 두번째 하위단계에서 아래와 같은 명령식을 명령프롬프트 창에서 실행함으로써 인코딩이 수행된다.

(6)

```
cwb-encode -c utf8 -d KODRA21 -f TAG-KODRA21.txt -R registry\
kodra21 -P pos -P lemma -S text:0+genre -S scene:0+id
```

위 (6)의 명령어 cwb-encode를 이용하여 코퍼스 작업대(CWB)로 태깅된 텍스트 파일 'TAG-KODRA21.txt'을 검색엔진 CQP가 부착된 말뭉치 검색시스템으로 변환한다. 위의 복합명령식에서 폴더 옵션 -d 뒤의 KODRA21은 말뭉치의 명칭이고 등록 옵션 -R 뒤의 kodra21은 등록폴더안에 위치하게 되는 등록파일의 이름이다. 그리고 위치속성 옵션 -P 를 따르는 pos는 품사(복합체)를 가리키고 마찬가지로 -P 를 따르는 lemma는 기본형(형태소 복합체)를 가리킨다. 명령식의 마지막에 나타나는 구조속성 옵션 -S를 뒤따르는 text:0+genre와 scene:0+id는 메타정보와 관련되는 것들이다. 이는 text_genre와 scene_id가 이 말뭉치 KODRA21에서 구조적인 속성으로 정의되어 있음을 나타내는 것이다.

제3세부단계는 여러 가지 부문들로 구성되는 인코딩 작업의 결과를 CWB 시스템에 등록하는 단계로서 이 작업은 다음 (7)에 정리된 명령식의 실행을 통해 이루어진다.

(7) cwb-makeall -r registry -V kodra21

이와 같이 여러 단계를 거쳐서 구축된 어절 기반 말뭉치 KODRA21에 대한 개괄적인 정보가 다음 (8)에 제시되어 있다.

(8)

```
=============================
Corpus: kodra21
=============================
description:
registry file:  registry/kodra21
home directory: KODRA21/
info file:      KODRA21\corpus-info.txt
size (tokens):  15212114

 3 positional attributes:
    word        pos        lemma
 4 structural attributes:
    text        text_genre    scene        scene_id
 0 alignment  attributes:
```

위의 정보파일을 통해 확인할 수 있듯이 말뭉치의 규모는 15,212,114개 어절이다. 또한 이 말뭉치내에 장르정보와 장면정보가 구조속성으로 포함되어 있음을 확인할 수 있다. 이러한 구조속성을 활용하여 한국어 드라마에 나타나는 다양한 언어적 특성을 찾아낼 수 있다.

이제 형태소 기반 드라마 말뭉치 KODRA21-M을 구축하는 절차에 대해 논의하자. 말뭉치 KODRA21-M을 구축하는 절차는 KODRA21을 구축하는 절차와 대체적으로 동일한데 세밀한 부분에서는 차이가 나기 때문에 구체적으로 기술할 필요가 있다. 앞서 (1)에서 제시한 4단계 가운데 완전히 동일한 제1, 제2 단계는 뛰어넘고 차이점을 보이는 세 번째 단계부터 논의하기로 한다.

메타정보로서 장르정보와 장면정보가 추가된 드라마 대본들을 모두 텍스트 파일에 모은 다음에 형태정보를 부착하는 과정이 제3단계이다. 이 단계에서 트리태거의 한국어 파라메터를 사용하여 정보를 부착하는데 태깅의 결과로 생성되는 데이터 구조에서 형태소 기반 태깅과 어절 기반 태깅이 차이가 난다. 어절 기반 태깅의 경우 결과로 생성된 데이터의 구조가 어절, 품사 복합체, 형태소 복합체 등 세 개의 열로 구성되는 반면, 형태소 기반 태깅을 수행하면 형태소와 품사 등 두 개의 열로 구성된 데이터 구조가 생성된다.

한국어 태깅은 트리태거(TreeTagger)의 한국어 파라메터를 사용하여 이루어진다. 트리태거를 사용하여 형태소 기반 태깅을 가동하는 방법은 매우 간단하다. 윈도우의 명령프롬트 창에서 다음 (9)와 같은 명령식을 실행함으로써 형태소 기반 태깅작업이 수행된다.

(9) tag-korean-m-pure kodra21-raw.txt 〉 TAGm-KODRA21.txt

이 명령식에서 tag-korean-m-pure가 한국어의 형태소 기반 태깅을 위한 명령어이다. 그리고 kodra21-raw.txt는 태깅하고자 하는 텍스트 파일의 이름이며 TAGm-KODRA21.txt는 형태소 기반 태깅이 완료된 파일의 이름이다. 아래 (10)은 파일 kodra21-raw.txt에 포함되어 있는 문장 하나에 형태소 기반 태깅이 이루어진 결과를 보여준다.

(10)

〈scene id="요양원 병실"〉

(SS
오후 NNG
) SS
승희 NNP
, SP
잠 NNG
이 JKS
들 VV
ㄴ ETM
채 NNB
침대 NNG
에 JKB
눕 VV
어 EC
포도당 NNG
을 JKO
투여 NNG
받 VV
고 EC
있 VX
다 EF
. SF
…
…
〈/scene〉

여기에 제시된 데이터 구조를 살펴보면, 메타정보인 장면정보를 담은 행들을 제외하고 모든 행이 두 가지 유형의 형태론적 정보를 포함하고 있는 것을 알 수 있다. 두 가지 정보는 형태소 정보와 품사 정보이다. 예를 들어 어절 '누워'에 대한 정보는 형태소 '눕'에 대한 정보를 담고 있는 행과 형태소 '어'에 대한 정보를 담고 있는 행으로 나누어 데이터 구조에 기재된다.

앞서 논의한 바와 같이 제4단계에서는 태깅된 파일을 대상으로 CWB의 인코딩 시스템을 통해 CQP에 의해 검색이 가능한 말뭉치 검색시스템으로 변환한다. 제4단계가 말뭉치 구축과정에서 핵심적이기 때문에 이 단계에 대해 다시 한번 상세히 기술하고자 한다. 이 단계는 다음과 같이 세 가지 하위단계로 세분화된다.

(11)

첫 하위 단계, 말뭉치의 명칭을 정하여 그 명칭을 가진 폴더를 내 컴퓨터내의 적당한 위치에 만든다. 여기서는 편의상 C:\corpora라는 폴더안에 "KODRA21-M"이라는 폴더를 새로 만드는 것으로 하겠다.

둘째 하위 단계, CWB의 인코딩 명령어를 이용하여 인코딩 작업을 수행한다.

셋째 하위 단계, 인코딩 결과를 CWB 시스템에 등록한다.

위의 두번째 하위단계에서 아래와 같은 명령식을 명령프롬프트 창에서 실행함으로써 인코딩이 수행된다.

(12) cwb-encode -c utf8 -d KODRA21-M -f TAGm-KODRA21.txt -R registry\kodra21-m -P pos -S text:0+genre -S scene:0+id

위 (12)의 명령어 cwb-encode를 이용하여 코퍼스 작업대(CWB)로 태깅된 텍스트 파일 'TAGm-KODRA21.txt'을 검색엔진 CQP가 부착된 말뭉치 검색시스템으로 변환한다. 위의 복합명령식에서 폴더 옵션 -d 뒤의 KODRA21-M은 말뭉치의 명칭이고 등록 옵션 -R 뒤의 kodra21-m은 등록 폴더안에 위치하게 되는 등록파일의 이름이다. 그리고 위치속성 옵션 -P 를 따르는 pos는 품사를 가리킨다. 명령식의 마지막에 나타나는 구조속성 옵션 -S 를 뒤따르는 text:0+genre와 scene:0+id는 메타정보와 관련되는 것들이다. 이는 text_genre와 scene_id가 이 말뭉치 KODRA21-M에서 구조적인 속성으로 정의되어 있음을 나타내는 것이다.

제3세부단계는 여러 가지 부문들로 구성되는 인코딩 작업의 결과를 CWB 시스템에 등록하는 단계로서 이 작업은 다음 (13)에 정리된 명령식의 실행을 통해 이루어진다.

(13) cwb-makeall -r registry-V kodra21-m

이와 같이 여러 단계를 거쳐서 구축된 어절 기반 말뭉치 KODRA21-M에 대한 개괄적인 정보가 다음 (14)에 제시되어 있다.

```
(14)
===========================
Corpus: kodra21-m
===========================
description:
registry file:  registry/kodra21-m
home directory: KODRA21-M/
info file:      KODRA21-M\corpus-info.txt
size (tokens):  21667394
  2 positional attributes:
     word        pos
  4 structural attributes:
     text        text_genre    scene        scene_id
  0 alignment  attributes:
```

위의 정보파일을 통해 확인할 수 있듯이 말뭉치의 규모는 21,667,394개 형태소이다. 또한 이 형태소 기반 말뭉치에도 장르정보와 장면정보가 구조속성으로 포함되어 있음을 확인할 수 있다. 이러한 구조속성들과 형태품사 정보를 활용하여 한국어 드라마에 나타나는 다양한 언어적 특성을 찾아낼 수 있다.

이제까지 논의한 어절 기반 드라마 말뭉치 KODRA21과 형태소 기반 드라마 말뭉치 KODRA21-M을 활용하는 다양한 방법에 대해서는 다음 절에서부터 본격적으로 논의한다.

3. 드라마 언어의 어휘적 특성

이 절에서는 드라마 말뭉치들로부터 몇 가지 빈도데이터를 추출하는 방법과 용례의 추출방법에 대해 기술한다. 빈도데이터의 추출을 위해서 형태소 기반 말뭉치 KODRA21-M을 이용하고 용례의 추출을 위해서는 어절 기반 말뭉치 KODRA21을 활용한다. 용례의 경우 키워드를 중심으로 한 좌우 문맥도 함께 제공된다.

먼저 말뭉치 KODRA21-M에 나타나는 품사들의 분포에 대해 살펴보자. 품사의 출현빈도를 추출하기 위해 사용하는 검색식은 다음 (15)와 같다.

(15)

```
T=[ ];
group T match pos > "freqPOS-kodra21-m.txt";
```

이 복합검색식을 이용하여 산출한 품사(pos)의 빈도통계의 일부가 〈표 1〉에 정리되어 있다.[7]

〈표 1〉 한국어 드라마 말뭉치 품사(pos)의 빈도통계[8]

POS	출현빈도	누적 출현빈도	누적백분율(%)
NNG [1]	3112461	3112461	15.11
SF [2]	3016217	6128678	29.76
VV	2268992	8397670	40.78
EC	1605670	10003340	48.58

7 cqp 검색엔진을 이용하여 빈도를 산출하기 위해 명령어로 group이나 count를 사용하는데 group의 경우 빈도데이터를 검색어-빈도 순으로 출력하는 반면, count의 경우 반대로 빈도-검색어 순으로 출력한다. 이 책에서 때로는 검색어-빈도 순으로 통계정보를 정리하고 때로는 빈도-검색어 순으로 정리한다.

8 이 표에서 품사뒤의 [숫자]는 출현빈도 순위를 나타낸다. 이 표에 포함된 '누적 출현빈도'와 '누적 백분율'은 '출현빈도' 데이터를 기초로 별도의 perl-스크립트를 이용하여 산출한 것이다.

POS	출현빈도	누적 출현빈도	누적백분율(%)
SS	1088698	11092038	53.86
EF	1071874	12163912	59.07
ETM	828102	12992014	63.09
SP [8]	819015	13811029	67.07
MAG	809313	14620342	71.00
NNP	802070	15422412	74.89
VA	593439	16015851	77.78
JKB	527605	16543456	80.34
NP	448678	16992134	82.52
JX	419733	17411867	84.56
JKO [15]	411626	17823493	86.55
JKS [16]	396478	18219971	88.48
...	...	...	...
XSB [42]	72	20592293	100.00

위 데이터는 출현빈도 순위 1위부터 16까지의 품사와 마지막 순위인 42위를 차지하는 품사들을 중심으로 출현빈도, 누적 출현빈도 및 누적 백분율을 정리한 결과이다.[9] 이 통계를 살펴보면 명사(NNG)의 출현빈도가 압도적으로 높고 그 뒤를 구두점 (SF)이 따르고 내용어 품사로는 동사(VV)가 3위에 위치한 것을 알 수 있다. 이 통계에서 발견할 수 있는 흥미로운 점 가운데 하나는 42개 품사 가운데 대략 20%에 해당하는 1위부터 8위까지의 품사들이 차지하는 비중이 67%에 이른다는 사실이다. 이러한 사실은 언어경제성 원리를 주장한 하버드대학의 심리언어학자 Zipf의 법칙의 타당성을 어느 정도 뒷받침한다.

이제 명사, 동사, 형용사 등 개별 품사별로 어떤 형태소들이 드라마 말뭉치에 빈번히 출현하는지, 그 어휘분포를 밝혀보기로 한다. 어떤 명사들이 드라마에 자주 나타나는지를 확인하고자 말뭉치 KODRA21-M을 불러들인 다음에

9 이 표는 태깅오류로 인해 생성된 NNG_VCP_EC나 VV_ETN_JX와 같은 품사 복합체를 제거한 세종 태그셋에 속한 품사태그 42개만을 대상으로 하여 재구성한 통계이다. 품사 복합체(1,075,101개)를 제거했기 때문에 누적 출현빈도가 21,667,394 보다 적은 수인 20,592,293로 산정된 것이다.

아래의 검색식을 실행한다.

(16)
T=[pos="NNG"] ;
count by word 〉 "freqNNG-kodra21-m.txt";

위 복합검색식은 두 가지 검색식을 일괄명령으로 묶어놓은 것이다. 첫 검색식은 품사정보로 일반명사(NNG)를 포함하는 문장들을 검색하라는 지시이며, 둘째 검색식은 검색결과를 '형태소(word)'를 기준으로 하여 출현빈도와 함께 'freqNNG-kodra21-m.txt'라는 파일에 저장하라는 의미이다.

추출한 검색결과 가운데 출현빈도를 기준으로 1위부터 30위까지만 제시하면 〈표 2〉와 같다.

〈표 2〉 명사의 출현빈도

명사	빈도	명사	빈도
말	42073	차	14000
사람	40952	뒤	13415
얼굴	28684	옆	13239
앞	26476	낯	12941
표정	24190	고개	12850
일	23676	생각	12384
손	23518	안	12363
소리	22630	여자	11756
눈	19610	전화	11455
밤	19431	시선	11248
문	16782	남자	11057
모습	16723	위	10815
때	15942	얘기	10716
엄마	15843	돈	10416
집	15123	자리	10322

위 표를 통해 '말'와 '사람'이 한국 드라마에 가장 많이 출현하고 '얼굴', '앞',

'표정' 및 '일' 등이 그 뒤를 따르는 것을 알 수 있다. 출현빈도가 가장 높은 '말'을 키워드로 하는 드라마속 문장 몇 개가 아래에 제시되어 있다.[10]

(17)

a. 나도 기억 못하는데 니가 그걸 다 기억하는 게 〈말이〉 되냐고 !

b. 내 말은 어려워서 무슨 〈말인지〉 하나두 못 알아 듣겠다면서 ?

c. 〈말은〉 안 통해도 . . . 워낙에 영리하여 금새 우리 말을 배울 겁니다 .

위 용례들을 보면 '말'의 의미가 맥락에 따라 다르게 나타나는 것을 확인할 수 있다. 이어 출현빈도 순위 3위에 위치한 '얼굴'이 드라마에 나타나는 용례들을 살펴보자.

(18)

a. 복태와 억쇠가 초조한 〈얼굴로〉 상옥을 기다리는데

b. 활짝 웃고 있는 〈얼굴이〉 보통 때와 다르다 .

c. 평생 자기 부모 〈얼굴이〉 누군지도 모른채 살아야 하는 자식들도 있습니다 .

위 용례들을 보면 '얼굴'의 의미가 '표정'의 의미로 쓰이기도 하고 '사람'의 의미로 쓰이기도 하는 것을 확인할 수 있다.

이제 드라마 말뭉치 KODRA21-M의 검색을 통해 추출한 형용사 핵심어들에 대해 살펴보자. 형용사의 추출에 사용하는 검색식은 다음 (19)와 같다.

---

10 이 용례들은 어절기반 말뭉치 KODRA21을 대상으로 검색한 결과의 일부이다. 형태소 기반 말뭉치 KODRA21-M의 경우에 출력되는 용례들이 형태소 중심으로 되어 있어 가독성이 많이 떨어진다.

(19)

```
T=[pos="VA"] ;
count by word > "freqVA-kodra21-m.txt";
```

KODRA21-M에서 형용사는 품사 VA로 표시가 되기 때문에 첫 검색식을 이용하여 형용사(VA)를 표적으로 삼아 검색작업을 수행한 다음에 형태소(word)를 기준으로 한 출현빈도를 파일 'freqVA-kodra21-m.txt'에 저장한다.

검색을 통해 추출한 형용사들 가운데 출현빈도가 순위 1위부터 30위안에 드는 형용사 목록을 제시하면 〈표 3〉과 같다.

〈표 3〉 형용사의 출현빈도

형용사	빈도	형용사	빈도
있	81895	이상하	4338
없	53057	작	4267
그렇	33562	죄송하	3937
같	25670	급하	3483
좋	24651	굳	3208
어떻	19593	무섭	3001
이렇	12801	어리	2937
크	7163	늦	2835
아프	6967	바쁘	2734
많	6804	나쁘	2703
괜찮	6634	어이없	2648
미안하	6076	빠르	2621
고맙	5960	답답하	2483
싫	5704	어렵	2444
힘들	5149	불안하	2351

위 표를 살펴보면 형용사 '있다'와 '없다' 및 '그렇다'가 드라마에 가장 많이 출현하는 것을 확인할 수 있다.[11] 그런데 이 형용사들은 세종말뭉치와 같은 균형

11 순위 1위와 2위를 차지한 형용사 '있다'와 '없다'는 드라마 뿐만 아니라 일반적인 장르에서도 가장 출현

말뭉치에도 상위순위를 차지하는 형용사들이기 때문에 주목을 받지 못한다. 반면 '크다', '아프다' 및 '미안하다' 등이 드라마에 자주 등장하는 형용사들로 여겨진다. 형용사 '크다'를 키워드로 하는 말뭉치속 문장 몇 개가 아래에 제시되어 있다.

(20)

a. 제법 〈큰〉 툇마루가 있고 그 양쪽에 방이 하나씩 있다 .

b. 굶주린 백성들은 더 〈큰〉 어려움에 처할 것이오 .

c. 배포가 아주 〈큰〉 놈이거나 겉멋이 잔뜩 든 놈이거나 둘중 하나다 !

위 용례들을 통해 '큰' 것은 툇마루일 수도, 어려움일 수도 배포일 수도 있다는 것을 알 수 있다. 눈에 보이는 것 뿐만 아니라 '어려움'이나 '배포'와 같은 추상적 개념도 클 수 있다는 점에서 이 형용사가 드라마에 자주 등장하는 것으로 이해할 수 있다.

명사와 형용사에 이어 어떤 동사들이 드라마 대본에서 많이 쓰이는지에 대해 검토하자. 어떤 동사들이 드라마에 자주 나타나는지를 살피기 위해 KODRA21-M을 불러들인 다음에 아래의 검색식을 실행한다.

(21)

```
T=[pos="VV"] ;
count by word > "freqVV-kodra21-m.txt";
```

위 복합검색식도 두 가지 검색식을 일괄명령으로 묶어놓은 것이다. 첫 검색식은 품사정보로 동사(VV)를 포함하는 드라마 대사들을 검색하라는 지시이며,

빈도가 높다.

둘째 검색식은 검색결과를 '형태소(word)'를 기준으로 하여 출현빈도와 함께 'freqVV-kodra21-m.txt'라는 파일에 저장하라는 의미이다.

추출한 검색결과 가운데 출현빈도를 기준으로 1위부터 30위까지만 제시하면 다음 〈표 4〉와 같다.

〈표 4〉 동사의 출현빈도

동사	빈도	동사	빈도
하	174934	놀라	21769
보	148998	보이	21219
가	70602	먹	19419
되	57710	나가	19141
알	43120	잡	16222
오	42049	들어가	15651
들	35387	일어나	14151
앉	32246	듣	13240
웃	30857	주	12978
나오	26813	살	12886
서	24557	바라보	12276
들어오	24437	쓰	12229
그러	23835	생각하	12223
모르	23628	나	12102
받	23368	돌아보	11779

위 표를 통해 내용이 빈약한 경동사로 쓰이는 '하다'와 '되다'를 제외하고서 드라마에 가장 많이 출현하는 동사들이 '보다', '가다', '알다' 및 '오다' 라는 것을 알 수 있다. 이 가운데 '보다'와 '알다'를 키워드로 하는 드라마속 문장 두 개씩이 아래에 제시되어 있다.

(22)

a. 저만치 기둥 정도에 팔짱 끼고 기대서 혜리 〈보고〉 있다.

b. 멀리 희미한 불빛이 새어나오는 외딴집이 〈보인다〉.

c. 진작 그 아이의 비범함을 〈알고〉 있는 제게도 납득이 되질 않습니다.

d. 우리가 〈알고〉 있는 게, 다 사실이냐? 진실이냐?

위 용례들을 살펴보면, 동사 '보다'는 시지각 동사로 사용되고 동사 '알다'는 주로 어떤 사실에 대해 이해한다는 의미로 쓰인다는 것을 확인할 수 있다.

이제 드라마 대본에서 어떤 부사들이 많이 쓰이는지에 대해 살펴보자. 어떤 부사들이 드라마에 자주 출현하는지를 알아보기 위해 KODRA21-M을 불러들인 다음 아래 검색식을 실행한다.

(23)

```
T=[pos="MAG"];
count by word > "freqMAG-kodra21-m.txt";
```

위 복합검색식도 두 가지 검색식을 일괄명령으로 묶어놓은 것이다. 첫 검색식은 품사정보로 부사(MAG)를 포함하는 드라마 대사들을 검색하라는 지시이며, 둘째 검색식은 검색결과를 '형태소(word)'를 기준으로 하여 출현빈도와 함께 'freqMAG-kodra21-m.txt'라는 파일에 저장하라는 의미이다.

추출한 검색결과 가운데 출현빈도를 기준으로 1위부터 30위까지만 제시하면 다음 〈표 5〉와 같다.

〈표 5〉 부사의 출현빈도

부사	빈도	부사	빈도
안	38295	아직	8278
왜	34677	이제	8178
좀	31599	없이	7599
다	25638	많이	7413
다시	19919	잠시	6575
잘	18894	꼭	6063

더	18119	함께	5935
지금	13533	그만	5790
못	12726	계속	5471
또	12693	먼저	5344
정말	11679	아주	5230
그냥	11024	빨리	5066
너무	10081	바로	4976
얼른	9794	확	4950
같이	9096	얼마나	4927

위 표를 살펴보면 부사 '안'과 '왜', '좀' 및 '다'가 드라마에 가장 많이 출현하는 것을 확인할 수 있다. 이 부사들을 키워드로 하는 말뭉치속 문장 하나씩을 제시하면 (24a)-(24d)와 같다.

(24)

a. 영감이 〈안〉 떠올라서

b. 〈왜〉 말을 꼭 그렇게 하세요 ?

c. 그래 . 좋아 . 우리 오랜만에 기분 〈좀〉 내볼까 ?

d. 이제 〈다〉 끝나갑니다 . . . 고생 끝에 낙이 온다고 하잖아요 .

위 용례들을 통해 부사 '안'은 부정의 의미를 갖는 부사로서 동사를 수식하고, 부사 '왜'는 의문부사로서 의문문을 이끈다는 것을 알 수 있다. 부사 '좀'은 '조금'의 의미로서 동사의 의미를 축소시키는 기능을 가지고 부사 '다'는 '모두'와 동의어로서 과장이나 강조의 기능을 수행하기 때문에 드라마에 자주 등장하는 것으로 이해할 수 있다.

지금까지 일반명사, 형용사, 동사 및 부사의 출현빈도를 중심으로 드라마의 어휘적 특성과 함께 용례들을 근거로 출현빈도가 높은 어휘들의 의미적인 특성에 대해 살펴보았다.

형태소 기반 드라마 말뭉치 KODRA21-M으로부터 어휘들의 출현빈도를 추출하거나 어절 기반 말뭉치 KODRA21로부터 용례를 추출할 때 개별 검색식들을 각각 실행시킬 수도 있지만 CWB 시스템에서 제공되는 매크로 파일 실행 기능을 활용하면 여러 개의 검색식을 일괄적으로 실행함으로써 효율적인 검색이 가능하다. 아래 (25)에 말뭉치 KODRA21-M을 검색대상으로 하는 매크로 파일이 제시되어 있다.

(25) 매크로 파일 'macKODRA21-M'

```
KODRA21-M;
T=[];
group T match pos 〉 “freqPOS-kodra21-m.txt”;
T=[pos=”VV”];
group T match word 〉 “freqVV-kodra21-m.txt”;
T=[pos=”VA”];
group T match word 〉 “freqVA-kodra21-m.txt”;
T=[pos=”NNG”];
group T match word 〉 “freqNNG-kodra21-m.txt”;
T=[pos=”MAG”];
group T match word 〉 “freqMAG-kodra21-m.txt”;
```

매크로파일의 첫 행에는 반드시 검색대상으로 삼을 말뭉치 이름을 기재하고 실행을 의미하는 기호 ‘;’로 그 행을 마무리한다. 둘째 행부터는 검색식들을 열거한다. 위 파일에 제시된 검색식들은 우리가 이 절을 논의하면서 다룬 검색식들이다. 모든 매크로 파일은 텍스트 편집기를 이용하여 반드시 ‘utf-8’ 형식으로 인코딩을 해야 한다.

한편 어절 기반 말뭉치 KODRA21을 검색대상으로 하여 용례를 추출하기 위해 사용한 매크로 파일의 일부는 (26)에 제시되어 있다.

(26) 매크로 파일 'macKODRA21'

```
KODRA21;
set context 20 words;
T=[pos="NNG.*" & lemma="말.*"];
cat T > "concWORD-kodra21.txt";
T=[pos="VA.*" & lemma="크.*"];
cat T > "concBIG-kodra21.txt";
T=[pos="VV.*" & lemma="보.*"];
cat T > "concSEE-kodra21.txt";
T=[pos="MAG.*" & lemma="안.*"];
cat T > "concNOTmag-kodra21.txt";
```

이 매크로 파일의 첫 행에는 검색하고자 하는 말뭉치의 이름이 기재되어 있고, 두 번째 행에는 추출한 검색결과를 내보낼 때 키워드를 중심으로 한 문맥의 범위를 규정하는 명령식이 제시되어 있는데 여기서는 좌우로 20개 어절이 문맥범위로 잡혀 있다. 셋째 행부터는 용례검색을 위해 검색표적(T)을 정한 명령식들과 검색결과를 파일로 저장하라는 의미를 가진 명령식들이 제시되어 있다.

매크로 파일들은 CWB 시스템을 가동하지 않고 실행할 수 있는데 말뭉치 데이터 폴더와 등록 폴더의 상위 층위에서 실행하도록 되어 있다. 위에 제시된 매크로 파일들을 작동하기 위해서 다음 (27a)와 (27b)에 제시된 명령식을 실행하면 된다.

(27)

```
a. cqp -r registry -f macKODRA21-M
b. cqp -r registry -f macKODRA21
```

위 (27a)와 (27b)에서 cqp는 검색엔진 cqp를 실행하는 명령어이고 옵션

-r은 등록폴더를 지정하는 기능을 가지고 옵션 -f는 매크로 파일명을 지시하는 기능을 가진다. 따라서 (27a)와 (27b)의 차이는 매크로 파일의 이름에서만 드러난다. 두 명령식 모두 등록폴더는 'registry'로 되어 있기 때문이다.

이제까지 이 절에서 드라마 말뭉치에 나타난 일반명사, 형용사, 동사 및 부사를 중심으로 출현빈도가 높은 형태소들에 대해 살펴보았다. 뿐만 아니라 이 어휘들 가운데 품사별로 몇 개씩을 선정하여 말뭉치로부터 추출한 용례들에 대해서도 논의를 했다. 마지막으로 매크로 파일의 구조, 작성방법 및 실행을 위한 명령식에 대해서도 기술을 했다.

4. 드라마 언어의 장르적 특성

장르분포를 산출하기 위해서 장르 범주는 기준이나 관점에 따라 상이하기 때문에 드라마 장르에 대한 기존 연구들(윤석진 2015, 윤석진/박상완/권양현 2017)에 기대어 13가지 장르를 설정하였다. 주로 텔레비전 드라마를 중심으로 장르유형에 대한 논의를 전개한 윤석진(2015:291)에 따르면 "양식(format)에 따른 유형 분류는 크게 문제될 것이 없지만, 내용(story)에 따른 유형 분류의 경우, 장르적 특질에 대한 분석을 통해 이루어질 필요가 있다." 이러한 관점을 취해 윤석진(2015)와 그 후속연구인 윤석진 외(2017)에서는 기본적인 드라마 장르로 멜로, 역사, 의학, 법정, 액션, 정치, 수사, 로맨틱코미디, 미스터리, 시트콤 등 10가지 유형의 장르 체계를 마련한다.[12] 그런데 10가지 장르체계로는 분석

---

12 윤석진 외(2017: 163-164)에서는 10개의 장르를 다시 '제재 중심'의 장르와 '정서 중심'의 장르로 구분한다. 전자에는 역사, 의학, 법정, 수사 및 정치 장르가 속하고 후자에는 멜로, 액션, 로맨틱코미디, 미스터리 및 시트콤 장르가 속한다. 제재 중심 장르의 경우에 배경, 인물, 소재, 설정 등의 요소가 핵심적인 기능을 수행하는 반면, 정서 중심 장르의 경우 메시지, 분위기, 플롯, 포맷 등이 핵심이 되는 요소이다.

이 불가능한 드라마들이 적지 않기 때문에 여기에 학교, 스포츠 및 휴먼 장르를 추가하여 본 연구에서는 13개 장르 체계를 제안한다. 확대 장르체계에 속한 13가지 장르유형을 모두 열거하면 아래 (28)과 같다.

(28)

멜로, 역사, 의학, 법정, 액션, 정치, 수사, 로맨틱코미디, 미스터리, 시트콤, 학교, 스포츠, 휴먼

개별 작품 하나 하나가 복합적인 특성을 지니고 있고 개별 작품에 대해 장르유형 한 가지만을 부여하는 것이 타당한가라는 의문이 드는 것이 사실이다. 하지만 이 글이 엄밀한 검증이 필요할 만큼 본격적인 장르이론에 대한 논의가 아니기 때문에 주제나 형식 등 작품의 두드러진 특성을 고려하여 한 작품에 대해 하나의 장르유형을 할당함으로써 한국 드라마가 가진 장르유형별 어휘특성을 검토하고자 한다. 분석대상으로 삼은 작품들의 장르별 작품 수 및 작품의 예를 보이면 〈표 6〉과 같다.

〈표 6〉 장르별 작품 분포 및 예시

장르	작품 수	작품 예
로맨틱 코미디	51	별에서 온 그대
멜로	114	달콤한 나의 도시
법정	4	검사 프린세스
수사	7	추리의 여왕
스포츠	1	아이싱
시트콤	3	몽땅 내 사랑
액션	8	개와 늑대의 시간
역사	17	이산
의학	8	하얀거탑
정치	3	대물
추리미스터리	14	나인
학교	5	상속자들

휴먼	41	제빵왕 김탁구
합계	276	

표를 살펴보면 분석대상 작품 276편 가운데 '멜로' 드라마가 114편으로 가장 많고 그 뒤를 '로맨틱 코미디' 드라마가 잇는데 두 장르가 합하여 절반 이상을 차지하는 것을 확인할 수 있다. 멜로 장르에 속하는 드라마의 예로는 "달콤한 나의 도시"와 "공항가는 길"을 들 수 있다. 반면에 '스포츠' 장르에는 단 한편 "아이싱"이 속한다.

앞서 제1절에서 논의한 바 한국 드라마 말뭉치 KODRA21과 KODRA21-M의 구축시에도 13개의 장르로 구성된 확대 장르체계를 미리 반영하여 장르유형에 대한 정보[13]를 메타정보로 포함시켰다. 따라서 장르별로 말뭉치들로부터 어휘들의 빈도를 추출할 수 있다. 이를테면 동사의 출현빈도가 장르간에 차이가 있는지를 검토하고자 하면, 다음 (29)에 제시된 형식의 매크로 파일을 실행하면 된다.

(29) # 매크로 파일

```
KODRA21-M;
T=[pos="VV"]::match.text_genre="Action";
group T match word > "freqVV-Action-kodra21-m.txt";
T=[pos="VV"]::match.text_genre="Court";
group T match word > "freqVV-Court-kodra21-m.txt";
T=[pos="VV"]::match.text_genre="History";
group T match word > "freqVV-History-kodra21-m.txt";
```

13 드라마 말뭉치 KODRA21과 KODRA21-M의 구축시에 드마라 장르의 명칭을 영문자로 표기했다: 로멘틱코미디(RoCo), 멜로(Melo), 법정(Court), 수사(Investigation), 스포츠(Sports), 시트콤(Sitcom), 액션(Action), 역사(History), 의학(Medical), 정치(Politics), 추리미스터리(Mystery), 학교(School), 휴먼(Human)

위에 제시된 매크로 파일은 형태소기반 드라마 말뭉치 KODRA21-M을 대상으로 액션(Action) 장르, 법정(Court) 장르 및 역사(History) 장르에 출현하는 동사의 빈도통계를 추출하는 데 쓰인다.

위 매크로 파일을 실행한 결과 생성된 장르별 동사 빈도 파일 13개를 토대로 하여 장르간의 유사도를 산출할 수 있다.[14] 소위 장르간 문서유사도를 측정하기 위해서 데이터 과학 분야에서 발전된 계층적 군집분석 방법론(Hierarchical Clustering Analysis)을 활용하면 된다. 이 방법론은 장르별 동사의 출현빈도를 하나로 통합한 행렬 포맷의 데이터를 기초로 하기 때문에 먼저 통합 빈도파일을 생성할 필요가 있다. 아래의 표는 13가지 장르유형에 자주 출현하는 동사들의 빈도를 통합한 행렬 포맷을 보여준다.[15]

〈표 7〉 13 장르의 동사 빈도 통합 행렬

Term	Action	Court	History	Human	Investigation	Medical	Melo
작정하	9	18	10	14	5	14	17
거슬리	9	8	10	20	5	8	12
맺	16	2	61	8	8	3	7
연애하	4	6	5	29	11	10	25
열중하	17	7	17	4	11	18	10

14 장르별 명사의 출현빈도를 토대로 계층적 군집분석 방법론을 적용할 수도 있지만 드라마의 장면정보를 활용할 때는 명사보다 동사가 변별성을 가지기 때문에 동사 데이터를 기초로 이 방법론을 적용했다.

15 개별 장르에 출현하는 동사들의 빈도데이터를 통합하는 과정을 기술하면 다음과 같다. 먼저 장르별 동사 빈도데이터를 PERL-스크립트를 이용하여 단순하게 하나의 데이터로 통합한다. 이어 동사별로 13개 장르에 나타난 출현빈도를 합한다. 셋째 단계에서 내림차순으로 정렬한다. 마지막으로 내림차순으로 정렬된 데이터로부터 순위 1001위 부터 2000위까지를 추출하여 별도의 행렬 파일로 저장한다. 이 데이터를 기초로 계층적 군집분석을 실행한다. 본문에 제시된 행렬 데이터 [표 7]은 이처럼 선별된 데이터 파일의 일부이다. 상당히 자의적이긴 하지만 분석대상이 된 동사들을 합계 순위 1000위부터 2000위까지로 한정한 것은 출현빈도가 높은 동사들(1위부터 1000위까지)들은 개별 장르의 특성을 변별적으로 보여주지 못하는 것으로 판단했기 때문이다. 예를 들어 순위 1위부터 20위까지 동사들을 보이면 다음과 같다: 하다(1위), 보다(2위), 가다, 되다, 알다, 오다, 들다, 앉다, 웃다, 나오다, 서다, 들어오다, 그러다, 모르다, 받다, 놀라다, 보이다, 먹다, 나가다(19위), 잡다(20위) 이 동사들은 명백히 특정 장르에 특화된 것이 아니라는 사실이 명백해 보인다.

자랑하	13	10	13	17	7	12	20
거부하	18	4	33	4	15	25	6
신고하	7	9	6	18	28	6	11
졸업하	8	5	1	18	11	6	8
관련되	17	2	10	6	54	14	9

Term	Mystery	Politics	RoCo	School	Sitcom	Sports	
작정하	17	2	30	7	16	0	
거슬리	30	4	7	13	32	0	
맺	16	2	17	12	6	0	
연애하	3	3	27	14	21	0	
열중하	17	0	9	31	13	4	
자랑하	7	4	10	22	18	5	
거부하	13	7	14	12	6	0	
신고하	20	4	14	22	11	0	
졸업하	5	1	27	40	19	7	
관련되	12	9	6	15	0	1	

표를 검토해 보면, 장르마다 선호되는 어휘들이 상이함을 확인할 수 있으며 이러한 차이가 13가지 장르들간의 친소관계를 포착하는 동기가 된다. 이 행렬 데이터를 토대로 계층적 군집분석 방법론을 적용하기 위해서 다음 (30)에 제시된 R-스크립트를 실행한다.

(30)
```
# R-스크립트
data <- read.csv("MT-13Genre-kodra.csv")
tf <- data[,2:14]
idf <- rowSums(tf >= 1)
norm_vec <- function(x) {x/sqrt(sum(x^2))}
tf.idf <- log2(13/idf) * tf
tf.idf.cos <- apply(tf.idf, 2, norm_vec)
fit <- hclust(dist(t(tf.idf.cos)), method="ward.D2")
plot(fit, main="13 Genres of Korean Drama Corpus")
```

스크립트가 의미하는 바를 정리해 보면 다음과 같다. 스크립트의 첫 줄은 엑셀의 csv 형식으로 저장된 데이터파일 'MT-13Genre-kodra.csv'을 읽어들여서 'data'라는 이름을 붙이라는 명령이다. 둘째 줄은 이 'data' 파일의 제2열부터 제14열-이는 첫째 장르부터 열 셋째 장르-에 정리된 빈도정보를 추출해서 'tf'(term frequency, 개별 용어빈도)라는 속성의 값으로 저장하라는 내용을 담고 있다. 셋째 줄은 어휘들의 상대빈도를 구하기 위한 함수식을 나타낸 것으로 각 행별로 기록된 모두 빈도를 합하여 'idf'(inverse document frequency, 역 문서빈도)로 삼으라는 명령이다.[16] 이어 넷째 줄은 일반적으로 비교대상 문서의 전체 규모를 고려하여 개별 어휘빈도 데이터의 가중치를 산출하는 표준화공식을 정의한다. 다섯째 줄은 문서의 숫자와 '개별 용어빈도'와 '역 문서빈도'를 이용하여 'tf.idf' 값을 산출하라는 명령이다. 이렇게 얻어진 'tf.idf'의 값을 넷째 줄에서 정의한 표준화공식을 적용하여 코사인값을 구하는 과정이 여섯째 줄에 기술되어 있다. 코사인값은 문서들간의 거리를 나타내는 직선들간의 각도를 의미하므로 그 각도가 작으면 작을수록 문서들간의 유사도가 높아지는 속성이 있다. 일곱째 줄이 이 스크립트의 핵심이 되는데, 여기에서 최종적으로 군집(clustering)의 정도를 계산하는 작업이 수행된다. 이 스크립트에서는 'wardD2'라는 계층적 군집분석의 한 방법론으로 계층적 군집도(함수 'hclust')를 산출하여 'fit'라는 속성에 할당한다.[17] 마지막 줄은 앞 줄에서 얻은 군집도 'fit'를 그래프로 나타내는 과정을 보여주는데, 속성 'main'의 값으로 제시된 "13 Genres of Korean Drama Corpus"는 그래프의 제목을 가리킨다. 스크립트 (30)을 R-stduio에서 실행하면 [그림 1]과 같은 장르간 유사도 그래프가 생성된다.

---

16 '역 문서빈도'의 개념에 대해서는 스탠포드 대학의 웹사이트 참조: http://nlp.stanford.edu/IR-book/html/htmledition/inverse-document-frequency-1.html

17 계층적 군집분석 방법론에 대한 일반적 논의에 대해서는 Zhao(2013) 참조. 다양한 군집분석 방법들간의 차이에 대해서는 최재웅/송지영(2013) 참조.

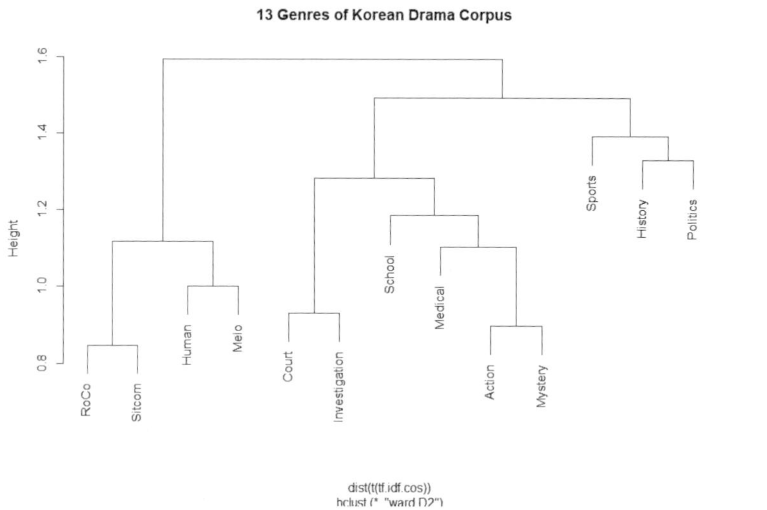

[그림 1] 13 장르간의 문서유사도

이 문서유사도를 살펴보면, 로맨틱 코미디(RoCo) 장르와 시트콤(Sitcom) 장르간의 유사도가 가장 높고, 액션(Action) 장르와 추리미스터리(Mystery) 장르간의 유사도가 그 뒤를 따른다. 다음으로 법정(Court) 장르와 수사(Investigation) 장르간의 유사도가 휴먼(Human) 장르와 멜로(Melo) 장르간의 유사도보다 약간 높은 것으로 나타난다. 또한 역사(History) 장르와 정치(Politics) 장르간에도 유사도가 있는 것으로 분석된 사실도 흥미롭다. 장르간 유사도에 대한 이러한 분석결과는 장르별 드라마들의 내용에 비추어 볼 때 상당히 설득력이 있는 것으로 판단된다. 이 R-스크립트를 실행한 다음에 동일한 데이터를 토대로 대응분석(Correspondence Analysis)[18]를 실행할 수 있다. 이를 위해 아래 (31)과 같은 대응분석을 위한 명령줄 네 개를 덧붙이면 된다. 실행 결과로 [그림 2]에 제시된 대응분석 지각도가 생성된다.

18 대응분석에 대해서는 Murtagh(2005)와 홍정하(2014) 참조.

(31)

```
library(ca)
data <- read.csv("MT-13Genre-VV-kodra.csv", header=T, row.names=1)
set.seed(3952)
plot(ca(data), arrows = c(F, T), col.lab = c("darkgrey", "black"), labels =
c(1, 2), map="rowprincipal")
```

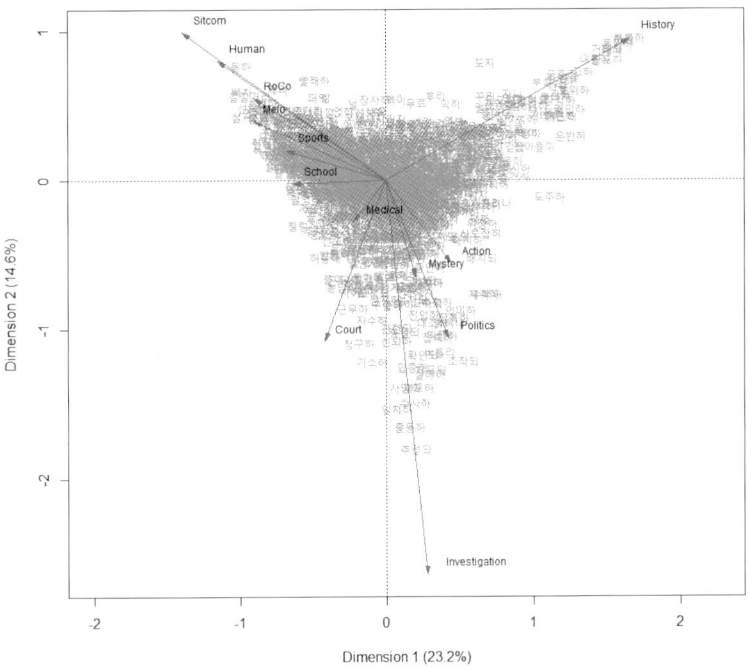

[그림 2] 13 장르의 대응분석 지각도

앞서 살펴본 군집분석 수형도와 마찬가지로 이 대응분석 지각도도 13가지 유형 드라마 장르간의 친소관계를 직관을 잘 반영한 것으로 이해된다. 왜냐하면 대응분석 지각도의 경우 동일한 사분면에 위치한 문서들간의 유사도가 그렇지 않은 문서들간의 유사도보다 높기 때문이다. 이 지각도의 경우에도 로맨틱 코미디(RoCo) 장르와 시트콤(Sitcom) 장르간, 휴먼(human) 장르와 멜로

(Melo) 장르간 및 액션(Action) 장르와 추리미스터리(Mystery) 장르간의 유사도를 잘 포착하기 때문이다. 군집분석 결과 유사도가 높은 것으로 나타난 법정(Court) 장르와 수사(Investigation) 장르는 동일한 사분면에 위치하지 않음에도 인접해 있기 때문에 대응분석 지각도의 특성에 비추어 인접성이 두 장르간의 유사성을 일부 반영한 것으로 풀이할 수 있다.

이제 계층적 군집분석과 대응분석 등 두 가지 분석방법에 의해 공통적으로 유사도가 높은 것으로 분석된 로맨틱 코미디 장르와 시트콤 장르를 중심으로 변별적 공연어휘소 분석을 실시함으로써 두 가지 장르의 동사적 특성을 살펴보기로 한다.

로맨틱 코디미 장르와 시트콤 장르를 대상으로 변별적 공연어휘소 분석을 실행해 보자.[19] 이 분석을 위해 필요한 데이터는 비교하는 두 장르의 연관 데이터 규모 및 상대빈도 데이터이다. 로맨틱 코미디(RoCo) 장르에 출현하는 동사의 전체빈도는 226,451개 이고, 시트콤(Sitcom) 장르에 출현하는 동사의 전체빈도는 173,868개이다. 상대빈도 데이터 파일의 일부만을 보이면 다음 〈표 8〉과 같다.[20]

〈표 8〉 RcCo vs. Sitcom 출현동사 상대빈도

Verb	RoCo	Sitcom	Verb	RoCo	Sitcom
반하	27	40	삐치	24	28
깔깔거리	6	38	키득거리	23	27
짖	12	37	연기하	26	27
꼬시	21	32	고백하	14	26

19 변별적 공연어휘소 분석 방법론에 대해서는 Gries(2010), Gries&Stefanowitsch(2004), Wiechmann(2008) 및 이민행(2015) 참조.

20 상대빈도 데이터의 산출을 위해 Perl-스크립트("ccgrelrel.pl")를 실행한다: perl ccgrelrel.pl roco.txt sitcom.txt 〉 ccgREL-roco-sitcom.txt 실행결과 상대빈도 데이터 파일 "ccgREL-roco-sitcom.txt"이 생성된다.

괴	12	32	녹음하	5	26
거슬리	7	32	내리깔	3	26
부라리	14	30	상상하	9	26
누그러지	4	29	물어뜯	4	26
등지	13	28	아파하	10	25
헷갈리	18	28	떠보	39	25

이 장르간 상대빈도 데이터와 장르별 출현 동사 전체빈도 데이터를 토대로 변별적 공연어휘소 분석을 실행한 결과는 다음 (32)와 같다.[21]

(32)

Distinctive collocate/collexeme analysis for: RoCo vs. Sitcom

obs.freq.1: observed frequency of the word A-? in/with RoCo

obs.freq.2: observed frequency of the word A-? in/with Sitcom

exp.freq.1: expected frequency of the word A-? in/with RoCo

exp.freq.2: expected frequency of the word A-? in/with Sitcom

pref.occur: the word/construction to which the word A-? is attracted

coll.strength: index of distinctive collostructional strength: log-likelihood , the higher, the more distinctive

	words	obs.freq.1	obs.freq.2	exp.freq.1	exp.freq.2	pref.occur	coll.strength
1	알아채	18	0	10.18	7.82	RoCo	2.051101e+01
2	운영하	17	0	9.62	7.38	RoCo	1.937148e+01
3	작심하	30	3	18.67	14.33	RoCo	1.908310e+01
4	즐거워하	16	0	9.05	6.95	RoCo	1.823195e+01
5	갈기	16	0	9.05	6.95	RoCo	1.823195e+01

21 변별적 공연어휘소 분석을 위해 Gries(2007)의 R-스크립트를 사용했다.

6	어슬렁거리	14	0	7.92	6.08	RoCo	1.595290e+01
7	훈련하	14	0	7.92	6.08	RoCo	1.595290e+01
8	발끈하	39	8	26.59	20.41	RoCo	1.489920e+01
9	들오	13	0	7.35	5.65	RoCo	1.481339e+01
10	상의하	13	0	7.35	5.65	RoCo	1.481339e+01
11	음미하	21	2	13.01	9.99	RoCo	1.367510e+01
......							
546	화장하	0	22	12.44	9.56	Sitcom	3.669605e+01
547	깔깔거리	6	38	24.89	19.11	Sitcom	3.517077e+01
548	누그러지	4	29	18.67	14.33	Sitcom	2.855406e+01
549	내리깔	3	26	16.40	12.60	Sitcom	2.749596e+01
550	거슬리	7	32	22.06	16.94	Sitcom	2.464438e+01
551	물어뜯	4	26	16.97	13.03	Sitcom	2.436531e+01
552	녹음하	5	26	17.54	13.46	Sitcom	2.167332e+01
553	짖	12	37	27.72	21.28	Sitcom	2.083684e+01
554	얹히	6	25	17.54	13.46	Sitcom	1.807412e+01
555	널부러지	4	21	14.14	10.86	Sitcom	1.760196e+01
......							

공연어휘소 분석 결과는 로그가능도 지수(Log-likelihood ratio)를 측도[22]로 사용한 공연강도(coll.strength)를 기준으로 동사들이 상대적으로 어떤 장르를 선호하는 지를 보여준다. 공연강도를 살펴보면 동사 '알아채다', '운영하다', '작심하다' 및 '즐거워하다'가 로맨틱 코미디 장르를 선호하는 반면, 동사 '화장하다', '깔깔거리다', '누그러지다' 및 '내리깔다'가 시트콤 장르를 선호하는 것

22 로그가능도 지수에 대해서는 Dunning(1993) 참조. 연어관계를 측정하기 위한 다양한 통계측도에 대해서는 Evert(2004) 참조.

을 확인할 수 있다.

이 절에서는 13 장르 체계를 설정한 후에 장르별로 동사의 출현빈도를 산출했다. 먼저 동사의 빈도데이터를 토대로 하여 계층적 군집분석을 수행하여 장르간의 문서유사도를 살펴보았다. 동사 출현빈도를 이용한 군집분석의 결과 장르간의 친소관계가 우리의 직관을 잘 반영한 것으로 포착되었다. 때문에 동일한 데이터를 이용하여 대응분석을 실행한 후 생성된 대응분석 지각도를 근거로 장르간의 친소관계를 검토했다. 검토결과 동사의 빈도데이터를 기초로 한 계층적 군집분석과 대응분석에서 공통적으로 로맨틱 코미디(RoCo) 장르와 시트콤(Sitcom) 장르간의 유사성 및 휴먼(Human) 장르와 멜로(Melo) 장르간의 유사성이 검증되었다. 후속연구의 하나로 로맨틱 코디미 장르와 시트콤 장르에 대해 데이터과학 분야에서 발전된 변별적 공연어휘소 분석을 수행하여 특정 동사군이 각각의 장르를 상대적으로 선호한다는 사실을 확인할 수 있었다.

5. 드라마 언어의 장면적 특성

다음 (33)과 (34)는 드라마 대본의 일부를 보여준다.[23]

(33)

#캠퍼스 강의실을 향해 가는 현준의 모습. 현준 ... 학교에 오는 것이 즐거운 느낌인데. 현준 강의실로 가다가 한쪽에 세워진 승용차 유리창에 잠시 얼굴을 비

23 장면정보를 표시하기 위해서 드라마 대본에서는 보통 공간 정보외에 '아침', '오전', '저녁' 등 시간 정보도 함께 담는다. 실제 드라마 대본에서 장면정보를 표시하는 방법은 매우 다양하다. 이를 테면, S#118. 창고방 (아침)이나 S#2. 기차역 화장실 안 (아침) 과 같이 기호 #의 앞에 장면(scene)의 영문 첫 글자를 따서 대문자로 표기하고 # 기호 뒤에는 장면 번호를 붙인이기도 하고 기호 대신 '씬'이라고 표기하기도 한다.

취 보고 맵시를 살펴보는데 ..

(34)

#강의실 교수가 강의를 하고 있는데 ... 현준이 비어 있는 승희의 자리를 바라보고 있다. 현준 .. 의아한 얼굴.

위 (33)과 (34)에서 # 기호가 장면을 표시하는 기호인데, 예로 든 대본에서는 '캠퍼스' 장면과 '강의실' 장면이 묘사되어 있다.

드라마 한 편은 다양한 유형의 장면들로 구성된다. 따라서 드라마의 구조를 정확하게 이해하기 위해 드라마 속의 장면들의 특성을 분석하여 밝혀내는 작업이 드라마 연구에 있어 매우 중요하다. 드라마의 장면분석과 관련하여 특별히 주의깊게 살펴보아야 하는 것은 장면들이 서로 어떻게 연결되는 지를 파악하는 일이다.[24] Truby(2007)에 따르면, 장면 하나는 "대개 하나의 시간과 장소에서 벌어지는 하나의 행동으로 이루어진다."[25] 또한 장면 엮기는 "사실상 플롯의 확장"이기도 하다. 이러한 장면 엮기와 관련하여 드라마 말뭉치로부터 장면 연속체(sequence of scenes)를 추출하여 면밀히 검토함으로써 드라마의 장면적 특성을 밝혀낼 수 있을 것이다.

장면 분석을 염두에 두고 드라마 말뭉치 KODRA21과 KODRA21-M의 구축시에 장면에 대한 정보를 메타 정보로 저장하였다. 앞서 논의한 바 드라마 대본에서는 #기호를 이용하여 장면에 대한 구체적인 정보를 담는 반면 말뭉치에서는 다음 (35)와 같이 장면정보가 기재된다.

(35)

a. 〈scene id="캠퍼스"〉 ...... 〈/scene〉

b. 〈scene id="강의실"〉 ...... 〈/scene〉

---

24 드라마에서 장면의 중요성에 대한 논의는 Truvy(2007)과 Gulino(2018) 참조.

25 인용은 번역본 조고은(2017:426-427) 참조.

이처럼 장면에 대한 정보가 메타속성의 하나로 간주됨으로써 장면과 관련한 정보를 말뭉치로부터 추출하기가 용이해진다.

먼저, 말뭉치 KODRA21로부터 추출한 장면들의 출현빈도를 살펴보자.

〈표 9〉 장면의 빈도통계

장면	빈도	장면	빈도
거실 [1]	2224	병실 [11]	427
복도	1993	화장실	419
차 안	1698	주차장	414
거리	1491	카페	409
사무실	1232	집무실	392
마당	1186	안방	391
집 앞	1107	골목	358
주방	527	저잣거리	337
도로	525	대문 앞	318
로비 [10]	449	오피스텔 [20]	297

표를 살펴보면 '거실'이 장면으로 가장 많이 사용되고 '복도'와 '차 안'이 많이 출현하는 것을 알 수 있다. 외에 '거리'나 '사무실', '마당' 등도 장면으로 많이 쓰인다는 것을 확인할 수 있다.

장면의 출현빈도를 말뭉치 KODRA21로부터 추출하기 위해 사용한 검색식은 다음 (36)과 같다.

(36)

```
KODRA21;
T=<scene>[]+</scene>;
group T match scene_id > "freqScene-ID-kodra21.txt";
```

위의 복합 검색식을 실행하면 장면단위로 검색을 수행하여 메타 속성

scene_id의 값을 출현빈도와 함께 파일 "freqScene-ID-kodra21.txt"에 저장한다. 아래 (37)에는 말뭉치 KODRA21의 장면단위(scene) 데이터가 제시되어 있다.

(37)

〈scene id="거실"〉

식구들	NNG_XSN	식구_들
둘러앉아	VV_EC	둘러앉_아
있는데	VX_EC	있_는데
,	SP	,
금자가	NNG	금자가
냉커피를	NNG_JKO	냉커피_를
내온다	VV_EF	내오_ㄴ다
.	SF	.

......

......

〈/scene〉

앞서 논의한 검색식 (36)을 실행하면 바로 메타 정보가 기재되어 있는 라인에서 "scene_id"에 대한 값을 찾아내고 이 값들을 모두 수집한 후에 빈도를 산출하여 출력파일에 저장하는 절차를 수행한다.

장면 정보를 활용하여 용례들도 추출할 수 있다. 다음 검색식은 scene_id의 값이 "주방"인 용례들로서 주방을 장면으로 하는 대사들을 추출하는데 사용될 수 있다.

(38)

```
KODRA21;
set context 10 words;
T=[]::match.scene_id="주방";
cat T > "concIDkitchen-kodra21-10Word.txt";
```

이 검색식을 실행하여 추출한 용례 몇 개를 보이면 다음과 같다.

(39)

141: 한쪽에서는 〈불에〉 달군 프라이팬에서 불길이 솟아오르고 , ...

150: 저녁 만찬에 올릴 〈음식들을〉 조리하고 요리하느라 분주한 가운데 , ...

1268170: 수현 . . 찌게 냄비를 〈식탁에〉 놓고 . . 자리에 앉는데 . .

이 용례들을 통해 〈주방〉 장면에 '불', '음식' 및 '식탁' 등이 출현하는 것을 관찰할 수 있다. 이러한 관찰을 일반화하여 어휘목록이 장면에 따라 다를 수 있다는 가설을 세워 볼 수 있다. 이 가설의 타당성을 검증하기 위해 장면 단위를 기준으로 일반명사의 빈도데이터를 추출하는 작업을 시작하자.

다음 (40)에 제시된 매크로 파일을 실행하면 장면별로 명사의 출현빈도를 산출할 수 있다.

(40) # 매크로 파일 'macNNG-scene-kodra21-m.txt'

```
KODRA21-M;
set context 15 words;
T=[pos="NNG"]::match.scene_id="거실";
group T match word > "freqNNlivingroom-kodra21-m.txt";
T=[pos="NNG"]::match.scene_id="복도";
group T match word > "freqNNcorridor-kodra21-m.txt";
```

```
T=[pos="NNG"]::match.scene_id="차 안";
group T match word > "freqNNinside_car-kodra21-m.txt";
......
......
```

위 매크로 파일은 '거실', '복도', '차 안'과 같이 자주 출현하는 장면을 중심으로 각 장면에 나타나는 일반명사(NNG)의 빈도데이터를 추출하기 위해 작성된 것이다. 이 파일을 실행하여 얻은 장면별 명사의 빈도정보를 통합하여 정리한 것이 다음의 〈표 10〉이다.

〈표 10〉 장면별 명사의 출현빈도

거실(Livingroom)		복도(Corridor)		차 안(Inside_car)	
말 [1]	2325	말 [1]	743	말 [1]	610
엄마	2247	사람	730	얼굴	557
사람	2079	얼굴	650	사람	533
방	1535	복도	647	표정	471
집	1481	표정	640	전화	383
표정	1412	소리	459	손	345
소리	1326	일	450	눈	344
일	1260	손	449	소리	319
얼굴	1249	선생님	385	일	315
할머니	1011	모습	350	모습	313
손	981	눈	334	운전	311
눈	943	고개	284	집	306
전화	930	얘기	282	엄마	286
남자	819	아이	280	생각	281
아빠	818	방	261	핸드폰	257
아버지	813	시선	252	여자	197
이모	791	생각	235	마음	197
돈	760	엄마	228	시선	191
언니	741	여자	202	고개	181
원장 [20]	729	교실 [20]	199	회장 [20]	177

위 표를 통해 장면에 따라 어울리는 명사들이 다른 것을 확인할 수 있다. 거

실 장면의 경우 '엄마', '할머니', '아버지', '이모', '언니' 등 친족명 명사들이 많이 출현하는 반면 복도 장면에는 '선생님'이나 '교실' 등 기관과 연관된 명사들이 많이 나타난다. 차 안 장면의 경우 '회장'과 같은 사회지도층을 가리키는 명사와 함께 '운전', '핸드폰'이 출현하는 점이 독특하다.

이처럼 장면에 따라 개별 명사들의 출현빈도가 다를 수 있는데, 장면마다 어울리는 동사목록도 상이하다. 동사는 보통 사건과 상태를 기술하기 위해 사용하는데 장면에 따라 발생할 수 있는 사건들이 제한적이기 때문에 명사보다는 동사가 장면의 특성을 보다 잘 반영할 것으로 예측된다. 아래의 표는 출현빈도를 기준으로 상위 1위부터 12위[26]를 차지하는 장면에 자주 나타나는 동사들의 출현빈도를 통합한 데이터의 일부이다.

〈표 11〉 장면별 동사목록

동사	거실	복도	차 안	거리	사무실	마당
마시다	613	73	49	86	105	116
돌아서다	200	299	21	138	110	141
걸어가다	53	488	27	400	19	55
돌리다	269	126	195	112	109	120
두다	321	127	73	103	158	122
울다	353	76	70	120	66	203
부르다	319	128	77	136	94	160
들어서다	287	65	30	48	222	265
떨어지다	245	113	65	124	100	161
걸어오다	12	560	13	203	17	29
만들다	286	112	56	44	151	106
걸다	164	155	132	107	131	82
열리다	176	198	34	60	156	106
다가오다	154	169	47	102	109	150
뛰다	204	149	26	199	72	128

26 장면 '도로'가 10위를 차지한 것으로 나타났으나 4위 '거리'와 중복되기 때문에 '도로'를 제외하고 대신 13위에 위치한 '주차장'을 분석대상으로 넣었다.

향하다	168	140	75	138	81	148
울리다	279	69	168	113	173	27
사다	380	63	50	94	82	95
들리다	197	127	75	99	106	123
자다	419	52	46	48	42	102
동사	**집앞**	**부엌**	**로비**	**병실**	**화장실**	**주차장**
마시다	49	232	31	42	18	12
돌아서다	271	33	72	55	24	51
걸어가다	152	1	94	2	9	59
돌리다	101	49	53	70	25	23
두다	130	57	23	80	32	26
울다	88	52	22	116	62	18
부르다	84	83	43	51	16	28
들어서다	26	87	71	58	24	15
떨어지다	87	73	22	74	26	49
걸어오다	143	3	63	3	7	45
만들다	44	179	23	56	19	21
걸다	82	41	56	26	26	77
열리다	100	17	84	62	40	34
다가오다	121	32	56	46	11	59
뛰다	83	21	55	51	17	39
향하다	91	29	57	24	17	63
울리다	47	43	22	35	16	22
사다	65	74	30	47	15	18
들리다	53	45	29	49	52	25
자다	56	72	21	90	9	10

이 통합데이터를 생성하기 위해 다음 (41)과 같은 절차를 따랐다.

(41)

1. 매크로파일을 실행시켜 형태소기반 말뭉치 KODRA21-M으로부터 12개 장면별 동사의 출현빈도를 추출하여 개별 파일로 저장했다.

2. PERL-스크립트를 이용하여 12개의 장면별 동사빈도 파일을 하나의 행렬 포맷을 가진 파일로 통합했다.

3. 통합 행렬파일을 대상으로 동사별로 12개 장르에 대한 총 출현빈도를 산출하여 내림차순으로 정렬했다.

4. 정렬된 결과를 바탕으로 2이상의 장면에 출현한 동사 3685개를 추출하여 별도의 파일로 만들었다.

이처럼 네 단계를 거쳐 생성된 행렬데이터를 기초로 하여 계층적 군집분석을 수행하여 장면간의 친소관계를 파악했다. 그 결과가 다음 [그림 3]에 제시된 문서유사도이다.

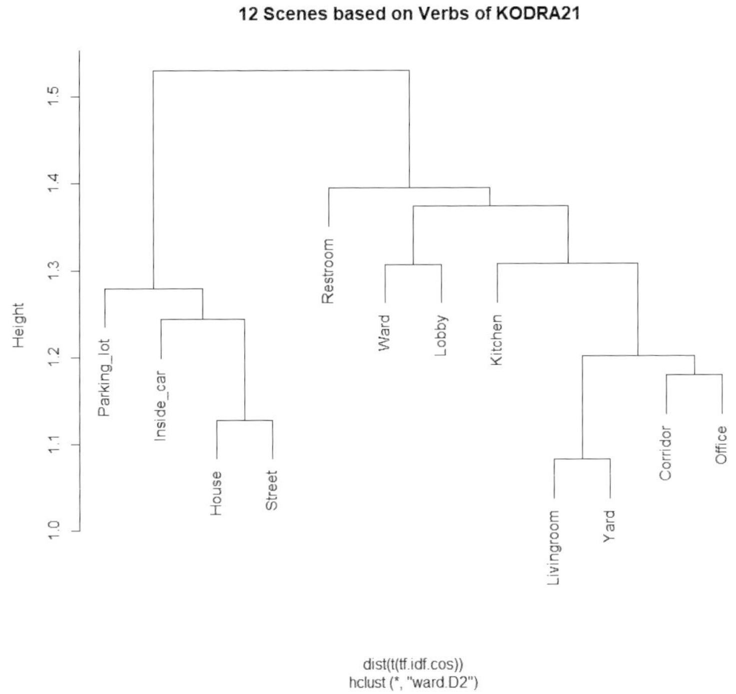

[그림 3] 12개 장면간의 유사도

유사도 그래프를 살펴보면, 거실(Livingroom) 장면과 마당(Yard) 장면이 가장 유사하고, 집앞(House) 장면과 거리(Street) 장면이 그 뒤를 따르는 것을 알 수 있다.

장면의 빈도데이터를 활용하여 장르간의 친소관계도 분석을 할 수 있다. 마찬가지로 장르별로 출현하는 장면들의 빈도를 추출하여 통합한 행렬데이터를 토대로 계층적 군집분석 방법을 실행하면 장르간 유사도를 산출할 수 있다.

장면들의 출현빈도를 장르별로 정리한 행렬데이터의 일부가 〈표 12〉에 제시된다.

〈표 12〉 장르별 장면들의 출현빈도

장면	Action	Court	History	Human	Investigation	Medical	Melo
거실	86	146	21	389	145	117	447
복도	54	126	71	123	226	355	136
차 안	75	90	36	205	299	136	223
거리	79	62	103	139	161	68	158
사무실	126	50	28	176	354	39	202
마당	27	23	473	165	14	44	87
집 앞	2	38	111	126	93	88	216
주방	6	10	5	138	8	13	125
도로	138	43	1	40	70	37	34
로비	22	72	4	39	27	117	32
병실	13	13	9	16	49	176	66
화장실	10	19	2	51	45	29	36
주차장	20	53	6	19	39	44	53
카페	18	5	8	69	28	18	41
집무실	2	2	269	9	0	1	9
장면	Mystery	Politics	RoCo	School	Sitcom	Sports	
거실	162	2	306	84	284	35	
복도	1	5	207	356	51	12	
차 안	356	18	176	24	37	23	
거리	243	10	239	91	132	6	
사무실	67	4	147	3	34	2	
마당	76	4	162	16	80	15	
집 앞	101	0	268	31	12	21	
주방	23	1	103	20	75	0	
도로	56	8	75	10	9	4	
로비	69	1	49	11	6	0	

병실	39	6	25	7	8	0	
화장실	32	4	72	55	58	6	
주차장	60	4	35	22	10	49	
카페	42	3	104	10	39	24	
집무실	100	0	0	0	0	0	

이 표를 검토해 보면 장르마다 어울리는 장면들이 상이함을 알 수 있다. 이를 테면, 액션(Action) 장르의 경우 '거리' 장면이 가장 많이 출현하는 반면, 역사(History) 장르의 경우 '마당' 장면이 가장 많이 나타나고 메디컬(Medical) 장르의 경우 '병실' 장면이 상당히 많이 나타나는 것을 확인할 수 있다.

이 통합행렬 데이터를 기초로 하여 마찬가지로 계층적 군집분석 방법론을 적용할 수 있으며 그 결과는 [그림 4]에 제시된 유사도 그래프이다.[27]

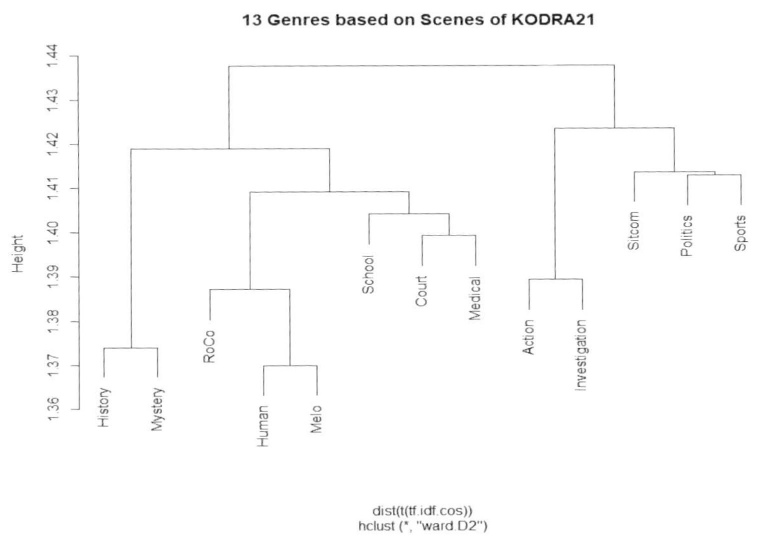

[그림 4] 장면데이터를 기초로 한 13 장르간의 유사도

27 문서유사도의 생성을 위해 앞서 논의한 바 있는 R-스크립트를 실행시켰다.

이 그래프를 살펴보면 휴먼(Human) 장르와 멜로(Melo) 장르가 가장 유사하고, 그 뒤를 이어 역사(Hiostory) 장르와 추리미스터리(Mystery) 장르가 상당히 유사한 것으로 확인된다. 이 결과는 앞서 논의한 바 명사의 출현빈도를 토대로 한 분석결과와 일부는 일치하고 일부는 일치하지 않는다.

드라마 속 장면분석과 관련하여 논의가 필요한 주제는 Truby(2007)에서 그 중요성이 강조된 장면 엮기이다. 드라마 속에서 장면들이 어떻게 엮이는지를 이해하기 위해 드라마 말뭉치 KODRA21로부터 장면 연속체(sequence of scenes)를 추출하면 된다. 장면 연속체 혹은 장면 연쇄(chain)를 어절기반 말뭉치로부터 추출하기 위해 다음에 제시된 검색식을 실행한다.

(42)

KODRA21;

T=(〈scene〉[]+〈/scene〉)(〈scene〉[]+〈/scene〉);

group T matchend scene_id by match scene_id 〉 "freqScene-ID-BiGram-kodra21.txt";

바이그램(bigram)을 검색하기 위한 복합검색식 (42)에서 메타태그 〈scene〉...〈/scene〉이 장면단위 하나를 가리키는데 연속되는 두 개의 장면단위를 검색표적(T)으로 삼도록 하는 것이 둘째 줄의 검색식이다. 셋째 줄의 검색식은 검색결과를 선행하는 장면단위의 장면이름(scene_id)을 기준으로 하여 뒤따르는 장면단위의 장면이름과 짝을 이루어 출현빈도를 산출한 다음에 파일명 "freqScene-ID-BiGram-kodra21.txt"로 저장하라는 의미를 담고 있다.

〈표 13〉은 바이그램 데이터로부터 추출한 장면연속체들 중에서 출현 빈도 순위가 높은 연속체들을 보여준다.[28]

〈표 13〉 장면연속체 빈도데이터

장면1	장면2	빈도	장면1	장면2	빈도
거실	거실	76	차 안	사무실	24
차 안	차 안	76	차 안	도로	23
거리	거리	57	대문 앞	거실	23
집 앞	거실	51	집 앞	차 안	23
거리	차 안	46	마당	마당	21
사무실	사무실	46	거실	사무실	20
주방	거실	43	병실	복도	20
도로	차 안	36	거실	대문 앞	20
거실	안방	34	차 안	집 앞	19
거실	집 앞	34	도로	도로	19
안방	거실	31	집 앞	마당	18
차 안	거실	30	주차장	차 안	18
복도	복도	29	사무실	차 안	18
복도	사무실	29	거실	침실	17
차 안	거리	27	복도	변호사 사무실	17
집 앞	집 앞	26	사무실	거실	17
거실	주방	26	거실	마당	17
사무실	복도	25	마당	거실	17
거실	차 안	24	침실	거실	16
변호사 사무실	변호사 사무실	24	국도	차 안	16

이 표를 살펴보면 ‘거실’ 장면에서 ‘거실’ 장면으로, ‘차 안’ 장면에서 ‘차 안’

28 장면연속체 네트워크 구성을 위한 입력데이터로 쓰이는 이 표에 제시된 연속체들은 출현 순위가 1위부터 50위에 속하는 연속체들가운데 연속체를 구성하는 두 개의 장면중 어떤 것도 다른 장면과 연결되지 않아 고립된 장면연속체들을 제외한 결과이다. 예를 들어 회상-회상 연속체, 저잣거리-저잣거리 및 수술실-수술실 앞 연속체들은 회상 장면, 저잣거리 장면, 수술실 장면 및 수술실 앞 장면이 다른 장면과 연속체를 이루지 않아 제외했다.

장면으로 이어지는 스토리가 가장 많이 출현하고, '거리' 장면과 '거리' 장면, '집 앞' 장면과 '거실' 장면이 연속되는 스토리 라인이 그 다음으로 많이 나타나는 것을 알 수 있다. 이러한 장면연속체를 방향성을 가진 네트워크로 도식화하면 [그림 5]와 같다.[29]

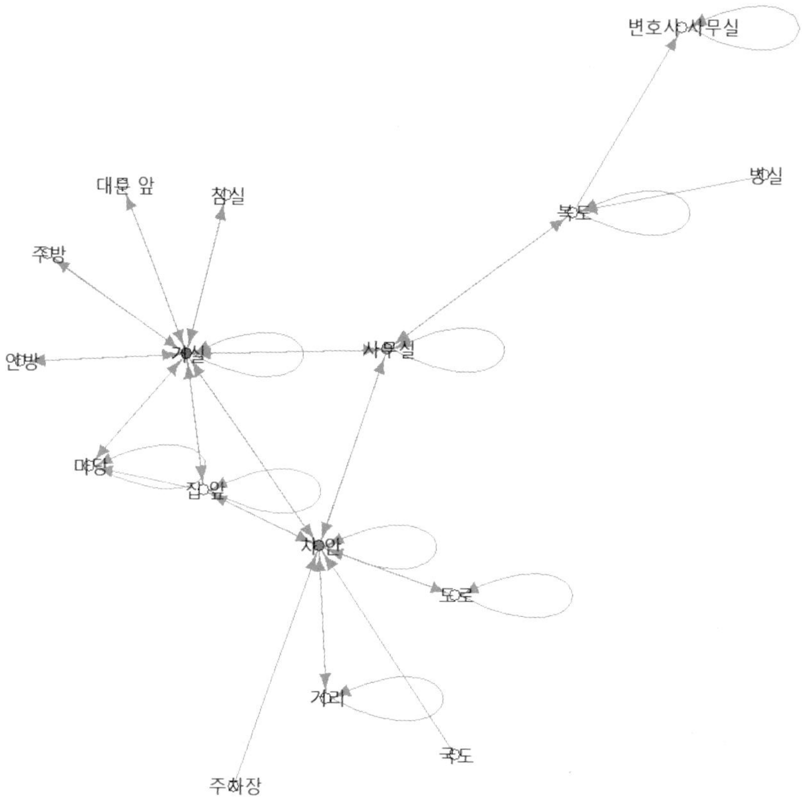

[그림 5] 장면연속체 네트워크

29 장면연속체 네트워크를 생성하기 위해 〈표 13〉에서 빈도정보를 제외한 데이터를 토대로 하여 R 스크립트를 실행했으며, R 라이브러리 igraph를 사용하였다.

이 네트워크를 검토해 보면, '거실' 장면과 '차 안' 장면이 중심을 이루는 장면들로서 다른 장면들과 가장 많이 연결이 이루어지는 한편, 또한 여러 장면들이 동일한 장면으로 이어지는 재귀성(reflexivity)을 지님을 확인할 수 있다.

지금까지 이 절에서는 드라마 말뭉치로부터 장면과 관련된 여러 유형의 정보를 추출하는 방법에 대해 알아 보았다. 장면과 관련된 데이터를 근거로 드라마의 장면적 특성을 여러 가지 측면에서 관찰할 수 있음을 보였다. 장면에 특화된 명사목록이나 개별 장면과 잘 어울리는 동사목록 외에 장면들 간의 친소관계에 대해서도 논의했다. 더 나아가 장면의 빈도데이터를 토대로 하여 장르간의 유사도도 측정할 수 있다는 사실도 밝혔으며 장면 연속체를 말뭉치로부터 추출하는 방법에 대해서도 살펴보았다.

6. 맺음말

이 장에서는 한국어 드라마 말뭉치를 어절 기반 말뭉치 KODRA21과 형태소 기반 말뭉치 KODRA21-M을 구축하여 드라마의 어휘적 특성 및 장르적 특성 그리고 장면적 특성에 살펴보았다.

드라마의 어휘적 특성을 검토하기 위해 드라마 대본속에 나타나는 품사들의 분포에 대해 논의한 다음에 일반명사, 형용사, 동사 및 부사를 중심으로 출현빈도 순위 1위-30위에 어떤 어휘들이 자리하는지를 검토했다.

장르적 특성을 살펴보기 위해 드라마의 장르를 13 가지로 분류하여 각 장르별로 출현빈도가 높은 어휘들에는 어떤 것들이 있는지를 검토했다. 이 과정에서 절대빈도를 넘어 보다 정밀한 데이터를 산출할 목적으로 변별적 공연어휘소 분석방법을 적용하여 장르별로 선호되는 어휘목록을 추출했다.

마지막으로 드라마의 장면적 특성을 검토하기 위해서 말뭉치에 메타 데이터로 기재되어 있는 장면 정보를 활용하는 방법에 대해 논의했다. 기계학습 분야에서 발전한 계층적 군집 분석방법을 적용하여 장면들간의 상관관계에 대해 밝혀낼 수 있었다. 더 나아가 장면 연속체에 대한 바이그램 데이터를 토대로 장면 연속체 네트워크를 생성하고 네트워크의 특성에 대해 살펴보았다.

이제 본 연구를 수행하는 동안 발견한 말뭉치 기반 드라마 연구의 한계에 대해 논의한다. 첫째, 드라마에는 인물을 지칭하는 고유명사가 많이 등장하는데, 한국어의 특성상 고유명사와 일반명사를 구분하기가 쉽지 않다. 예를 들어 '정신'은 보통은 일반명사로 간주되지만 드라마에서 고유명사로 사용될 수도 있다. '하늘'도 마찬가지이다. 때문에 형태-품사 태깅 단계에서 태깅오류가 아주 많이 나타난다. 이 문제를 피하기 위해 태깅전에 원시말뭉치를 정제하여 고유명사를 메타정보로 미리 태깅해 두거나 태깅후에 수작업을 통해 태깅오류를 수정할 필요가 있다. 그러나 말뭉치의 규모가 클 경우에 이 작업도 만만치 않다.

둘째, 드라마의 특성을 이해하기 위해 장면정보가 매우 중요한데, 대본마다 장면정보를 표기하는 방법이 제각각이어서 태깅전 선편집(pre-editing) 작업시에 장면정보의 패턴을 정밀하게 포착하여 진행할 필요가 있다.

셋째, 저작권 이슈 때문에 제대로 된 대본을 수집하기가 어렵다. 이런 연유로 크롤링을 통해 수집한 대본들이 띄어쓰기 오류 등 맞춤법 오류가 많고 일부 장면이나 대사들이 삭제된 경우가 적지 않다. 이 문제를 해결하기 위해 말뭉치 구축을 위한 태깅전 선편집 단계에서 대본의 언어적 정확성을 충분히 검토할 필요가 있다.

이상에서 논의한 바 말뭉치를 이용한 드라마 연구의 한계에도 불구하고 이 방법론이 아닌 다른 연구방법론의 틀안에서는 발견하기 어려운 드라마의 언어적, 구조적 특성과 관련한 새로운 사실들을 밝혀낼 수 있었다는 점은 말뭉치 기반 드라마 연구의 가능성을 보인 것이라 할 수 있다. 더 나아가 최근에 AI 기술의 하나로 널리 활용되고 있는 감성지수 분석 방법론을 한국 드라마에 적용하여 장르별 감성지수를 산출하는 연구도 가능한데 이 연구는 후속연구로 남겨두고자 한다.

참고문헌

이민, 2012, 『구어체 종결 표현 '-을걸'에 대한 연구』, 서울대학교 석사 학위논문

이민행, 2015, 『빅데이터 시대의 언어연구』, 21세기 북스.

윤석진, 2015, 「한국 텔레비전드라마 장르 유형에 관한 시론(試論)」, 『한국문학이론과 비평』, 67권, 273-297, 한국문학이론과 비평학회.

윤석진 박상완 권양현, 2017, 「한국 텔레비전 장르드라마 연구」, 『건지인문학』, 18권, 159-188, 전북대학교 인문학연구소.

최재웅 송지영, 2013, 「대학생 영어 학습자 작문 코퍼스에 대한 주제별 분류: 계층적 군집화」, 『언어정보』, 17호, 93-155.

홍정하, 2014, 「추세의 유사도를 이용한 중심어와 관련어의 상관성 연구: 통계적 방법과 활용」, 『민족문화연구』, 64권, 25-58.

Dunning, T, 1993, "Accurate methods for the statistics of surprise and coincidence", *Computational Linguistics*, 191, 61-74.

Evert, S. 2004, "The Statistics of Word Cooccurrences: Word Pairs and Collocations", University of Stuttgart PhD dissertation.

Evert, S., & A. Hardie, 2011, "Twenty-first century Corpus Workbench: Updating a query architecture for the new millennium", in Proceedings of the Corpus Linguistics 2011 conference, University of Birmingham.

Gries, St. Th, 2007, *Coll.analysis 3.2, A program for R for Windows 2.x.*

Gries, St. Th, 2010, *Statistics for Linguistics with R: A Practical Introduction*, Mouton. (번역본: 최재웅 홍정하, 2013, 『언어학자를 위한 통계학』, 고려대 출판부.)

Gries, St. Th. & A. Stefanowitsch, 2004, "Co-varying collexemes in the into-causative", in Achard, M. & S. Kemmer eds, Language, Culture, and Mind, Stanford, CA: CSLI, 225-36.

Gulino, P, 2018, *Screenwriting: The Sequence Approach,* Bloomsbury Publishing Inc. (번역본: 김현정, 2020, 『시나리오 시퀀스로 풀어라 할리우드에서 성공한 시나리오 작법의 비법』, 팬덤북스.)

Hardie, A, 2012, "CQPweb - combining power, flexibility and usability in a corpus analysis tool", *International Journal of Corpus Linguistics*, 173, 380-409.

Murtagh, F, 2005, *Correspondence Analysis and Data Coding with Java and R*, Chapman & Hall/CRC.

Truby, J, 2007, *The Anatomy of Story: 22 Steps to Becoming a Master Storyteller,* Faber&Faber. (번역본: 조고은, 2017, 『이야기의 해부 스토리텔링의 대가가 되기 위한 22단계』, 비즈앤비즈.)

Wiechmann, D, 2008, "On the Computation of Collostruction Strength: measures of association as expressions of lexical bias", *Corpus Linguistics and Linguistic Theory*, 4:2, 253-290.

Zhao, Y, 2013 (eds.), *R and data mining : examples and case studies*, an imprint of Elsevier, Academic Press.

중국의 언어접촉과 중국화

김태은(연세대, 중어중문학)

1. 중국의 언어접촉

인간의 소통 방식은 언어를 기반으로 하므로 사람 간, 사회 간, 국가 간 모든 소통은 언어접촉으로 이어지게 마련이다. 그리고 언어접촉의 가장 기초적이고 가시적인 결과는 차용어(loanword)의 생산이라고 할 수 있다. 따라서 어떤 사회나 국가의 역사가 깊다면 그만큼 타지역, 타문화와의 소통의 시간도 길 것이요, 그에 따라 차용어의 역사 또한 오랠 것임은 당연한 일일 것이다. 그런 점에서 중국의 언어접촉과 차용어의 생산은 세계 어느 언어와 견주어도 뒤지지 않을 만큼 오랜 시간 이루어져 왔다고 할 수 있다.

중국어에는 이미 상주(商周)시대(약 B.C.1600-B.C.221)부터 고유 중국어와는 이질적인 어휘들이 존재하고 있다. 예를 들어 굴원(屈原, B.C.340-B.C.278 추정)의 「이소(離騷)」에 등장하는 12개의 '세명(歲名)'이 그러한데 단음절 형태소 언어였던 고대 중국어의 체제로는 논리적인 설명이 불가능하기 때문이다. 그러나 이런 어휘들을 통해 그 정확한 기점(起點)을 아는 것은 어려워도 중국의 언어접촉과 차용어의 역사가 장구(長久)함을 미루어 짐작할 수는 있다. 따라서 본 장에서는 중국어 차용어의 역사를 간략하게 되짚어 소개해 보고자 한다.[1]

비교적 문헌적인 사료가 분명한 한대(漢代, B.C.202-A.D.220)의 차용어부터 살펴보면 근원어(source language)를 크게 흉노족의 어휘와 중앙아시아의 어휘 두 가지 유형으로 나눌 수 있다. 전자의 예에는 전쟁과 평화의 시기를 거치며 들어왔던 '单于흉노족 군주', '阏氏흉노족 군주의 정실', '骆驼낙타' 등과 같은 어휘를 들 수 있고, 후자의 예에는 실크로드의 개통이 촉진시킨 문물 교류에 의해 새롭게 유입된 '狮子사자' , '石榴석류', '葡萄포도' 등의 어휘를 들 수 있다.[2] 또한 중국 바깥 지역에서 온 것임을 뜻하는 접두사 '胡'가 널리 쓰이면서 '胡琴호금' , '胡瓜오이' 등의 단어가 생겨나기도 하였다. 동한(東漢, 25-220) 이후에는 불교 전래의 영향으로 말미암아 불교 용어가 대량으로 흡수되었고 남북조(南北朝, 386-589) 시기 지배 계층의 큰 호응을 거쳐 수(隋, 581-618), 당(唐, 618-907) 시기에 불교와 불경 번역이 최고조에 다다르게 된다. 이 시기 불경 번역 중에 생산된 차용어는 산스크리트어를 음역(音譯)하는 과정에서 출현하게 되며 이때 만들어진 어휘들 중에는 현재까지 중국어 어휘에 남아 오랜 생명력을 보여주는 것들이 많이 있다. 뿐만 아니라 그 외래적인 색채가 이미 퇴색되어 차용어인지 조차 모어 화자가 인지하지 못하는 경우가 상당히 존재한다. '比丘尼비구니', '沙门승려', '刹那찰나' 등을 그 예로 들 수 있다. 또한 이 시기에도 여전히 실

1 차용어의 역사에 대한 부분은 김태은(2011)에서 보다 자세히 다룬 바 있으므로 참고하기를 바란다. 또한 예는 필요에 따라 史有为(2000/2013)에서 보충하였다.

2 본고에서는 우리말의 명확한 의미 전달을 위해 한국 한자를 ( )에 제시하는 한편 중국어의 예는 모두 현재 중국에서 사용하고 있는 간체자를 사용하여 제시하였다. 그리고 중국어 예시의 의미는 간체자 옆에 작은 글씨로 제시하였으므로 참고하기 바란다.

크로드를 통한 문물의 접촉과 그에 따른 언어접촉이 활발히 이루어지면서 이전보다 더욱 다양한 언어에서 여러 가지 문물을 지칭하는 차용어들이 유입되었다. '没药몰약', '琵琶비파', '频婆罗사과' 등을 그 예로 들 수 있다.

몽골족의 통치가 이루어졌던 원대(元代, 1271-1368)에는 이슬람교가 성행하면서 아랍어와 페르시아어를 어원으로 하는 '木速(鲁)蛮이슬람 교도', '喀吧이슬람교 성전'와 같은 어휘들이 차용되었다. 또 '苦来亦撒麻천구의', '咱秃朔八台방위계' 같이 천체나 방위를 나타내는 말도 번역되어 들어왔다. 반면 명(明, 1368-1644), 청(清, 1644-1911) 시대에 주목해야 할 것은 기독교의 전파이다. 서양 선교사들의 진출로 말미암아 기독교는 물론 서양의 다양한 학문들이 유입되면서 관련 개념을 의미하는 어휘들이 차용되었다. '几何기하', '斐录琐费亚철학', '额勒玛第加문법', '乌托邦유토피아', '逻辑논리' 등을 예로 들 수 있다. 특히 아편전쟁(1840-1842)과 청일전쟁(1894-1895)의 연이은 패배는 중국의 지식인들에게 뒤쳐진 중국 사회를 반성하게 하고 서양의 선진 문물과 일본의 현대화에 대한 숭상을 낳게 했다. 이에 따라 이 시기 매우 많은 서양 어휘가 음역과 의역(義譯)의 방식으로 차용되었다. '阿片아편', '公司회사', '火轮车기차', '哔叽베이지', '螺丝钉나사' 등이 그 예이다. 또한 일본에서 차용한 어휘들은 한자만을 그대로 가져오고 발음은 중국식으로 읽는 형역(形譯)의 방식을 취하였는데 '特权특권', '积极적극적이다', '消极소극적이다', '主观주관', '客观객관' 등을 그 예로 들 수 있다.

5·4운동(1919)을 전후로 한 20세기 초부터는 영어에서 차용되어 들어오는 어휘가 눈에 띄게 증가하였는데 신문물과 일상생활 용어 등 매우 다양한 분야의 어휘가 차용되었다. 이들 차용어 중에는 일부 현재 더 이상 사용되지 않는 경우가 있는 반면 중국어 어휘로 완전히 흡수되어 생산적인 형태소로 자리매김을 한 어휘들도 존재한다. '德谟克拉西democracy', '德律风telephone', '咖啡coffee', '引得index', '幽默humor'를 그 예로 들 수 있는데 전자의 두 가지는 각각 '民主主义민주주의'와 '电话전화'로 대체되어 사용되지 않고, 후자 세 가지는 여전

히 매우 활발히 사용되는 경우라고 할 수 있다. 1950년대에는 러시아, 즉 구(舊)소련과의 정치적인 우호 관계에 따라 많은 러시아 어휘가 차용되어 들어왔는데 '杜马의회', '苏维埃소비에트', 布尔什维克볼셰비키', '普特푸드' 등을 예로 들 수 있다. 이후 중국은 문화대혁명(1966-1976)이라는 암울한 시기를 거쳐 1978년 개혁개방의 새 시대를 맞아 본격적으로 서양과의 접촉이 이루어지기 시작했다. 이에 따라 차용어도 급증하게 되었으며 1997년 홍콩의 반환은 월(粵)방언을 통해 영어 차용어가 표준 중국어로 활발히 흘러들어오게 되는 계기가 되어주었다. 또한 일본에서 영어의 개념을 번역해 놓은 한자어 어휘도 여전히 많이 차용되었는데 '浪漫主义낭만주의', '内在내재', '抗体항체', '营养영양', '血压혈압' 등을 예로 들 수 있다.

바야흐로 새천년의 시대가 도래하고 21세기를 맞이하고도 20년이 지난 현재 중국의 차용어는 과거와 사뭇 다른 양상을 띠고 있다. 과거에는 지식인들이 주체가 되어 새로운 개념을 받아들이고 전파하기 위해 차용어를 생산하였고, 전파의 매개체는 주로 서면(書面)을 통한 전파였다. 그러나 인터넷의 발달은 차용의 주체를 젊은 층으로 옮겨 놓았으며 다양한 조어법을 활용한 차용어들이 짧은 시간에 만들어져 빠르게 전파되게 하였다. 또 과거 의역을 선호하던 것에서 벗어나 근원어의 음을 묘사하는 음역의 방식이 활발히 활용되었으며 음역의 특성상 음만 비슷하면 되므로 동일한 의미의 다양한 변체(variant)가 출현하게 되었다. 뿐만 아니라 과거부터 사용되던 많은 음역어(phonetic loan) 중에는 절단(clipping)이라는 방식의 축약된 형식으로 생산적인 형태소 역할을 담당하며 중국어 어휘를 풍부하게 만들어주고도 있다. 이에 대해 2장에서는 먼저 중국어의 차용 방식을 소개하여 중국어 차용어의 유형에 대한 이해를 도모하고자 한다.

2. 중국어의 차용 방식

한자는 '형, 음, 의'라는 세 가지 요소로 이루어져 있다. 이런 한자를 공식 서사체계로 사용하고 있는 중국어를 대상으로 차용 과정에서 이들 요소들의 구현을 자질로 표현해보면 [±형식], [±어음], [±의미]로 상정할 수 있을 것이다. 한자를 사용하고 중국식 한자음으로 발음되며 한자에 의미가 있다면 각각에 '+' 자질을 부여할 수 있을 것이다. 반면 한자를 사용하지 않았거나 한자를 사용했어도 그 음이 한자음이 아닐 때 또는 한자가 그 본의를 잃어버리고 표음기호로 쓰일 때에는 '-' 자질을 부여할 수 있을 것이다. 외국의 어떤 어휘가 언중에게 사용됨에 있어 언급한 세 가지 자질 중에 어떤 것도 '+' 자질을 가지지 않은 채 사용되고 있다면 이는 사실 차용어라기보다는 외국어를 쓰는 것이라고 할 수 있을 것이다.

먼저 [±형식]의 자질을 고려할 때 중국의 어휘는 크게 한자를 사용하는 경우와 라틴알파벳을 사용하는 경우 두 가지로 나누어 볼 수 있을 것이다.[3] 그리고 전자의 경우에 [+형식] 자질을, 후자의 경우에 [-형식] 자질을 부여할 수 있을 것이다. 또 [±어음]의 경우는 차용한 어휘의 발음을 중국어로 한다면 [+어음]의 자질을, 그렇지 않다면 [-어음]의 자질을 부여할 수 있을 것이다. 사실 중국어 차용어의 유형을 논의함에 있어 가장 큰 영향을 미치는 것은 사용된 한자가 지닌 [±의미] 자질이라고 할 수 있다. 이는 중국어가 차용할 때에도 기본적으로 뜻글자인 한자를 사용하기 때문에 생겨나는 특징으로서 이런 한자의 의미 자질을 살리는 방식으로 차용되는 유형이 중국어 어휘에 가장 자연스럽게 적응될 것임은 당연한 일일 것이다. 이에 한자의 [+의미] 자질과의 상관관계를 거리

3 최근에는 글자가 아닌 기호를 사용하는 어휘가 신조어 사전에 실리기도 한다. 다만 이런 어휘는 매우 특이한 경우로서 중국어 전체 어휘에서 차지하는 비율이 매우 낮으므로 예외로 두어 논외로 하겠다.

(distance)로 가시화시켜 차용 방식에 따른 중국어 차용어의 유형을 그림으로 제시해 보면 다음과 같다.[4]

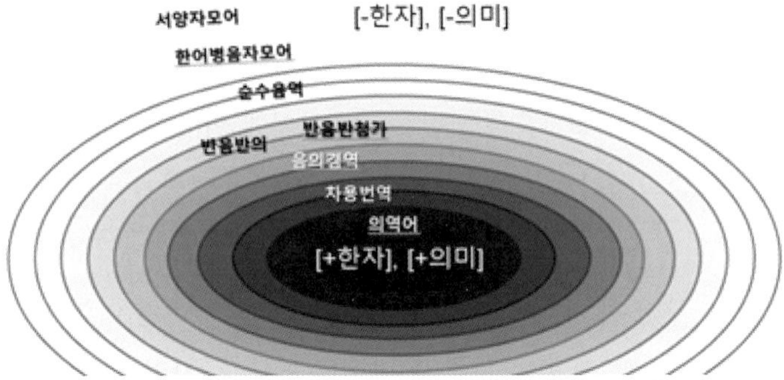

[그림 1] 차용 방식에 따른 중국어 차용어의 유형[5]

[+의미] 자질을 가장 잘 살리고 있는 유형은 [그림 1]에서 보는 바와 같이 단연 의역어(semantic loan)이다.[6] 의역어는 외국에서 유입되는 유·무형의 것을 의미하는 어떤 개념을 중국어로 번역하여 만들어낸 차용어이다. 언뜻 고유어와 비슷하지만 그것이 의미하는 바를 추적하면 결국에는 외래의 개념이나 문물을 가리키기 때문에 차용어라고 할 수 있다. 예를 들면 다음과 같다.

---

4 차용어 구성 자질을 적용시켜 유형화를 시도한 것은 아니지만 중국어 차용어 유형에 대한 논의는 기본적으로 김태은(2011, 2014, 2019)에서도 다룬 바 있다.

5 [그림 1]의 모형은 Itô&Mester(1995b:824)에서 제시한 '핵심-가장자리 구조(Core-periphery Structure)'를 응용하여 본고의 논의에 적용시킨 것이다. 또한 [±형식] 자질은 직감적으로 더 알아보기 쉽게 [±한자]로 제시하였다.

6 일부 학자들은 완벽하게 고유어와 견주어 [+형식], [+어음], [+의미]를 지니는 이런 유형을 차용어로 보지 않는다. 중국어의 고유 형태소를 사용해 조어되었기 때문에 고유어와의 차별성이 없다고 보기 때문이다. 그럼에도 불구하고 많은 학자들이 의역어를 차용의 한 유형으로 간주하고 있을 뿐만 아니라 중국에서 권위를 인정받는 신조어 사전에서도 이런 방식으로 유입되는 어휘를 의역어로 제시하고 있으므로 본고에서도 이를 따라 차용어의 한 유형으로 제시하고자 한다.

〈표 1〉 중국어 의역어의 예

근원어 단어	중국어 의역어	한자의 의미
helicopter	直升机	곧게 올라가는 기계
loudspeaker	扩音机	음을 증폭시키는 기계
angel	天使	하늘의 사자
film	胶卷	끈끈하게 감겨있는 것
computer	电脑	전자 머리
laser	激光	격렬한 빛
vitamin	维生素	생명을 유지시키는 요소
cement	水泥	물 진흙
container	集装箱	모아서 싸놓는 상자
balloon	气球	공기로 만들어진 공

차용번역(loan translation)의 경우도 엄밀히 말해서 의역의 한 종류라고 할 수 있다. 다만 그 외래 개념의 본질을 번역하는 것이 아니라 외국어 단어의 형태소를 중국어 형태소로 축자적으로 번역하여 만들기 때문에 때때로 조합된 한자의 의미가 근원어 단어의 본의와는 아무런 상관이 없게 되는 경우도 있다. 따라서 이런 단어들은 근원어에서의 단어의 쓰임을 모르고 한자의 의미 조합으로만 보면 매우 이상하게 느껴지는 경우가 생긴다. 그러한 경우의 예를 들면 다음과 같다.[7]

〈표 2〉 중국어 차용번역의 예

근원어 단어	중국어 차용번역	한자의 의미
supermarket	超市	뛰어넘는 시장
dark horse	黑马	검은 말
hotline	热线	뜨거운 선
blackboard	黑板	검은 판
money laundering	洗钱	돈을 세탁하다
read-only	只读	단지 읽다

7 중국어에서 차용번역의 방식으로 유입되는 단어들이 우리말에서는 대체로 음역어로 들어온다. 따라서 구성 형태소가 주는 의미 자체는 퇴색하고 차용어 자체의 의미에 집중하는 것이 보다 용이해진다.

new normal	新常态	새로운 정상의 상태
software	软件	부드러운 개체
download	下载	내려 싣다
hotdog	热狗	뜨거운 개

다음 형역(graphic loan)의 경우는 한자 문화권의 나라에서 생산된 한자어가 중국으로 역수입된 경우를 말한다. 1장에서 소개했던 개화기 시기 일본에서 만들어진 매우 많은 한자어가 중국으로 유입되고 이들을 중국식 한자음으로 읽는 경우가 모두 이에 해당한다. 지금도 일본에서 만들어진 한자어가 중국으로 유입되어 사용되는 경우는 여전히 많은 것으로 보인다. 최근에는 한국의 한자어가 중국으로 유입된 경우도 종종 보인다. 형역은 중국어의 입장에서 보면 매우 손쉬운 어휘 차용의 방식이다. 형식과 의미를 그대로 들여오고 음은 자신들의 것으로 읽어버리면 그만이기 때문이다. 예를 들면 다음과 같다.

〈표 3〉 일본 한자어에서 유입된 중국어 형역의 예

근원어 단어	중국어 형역	의미
手続き(てつづき)	手续	수속
表決(ひょうけつ)	表决	표결
覇権(はけん)	霸权	패권
動機(どうき)	动机	동기
概念(がいねん.)	概念	개념
条件(じょうけん)	条件	조건
積極(せっきょく)	积极	적극
帰納(きのう)	归纳	귀납
症状(しょうじょう)	症状	증상
場合(ばあい)	场合	경우

음의겸역(音意兼譯)은 음역의 독특한 한 형식으로 볼 수 있다. 역대 중국어 차용어 연구자들은 음의겸역을 가장 높은 수준의 차용어 형태로 보았다. 이는 외국어의 발음을 최대한 고려하면서도 조합된 한자가 반영하는 의미를 고려하기 때

문에 중국인들에게 자연스럽게 어필하기 때문이다. 그러나 일반적으로 조합된 한자가 보여주는 의미는 원래 단어의 의미가 아니기 때문에 의역으로 볼 수 없고 근원어에 최대한 유사한 음을 생각하면서 조합되는 한자의 의미를 고려하는 것이기 때문에 음역의 한 유형으로 볼 수 있다. 특히 이 유형의 경우 상품명이 유입될 때 많이 사용되는데 이는 고유의 상품명 어음을 살리면서도 한자의 조합을 통해 바람직한 이미지를 창출할 수 있기 때문이다. 예를 들면 다음과 같다.

〈표 4〉 중국어 음의겸역의 예

근원어 단어	중국어 음의겸역	한자의 의미
mini	迷你	당신을 매료시키다
hacker	黑客	검은 손님
gene	基因	기초적인 요인
TOEFL	托福	복을 기탁하다
radar	雷达	천둥이 다다르다
Bentz	奔驰	쏜살같이 내달리다
Tide	汰渍	때를 제거하다
Coca-Cola	可口可乐	입에 맞고 즐거워지다
Pepsi-Cola	百事可乐	만사가 즐거워지다
Simons	席梦思	꿈을 생각하는 자리

다음은 외국어 단어를 이루는 형태소의 일부는 음역을 하고 일부는 의역을 하는 반음반의의 유형을 들 수 있다. 음역과 의역의 순서는 상관없지만 차용될 때 근원어와 차용하는 언어의 단어를 이루는 형태소가 1:1매칭을 이루어야 한다. 예를 들면 다음과 같다.

〈표 5〉 중국어 반음반의의 예

근원어 단어	중국어 반음반의	음·의역의 매칭
Internet	因特网	因特(Inter의 음역) + 网(net의 의역)
ice-cream	冰淇淋	冰(Ice의 의역) + 淇淋(cream의 음역)
New Zealand	新西兰	新(New의 의역) + 西兰(Zealand의 음역)

hula-hoop	呼拉圈	呼拉(hula의 음역) + 圈(hoop의 의역)
Wall Street	华尔街	华尔(Wall의 음역) + 街(Street)의 의역
Jurassic age	侏罗纪	侏罗(Jurassic의 음역) + 纪(age의 의역)
egg tart	蛋挞	蛋(egg의 의역) + 挞(tart의 음역)
dengue fever	登革热	登革(dague의 음역) + 热(fever의 의역)
Buckingham Palace	白金汉宫	白金汉(Buckingham의 음역) + 宫(Palace의 의역)
Cambridge	剑桥	剑(Cam의 음역) + 桥(bridge의 의역)

반면에 반음반첨가는 근원어의 단어를 음역하고 추가로 중국어 고유의 형태소를 덧붙이는 형태로 이루어진 차용어이다. 따라서 고유의 형태소와 대응할 형태소를 근원어에서 찾을 수 없다. 덧붙이는 고유의 형태소는 일반적으로 음역된 단어의 소속을 알려주는 경우가 대부분이다. 또 앞서 잠시 언급한 바 있듯 음역어가 오랜 시간 언중에게 사용되면 축약되어 하나의 형태소로서 작용을 하게 되는데 이런 형태소들은 많은 중국어 고유 형태소와 함께 결합하여 반음반첨가 유형의 차용어로 재탄생된다. 예를 들면 다음과 같다.

〈표 6〉 중국어 반음반첨가의 예

근원어 단어	중국어 반음반첨가	음역과 고유형태소
beer	啤酒	啤(beer의 음역) + 酒('술'을 의미)
Koran	可兰经	可兰(Koran의 음역) + 经('경전'을 의미)
rifle	来复枪	来复(rifle의 음역) + 枪('총'을 의미)
jeep	吉普车	吉普(jeep의 음역) + 车('자동차'를 의미)
sauna	桑拿浴	桑拿(sauna의 음역) + 浴('목욕'을 의미)
ballet	芭蕾舞	芭蕾(ballet의 음역) + 舞('춤'을 의미)
pizza	比萨饼	比萨(pizza의 음역) + 饼('전'을 의미)
bowling	保龄球	保龄(bowling의 음역) + 球('공'을 의미)
card	卡片	卡(card의 음역) + 片('조각'을 의미)
AIDS	艾滋病	艾滋(AIDS의 음역) + 病('질병'을 의미)

우리가 흔히 차용어라고 하면 쉽게는 순수음역을 떠올린다. 특히 우리말처

럼 표음문자를 사용하는 언어에서는 대부분의 차용어를 순수음역의 형태로 받아들인다. 그러나 중국어의 경우 하나의 한자가 하나의 음절이며 하나의 형태소로 기능하는 단음절(mono-syllable) 단일형태소(mono-morpheme)가 우세한 언어의 경우 외국어 단어를 음절로 쪼개어 인식한 후 그 음에 맞는 한자를 조합하여 순수음역어를 생산하게 된다. 이때 순수음역을 이루는 한자는 엄밀히 말해 의미를 상실하고 어음만을 전사하는 표음 기호로서 활용된 것이라고 할 수 있다. 그럼에도 불구하고 한자의 본질 자체가 의미를 지니고 있기 때문에 중국인들은 한자를 인식할 때 모든 한자에 의미가 있는 것으로 여기게 된다. 따라서 오래 전 생산된 순수음역의 경우 조합된 한자의 의미가 영향을 미쳐 사멸하게 되고 다른 음역어나 혹은 의역어 등으로 대체된 경우를 종종 볼 수 있다. 이에 대해서는 3장에서 구체적인 예를 들어 설명하기로 하고 여기서는 순수음역의 예를 소개하기로 하겠다.[8]

〈표 7〉 중국어 순수음역의 예

근원어 단어	중국어 순수음역	중국어 발음
poker	扑克	[pʰu.kʰɤ]
coffee	咖啡	[kʰa.fei]
logic	逻辑	[lwo.tɕi]
modern	摩登	[mwo.təŋ]
clone	克隆	[kʰɤ.luŋ]
tank	坦克	[tʰan.kʰɤ]
nicotine	尼古丁	[ni.ku.tjəŋ]

8 두 언어 간의 접촉을 통해 이루어지는 음역어의 적응(adaptation)을 분석하는 분야를 차용어 음운론(loanword phonology)이라고 한다. 차용어 음운론에서는 주로 두 언어 간 자음의 매칭을 고찰하는 것에 중점을 두는데 이는 상대적으로 기류를 쉽게 흘려보내는 모음에 비해 폐에서 나온 기류가 음성기관에서 장애받아 발성되는 자음의 경계가 더욱 뚜렷하기 때문이다. 즉 음역어 분석에서 두 언어 간 음소 체계의 대조 혹은 비교에 있어 지각적 유사성(perceptual similarity)을 고려할 때 두 언어의 자음 간에 이루어지는 충실한 전사(faithful mapping)가 더욱 우선시 고려된다는 말이다. 따라서 〈표 7〉에서도 영어과 중국어의 자음 간 음소 대응 관계 위주로 살펴보면 모두 충실한 전사를 이루고 있음을 알 수 있다. 중국어 발음은 영어와의 비교를 위해 IPA를 사용하여 제시하였으며 [ ] 안의 '.'는 음절경계를 나타낸다.

guitar	吉他	[tɕi.tʰa]
satan	撒旦	[sa.tan]
bye-bye	拜拜	[pai.pai]

중국어 사전에는 대부분 마지막 부록에 자모어(alphabetic loan)가 따로 모아져 수록되어 있다. 자모어란 서양의 라틴 알파벳으로 이루어진 어휘의 형태를 말한다. 김태은(2011, 2019)에서는 이런 자모어를 차용어의 유형으로 보기 어렵다고 말한다. 왜냐하면 외국어의 형태와 음, 뜻을 모두 그대로 들여와서 쓰기 때문에 외국어 자체와 구분할 필요가 없기 때문이다. 그러나 또한 자세히 들여다보면 이런 자모어를 모두 하나의 유형으로 취급할 수 없음도 언급하고 있다. 왜냐하면 한어병음 약자로 이루어진 경우는 라틴 알파벳만을 빌려 왔을 뿐 중국어에서 생산된 어휘이기 때문이다.[9] 이렇게 두 가지 유형의 자모어가 중국어 어휘에는 혼재되어 있기 때문에 때때로 영어권에 존재하지 않는 자모어로 보이는 것이 중국어에는 존재하는 것이 있다. 뿐만 아니라 한어병음으로 말미암아 라틴 알파벳에 익숙한 중국인들의 자모어에는 영어권에서 쓰이는 자모어와 형태는 같지만 다른 의미로 쓰이는 경우도 존재한다. 이런 어휘들은 엄밀히 말하면 한국어의 콩글리시(Konglish)처럼 중국어의 칭글리시(Chinglish), 즉 가짜 영어식 표현(pseudo-anglicism)이라고 할 수 있다. 어쨌든 언어 접촉으로 말미암아 중국어에서 쓰이는 어휘 유형의 하나이기 때문에 본고에서는 그런 유형에 대해서도 3.5에서 소개해 보도록 하겠다. 여기서는 먼저 일반적인 자모어의 예를 제시하면 다음과 같은 것들이 있다.

9 한어병음방안(漢語拼音方案)이란 1958년 표의문자인 한자의 음성 정보를 지원하기 위해 고안된 주음(注音) 기호로서 표준중국어의 말소리를 표음하기 위한 보조수단이라고 할 수 있다. 모두 26개의 라틴 알파벳으로 이루어져 있으며 자음과 모음을 나타내는 일종의 음소 문자 체계를 갖추고 있어 배우기 쉽고 국제 교류에 있어서도 편리함을 제공해 준다.

〈표 8〉 중국어 자모어의 예

근원어	자모어	원형
영어	AI	artificial intelligence
영어	CCTV	China Central Television
영어	ICU	intensive care unit
영어	SNS	social networking service
영어	VR	virtual reality

다음은 한어병음 자모어의 예에 해당한다.

〈표 9〉 중국어 한어병음 자모어의 예

자모어	원형	한어병음
RMB	人民币	**r**én**m**ín**b**ì
WSK	外语水平考试	**w**àiyǔ **s**huǐpíng **k**ǎoshì
PSC	普通话水平测试	**p**ǔtōnghuà **s**huǐpíng **c**èshì
HSK	汉语水平考试	**h**ànyǔ **s**huǐpíng **k**ǎoshì
BAT	百度, 阿里巴巴, 腾讯	**b**ǎidù, **ā**lǐbābā, **t**éngxùn

마지막으로 소개할 차용의 방식은 혼합형(hybrid)의 차용어이다. 앞서 소개한 모든 유형 중 몇 가지가 혼합되어 나타나는 경우로서 최근 들어 이런 혼합의 방식이 더욱 다양하고 복잡해지고 있다. 이는 차용어 생산의 주체가 신기하고 새로운 것을 선호하는 젊은 층으로 옮겨가면서 더욱 두드러지는 현상으로 파악된다. 중국어에서 가장 자주 생산되었던 혼합형의 방식은 주로 '음역어+자모어'나 '의역어+자모어'로서 순서는 자모어와 음역어 혹은 의역어가 바뀔 수도 있다. 또 '음역어+의역어+자모어'가 모두 함께 사용되어 만들어 차용어도 종종 볼 수 있다. 예를 들면 다음과 같다.

〈표 10〉 중국어 혼합형 차용어의 예

근원어 단어	중국어 차용어	결합 방식
Adobe Press	Adobe出版社	자모어+의역어
T-shirt	T恤	자모어+음역어
UTStarcom	UT斯达康	자모어+음역어
W.W.Grainger	W.W.格雷杰	자모어+음역어
IP address	IP地址	자모어+의역어
VCD player	VCD影视机	자모어+의역어
W.B.Sanders Company	W.B.桑德斯出版公司	자모어+음역어+의역어
X-Men	X战警	자모어+의역어
SIM card	SIM卡	자모어+음역어
MUD game	MUD游戏	자모어+의역어

지금까지 중국어가 외국어와의 접촉을 통해 어휘를 받아들이는 모든 방식에 대해 유형을 나누어 소개하였다. 중국어의 차용 방식이 우리말보다 다양하게 느껴지는 것은 한자라는 표의문자의 사용 때문인 것으로 보인다. 이러한 중국어의 기본적인 차용 방식을 바탕으로 볼 때 과거 중국어의 차용 방식에 비해 최근 중국어의 차용 방식에 몇 가지 두드러지는 경향성이 포착된다. 3장에서는 그 변화에 대해 논의해 보도록 하겠다.

3. 중국어 차용어의 최근 경향

최근 변화하는 중국어 차용 양상에 대해 분석해 보기에 앞서 먼저 과거 중국어의 차용 양상에 대해 간략히 정리해 보도록 하겠다. 먼저 앞서 언급한 바 있듯 중국어는 표의문자라는 한자를 공식 서사체계로 사용하므로 의역을 전통적으로 선호해 왔다. 과거 이러한 경향은 음역어를 격이 낮고 바람직하지 않은 방식으로 바라보는 견해를 낳게 되었다. 그리고 그에 따라 과거에는 음역어를 의역어가 생기기 전에 잠시 어휘의 공백을 메워주는 역할을 하는 과도기적인 어휘 형태 정도로만 보는 시각이 지배적이었다. 따라서 해당 개념을 표현하는 의역어가 생기면 음역어의 사용이 줄어들면서 점차 사멸의 길을 걷게 되었는데 특히 음역어의 구성 한자가 지칭하는 사물이나 개념에 오해를 불러일으킬 여지가 있을 때는 더욱 그러하였다. 그 대표적인 예로는 德律风telephone과 德谟克拉西democracy를 들 수 있는데 전자의 예는 '风풍조'으로 인해 어떤 풍조를 연상시키게 되고 후자의 예는 의미적으로 전혀 상관관계가 없는 5개의 글자들이 연이어지면서 언중들에게 인지적으로 호소력이 떨어졌을 것이다. 따라서 이들은 각각 의역어 电话전화와 民主민주주의로 대체되어 전자는 전기를 통해 대화를 주고받는 의미를, 후자는 민중이 주인이 된다는 의미를 줄 수 있게 되어 본의에 맞는 단어로서 언중에게 확실하게 어필이 되었을 것이다. 이런 예들은 개화기에 생산된 음역어에서 그 예를 쉽게 찾을 수 있다.

〈표 11〉 다른 차용어로 대체된 음역어의 예

근원어 단어	사멸된 음역어	대체된 음역어
Coca-Cola	蝌蝌啃蜡	可口可乐
inspiration	烟士披离纯	灵感
gentleman	尖头鳗	绅士
husband	黑漆板凳	丈夫
philosophy	非罗沙非	哲学

〈표 11〉에 처음 제시된 Coca-Cola를 가리키는 '可口可乐'는 우리나라에도 많이 알려진 중국어 음역어이다. 그러나 이 음역어의 처음 형태는 '可口可乐'와 전혀 다른 '蝌蝌啃蜡'였다. 근원어와의 음소 대응으로 보자면 후자의 경우도 전혀 문제될 것이 없음에도 불구하고 처음 후자의 형태로 수입되었을 때에 코카콜라의 판매 실적은 실패였다고 한다. 이는 음역어를 이루는 한자의 구성이 음료 상표와 어울리지 않게 '虫벌레'을 부수로 하는 글자들로 구성되어 소비자에게 바람직한 인상을 줄 수 없었기 때문이다. 이후 '可口可乐'로 상표명을

개명한 후에야 판매 실적을 성공적으로 올릴 수 있었다는데 이는 상표명에 조합된 한자의 의미가 영향을 미쳤기 때문이다. 사실 그 의미의 조합이 가리키는 뜻은 실제 콜라의 본질과는 아무런 연관성이 없다. 그러나 한자의 조합이 마시면 입에 맞고 즐거워질 것 같은, 음료 이름으로서 바람직한 이미지를 창출할 수 있었기 때문에 소비자의 구매 심리를 자극할 수 있었을 것이다.

또 다른 예로 AIDS가 음역을 통해 중국으로 처음 유입되던 당시에는 '艾滋病'와 '爱滋病' 두 가지 형식이 병존하였다. 음으로 보자면 두 단어가 완벽히 동일하기 때문에 어느 것을 사용해도 무관한 상황이었다. 그러나 후자의 경우 사랑으로 말미암아 일으켜지는 병이라는 잘못된 의미를 전달할 수 있었으므로 이 경우는 일찌감치 국가에서 '艾滋病'을 공식 명칭으로 지정하였다. 이 또한 음역어를 구성하는 한자가 기본적으로 의미를 포함하고 있기 때문에 생겨난 일이라고 할 수 있다.

이렇듯 과거 중국어가 외국어를 받아들이고 자신들의 것으로 만들어가는 과정은 한자의 본질에 충실하기 위해 의미 자질에 매우 큰 비중을 두었던 것으로 보인다. 그러나 인터넷이 발달한 2000년 이후 중국어 차용어의 양상은 조금씩 변화하는 모습을 보이더니 최근의 차용 양상은 과거와는 다른 경향을 보여주고 있다. 그 특징을 한 마디로 정리하자면 차용어의 효율적인 생산성에 초점이 맞추어지는 것으로 보인다. 다시 말해, 편한 방식으로 신속하게 차용어를 만들어 사용하려는 경향이 있다는 것이다. 그리고 그에 발맞춰 그런 언중의 요구를 수용하기 편한 방식으로 만들어지는 차용어 유형이 급속하게 증가하는 것으로 보인다.

3.1. 음역어의 증가

앞서서도 언급한 바 있듯 음역어는 과거 한자의 표의성을 담보하기 어렵다는 이유로 수준 낮은 차용 방식으로 취급받은 바 있다. 그러나 음역은 근원어의 발음만을 생각해서 한자를 조합하면 되므로 매우 신속하게 새로운 개념이나 물건을 중국어 어휘로 표현해 낼 수 있다는 확실한 장점이 있다. 따라서 편리하고 빠르게 차용어를 흡수하고자 하는 중국어의 최근 경향은 자연스럽게 음역어의 증가로 이어졌다. 邹贞(2006)의 조사에 따르면 새롭게 생산된 음역어와 의역어의 비율이 약 '7:3'으로 음역어가 압도적으로 높게 나타났다.[10] 이는 과거 한자가 의미에만 크게 집중하였던 것에 비해 최근 표음적인 기능이 상대적으로 확대되었음을 의미할 것이다. 한자의 표음 기능이 확대될 수 있었던 것은 일차적으로 중국의 개혁개방과 더불어 다른 나라들과의 접촉이 증가된 것에서 원인을 찾을 수 있을 것이다. 폐쇄적이었던 중국 사회에 서양의 문화와 문물이 빠르게 유입되었고 이는 동시에 전통적인 중국 사회와 문화를 빠르게 변화시켰다. 또한 낯선 문화와의 소통은 일반 언중들의 표음 문자에 대한 인식을 이전 시대에 비해 크게 고취시켰을 것이다. 특히 1980년대 이후 태어나 경제적인 혜택을 입고 성장한 소위 '빠링허우(80后)'라는 세대는 영어와 인터넷에 익숙한 세대로서 이들이 언중의 주도적인 계층으로 부상하면서 더욱 표음 문자에 대해 거리낌이 없어졌을 것이다.

음역어 증가로 인한 한자의 표음 기능 확대는 중국어에 매우 흥미로운 현상을 초래하게 되었다.[11] 일부 한자의 경우 일정한 영어 음소나 음절을 전사하는 데에 고정적으로 쓰여 이들이 마치 표음 기호와 같은 역할을 하듯 보편적으로 쓰인 것이다. 예를 들면 다음과 같은 경우들이 대표적이다.

---

10 邹贞(2006)은 『新词语大词典신조어대사전』(上海辞书出版社, 2003)의 분석을 통해 음역어가 66.7%, 의역어가 33.3%였다는 결과를 내놓은 바 있다.

11 김태은(2015)에서는 이러한 현상에 주목하고 BCC 코퍼스 검색과 분석을 통해 표음 기능으로 자주 사용되는 한자들의 특징을 정리한 바 있다. 따라서 이 부분에 대한 보다 자세한 논의는 김태은(2015)를 참조하기 바란다.

〈표 12〉 표음 기호처럼 활용되고 있는 한자의 예[12]

중국어음절 (전사 대상영어 음소/음절)	si [sɿ] (s)	te [tʰɤ] (t)	de [tɤ] (d)	ke kʰɤ] (k)	ge [kɤ] (g)	pu [pʰu] (p)
선호되는 한자	斯	特	德	克	格	普

중국어음절 (전사 대상 영어음소/음절)	bu [pu] (b)	fu [fu] (f)	er [ɚ] (l/r)	mu [mu] (m)	lin [lin] (lin)
선호되는 한자	布	夫	尔	姆	林

중국어음절 (전사 대상 영어음소/음절)	han [xan] (han)	man [man] (man)	lan [lan] (lan)	kang [kʰɑŋ] (kang)	ning [njəŋ] (ning)
선호되는 한자	汉	曼	兰	康	宁

중국어의 상용자를 약 3000자라고 하고 통용자를 약 8000자라고 한다면 약 400개 정도 되는 중국어 음절을 매우 많은 한자가 공유해야 한다는 것을 알 수 있다. 다시 말해, 서로 다른 한자가 동일한 음으로 읽히는 이른바 동음이의자(同音異義字)가 많다는 뜻이다. 즉 위의 〈표 12〉를 참고로, 영어 [s]를 전사하기 위해서 쓰는 중국어 음절 [sɿ]라는 발음을 가지는 한자는 '斯' 외에도 '四, 死, 似, 思, 寺, 私' 등 매우 다양한 후보가 쓰일 수 있다. 그런데 유독 순수음역의 경우 영어 [s]를 전사하는 데에는 '斯'가 애용된다는 것이다. 예를 들면 다음과 같다.

〈표 13〉 영어 [s] 전사에 '斯'를 사용한 순수음역의 예

근원어 단어	중국어 음역어
tex	特克斯
Princeton	普林斯顿
blues	布鲁斯
Starwood	斯塔伍德
Chrysler	克莱斯勒

12 김태은(2015:383)에서 인용.

〈표 12〉에 제시된 한자들은 모두 이와 동일한 조건에서 마치 표음 기호처럼 애용된다. 이러한 현상에 대해 김태은(2015)에서는 중국의 최대 코퍼스인 BCC 코퍼스의 용례 검색과 분석을 통해 이렇게 쓰이는 한자들의 특징을 다음과 같이 정리하였다. 첫째, 다른 한자들에 비해 사용 빈도가 매우 높게 나타난다. 즉 동일한 음절 구성의 다른 한자들에 비해 자주 사용되는 상용자라는 것이다. 둘째, 성조가 주로 1, 2, 4성이고 3성은 상대적으로 매우 적게 나타난다. 다른 세 가지 성조와는 달리 3성은 저조(low tone)의 특징을 지니며 굴곡조로서 발음할 때 걸리는 시간이 상대적으로 길게 소요된다. 이러한 3성의 음성적인 특징이 표음 기호와 같이 사용되는 데에는 장점이 될 수 없으므로 자주 사용되지 않는 것으로 보인다. 셋째, 이런 한자들은 이미 다른 한자의 성부(聲符)로서 사용되는 경우가 많다. 다시 말해, 한자가 구성될 때 음을 알려주는 파트를 담당하는 것으로 많이 쓰인다는 것이다. 앞서 들었던 '斯'의 경우 '撕, 嘶, 厮, 澌' 등의 한자에서 성부로서 해당 한자의 음의 정보를 제공하고 있다. 즉 음역어로 쓰이기 전부터 많은 한자들에서 이미 음을 알려주는 것에 익숙한 한자들이라는 것이다. 넷째, 의미항목의 수가 많지 않은 편이며 혹시 많은 경우일지라도 하나의 항목이 두드러지게 높은 빈도로 사용되기 때문에 여러 가지 의미가 부여될 염려가 적은 것으로 나타났다. 다시 말해, 음역어에 쓰였을 때 한자이므로 어쩔 수 없이 떠오르게 되는 의미의 영향으로 말미암아 일어나는 혼란이 적은 한자들이라는 뜻이다.

상용 음역어자의 증가는 형성자(形聲字) 원리를 활용한 새로운 한자의 생산에도 활력을 불어넣었다. 이는 특히 새롭게 등장하는 전문 용어를 유입할 때 자주 사용되는 방식이다. 일례로 화학분야에서 쓰이는 '셀레늄(selenium)'을 뜻하는 '硒'는 이전에는 존재하지 않았던 한자이다. 해당 개념이 유입되면서 영어의 첫음절 [sə]의 음을 음역한 '西'가 성부를 담당하고, 이것이 비금속임을 나타내는 의미로 '石'을 형부(形符)로 첨가하여 만든 한자이다.

최근 음역어가 상용화되면서 역으로 음역어의 지시성이 확대됨으로써 표의 기능이 확대되어 사용되는 현상을 종종 발견할 수 있다. 예를 들면 음역어 '马拉松'은 영어 'marathon'을 음역한 것으로서 장거리 달리기 시합을 의미하기 위해 차용되었다. 그러나 이후 그 지시성이 확대되면서 '马拉松报告마라톤 보고', '马拉松工程마라톤 프로젝트', '马拉松谈判마라톤 담판'과 같이 어떠한 것이 길게 진행되는 것까지 포함하는 의미로 확대되었다. 앞서 예에서도 소개한 바 있는 코카콜라의 음역어 '可口可乐' 중 콜라 부분인 '可乐'도 '非常可乐매우 즐겁다'와 같이 쓰여 마음이 즐겁다는 의미로 확대되어 사용되어진다. 이러한 예들은 언어생활에 활력을 불어넣어 줄 수 있다는 점에서 긍정적으로 평가할 수 있다.

반면 음역어의 상용화가 중국어 어휘에 미치는 영향이 모두 바람직하기만 한 것은 아니다. 앞서 언급한 바 있듯 중국어에는 많은 동음이의의 한자들이 존재하므로 손쉬운 음역으로 말미암아 다양한 변체들이 생겨나게 되었다. 이러한 변체들은 동일한 음에 대한 전사를 서로 다른 글자로 함으로써 언어 사용에 혼란을 초래할 수 있다는 면에서 부정적으로 평가된다. 예를 들면 영어 'ice-cream'은 중국어로 '冰淇淋, 冰激淋, 冰激凌'과 같이 세 가지 형식이 존재하며 이들은 모두 반음반의의 유형에 해당한다. 예에서 보이듯 변체에 동일하게 포함되어 있는 '冰'은 'ice'를 의역한 부분이고 조금씩 다르게 전사된 부분은 모두 'cream'을 음역한 부분이다. 이와 달리 원래는 서로 다른 단어인데 동일한 한자로 음역한 경우도 존재한다. 예를 들면 반음반첨가 유형인 '泰晤士报The Times'와 '泰晤士河River Thames'가 그러한데 두 예에서 '报'와 '河'는 각각 신문과 강을 나타내기 위해 사용된 중국어 고유 형태소의 부분이다. 반면 동일하게 포함된 부분인 '泰晤士'는 각각 'Times'와 'Thames'를 음역한 것으로 완전히 다른 두 개의 어휘가 동일한 한자로 음역되어 있음을 알 수 있다.[13]

---

13 이 부분에 대한 보다 자세한 논의는 김태은(2014)를 참조하기 바란다.

중국어 음역어에 변체가 빈번하게 발생하는 또 다른 흥미로운 원인은 중국어 방언의 다양한 음운 체계 때문이기도 하다. 이는 어떤 방언을 통해 음역어가 처음 유입되었느냐에 따라 근원어 음을 충실하게 전사하기 위한 한자 구성이 달라질 수 있기 때문이다. 예를 들어, '沙发소파'는 표준중국어 발음인 [ʂa.fa] 보다 상해말 발음인 [so.faʔ]에 더욱 충실한 음성적 전사를 보여주고, '的士택시'는 표준중국어 발음 [ti.ʂʅ] 보다 홍콩말 발음인 [tɪk.siː]에 더욱 충실한 음성적 전사를 보여준다. 이는 곧 이들 단어들이 처음 유입될 때에 언급한 방언을 통해 들어오고 이후에 표준중국어에서 사용하게 되었음을 시사해 준다.

더 나아가 한자는 동아시아 지역에서 중국을 넘어서도 사용되는 문자이기 때문에 이 또한 음역어에 변체가 생겨나는 원인이 되기도 한다. 다시 말해, 한자를 사용하는 국가에서 만들어진 각기 다른 한자 구성의 음역어가 인터넷 상에서 범람하면서 변체로 존재하기 때문이다. 예를 들어 중국에서는 택시를 앞서 언급한 대로 '的士'라고 쓰지만 싱가폴에서는 '德士'라고 쓰고, 초콜릿은 중국에서 '巧克力'라고 쓰지만 대만에서는 '朱古力'라고 쓴다. 또 중국에서는 해커를 '黑客'라고 쓰지만 대만에서는 '骇客'라고 쓰는 것도 그러한 예라고 할 수 있다.

3.2. 음역어의 단음절 형태소화

차용된 지 오래된 음역어들은 유입될 당시 일반적으로 다음절 단일형태소의 형태로 차용된다. 그러나 오랜 시간이 지나게 되면 일반적으로 다음절 중 어떤 한 음절의 한자가 그 음역어 전체의 의미를 획득하게 되면서 단음절 형태소로서 활용된다.[14] 사실 중국어에 이러한 현상은 이미 오래전부터 존재해 왔다. 예를 들어 오래 전 산스크리트어에서 유래한 '佛陀'와 '比丘尼'는 각각 '부처'와

14 음역어의 단음절 형태소화 현상에 대한 자세한 고찰은 김태은(2017)에서 다룬 바 있으므로 참고하기 바란다.

'여승'을 의미하는 음역어였으나 현재는 '佛'와 '尼'가 단음절 형태소로 자리 잡아 '佛教불교, 佛经불경, 佛堂불당'과 '尼庵여승 암자, 僧尼남승과 여승' 같은 어휘들을 생산하였다. 중국어에 존재하는 동물이름들 중에도 오래전 연면어(連綿語)로 사용되다가 단음절 형태소로 자리 잡은 경우들이 존재하는데 '蜘蛛거미', '蚂蚁개미', '骆驼낙타' 등을 들 수 있다. 그리고 이들이 단음절 형태소로서 다른 형태소와 어울려 의미적으로 세분화된 다른 단어를 생산시킨 예에는 각각 '蛛网거미줄, 工蚁일개미, 驼背낙타등' 등을 들 수 있다.

이런 형상은 최근 들어 음역어의 증가세가 가파르게 진행되면서 더욱 활발하게 진행되고 보편화되는 추세로 보인다. 형태소의 자립성을 기준으로 보면 대체로 의존형태소로서 작용하는 경우가 많다. 다시 말해, 혼자 쓰이면 그 의미가 불분명하지만 다른 고유 형태소와 함께 어떤 단어의 조어 성분으로는 활발하게 활용된다는 의미이다. 또 다음절 중 어느 음절이 단음절 형태소화가 되느냐를 기준으로 보면 대체로 첫 번째 음절이 그러한 경향이 있다. 이는 앞서 든 연면어의 경우 주로 뒤에 오는 음절이 단음절 형태소화 한 것과는 조금 다른 경향이라고 볼 수 있다. 이러한 예에는 다음과 같은 것들이 있다.

〈표 14〉 다음절 단일형태소 음역어가 단음절화한 예

다음절 음역어	의미	단음절 형태소	조어된 어휘
塔婆	탑	塔	石塔, 铁塔
阿美利加	미국	美	南美, 拉美
英格兰	영국	英	英文, 英尺
马克思	마르크스	马	马哲, 马列主义
莎士比亚	세익스피어	莎	莎剧, 莎翁情史
瓦特	와트	瓦	千瓦, 瓦时
米突	미터	米	千米, 微米
奥林匹克	올림픽	奥	奥运会, 奥数
咖啡	커피	咖	咖色, 奶咖
的士	택시	的	打的, 警的

모든 다음절 음역어가 형태소화를 겪는 것은 아니다. 몇 가지 조건이 필요한 것으로 파악되는데 먼저 단음절화를 거쳐야 한다. 한자가 지닌 본질적인 표의기능으로 인해서 중국어는 어떤 한 음절이 하나의 의미를 대표한다는 것이 낯설지 않다. 즉 글자 하나가 하나의 음절이며 하나의 형태소라는 기본적인 기정치(default)가 있기 때문이다. 따라서 중국어는 축약이 상당히 용이한 언어이며 그런 언어적인 특징이 다음절 음역어가 단음절 형태소로 축약되는 것에 영향을 미치는 것으로 보인다. 다음은 출현하는 빈도가 높아야 한다. 다시 말해 고빈도의 출현율을 보이며 언중들에게 자주 사용되고 익숙할 때에야 단음절로 사용되어도 전체 음역어의 의미로 인식될 수 있다는 뜻이다. 그리고 조어력이 높은 어휘여야 한다. 다른 형태소들과 어울려 새로운 단어로 파생될 수 있을 때 생산적인 다음절 형태소로 자리 잡을 수 있기 때문이다. 마지막으로 어휘 사용에 안정성이 보장되어야 한다. 여기서 안정성이란 특정한 문맥 안에서 뿐만 아니라 어떤 텍스트 안으로 들어가도 변함없이 그 의미로 쓰여야 한다는 것이다. 택시를 나타내는 '的士'와 버스를 나타내는 '巴士'의 첫 음절은 모두 중국어에서 이미 안정적인 단음절 형태소로서 사용되는 음역어이다. 이렇게 안정적인 형태소라고 할지라도 그 안정성에는 약간의 차이가 있을 수 있다. 전자는 '打的택시를 타다, 的哥남자 택시 기사, 警的경찰 및 각종 서비스를 제공하는 택시형의 경찰차, 残的장애인용 삼륜차' 등 다양한 형태소들과 여러 가지 의미로 조어되는 반면 후자는 '大巴대형버스, 中巴중형버스, 小巴소형버스' 등 상대적으로 제한적인 의미로만 조어될 수 있기 때문에 형태소로서 안정성은 전자가 더 강하다고 할 수 있다.

필자는 중국어 다음절 음역어가 단음절화되는 이러한 과정을 [그림 2]와 같은 도식으로 제시한 바 있다. 이는 张维友(2015)가 Hopper and Thompson(1980)이 제시한 탈범주화(decategorization)와 재범주화(recategorization) 개념을 이용하여 새로운 어휘의 생성 과정을 설명한 것을 응용하여 나타낸 것이다.

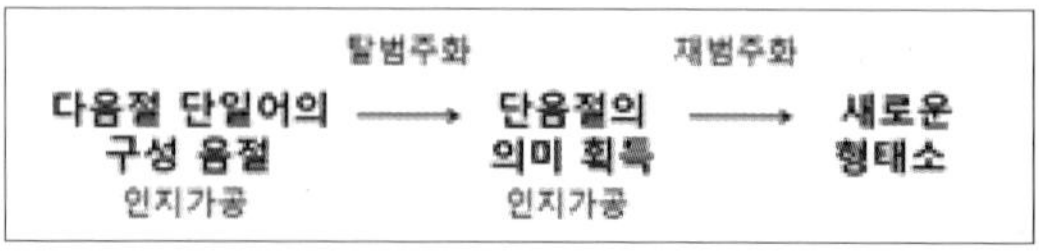

[그림 2] 다음절 단일형태소 음역어의 단음절 형태소화 과정[15]

즉 앞서 든 '的士택시'를 예로 들어 설명해 보자면 원래 '的士'는 다음절 단일형태소 단어인데 첫 번째 음절인 '的'가 탈범주화를 거쳐 단음절로서 '택시'라는 음역어 전체의 의미를 대신하게 되고 '打的택시를 타다, 的哥남자 택시 기사'와 같이 다른 형태소와 어울려 새로운 어휘를 생산해내게 된다. 그리고 '的'에는 원래 '택시'라는 의미가 없었으나 이런 과정을 거쳐 재범주화되면서 단독으로 '택시'를 나타내는 새로운 형태소가 되는 것이다. 이를 다시 Bauer(1983)가 제시하는 '임시어의 형성(a nonce formation) → 제도화(institutionalization) → 어휘화(lexicalization)'로서 설명해 보면 '打的택시를 타다, 的哥남자 택시 기사'와 같이 조어되어 쓰이던 초창기를 임시어의 형성으로, 그것의 사용빈도가 높아지는 것을 제도화의 단계로 볼 수 있고 이를 통해 현재 안정도가 높은 형태소가 된 것을 어휘화로서 설명할 수 있을 것이다. 또 이러한 과정을 표의문자인 어떤 한자가 음역어의 구성자로 쓰여 그 의미를 상실했다가 다시 하나의 형태소로 거듭나 의미를 획득하는 과정으로 설명한다면 다음과 같은 도식으로 나타낼 수 있다.

15 김태은(2017:253)에서 인용.

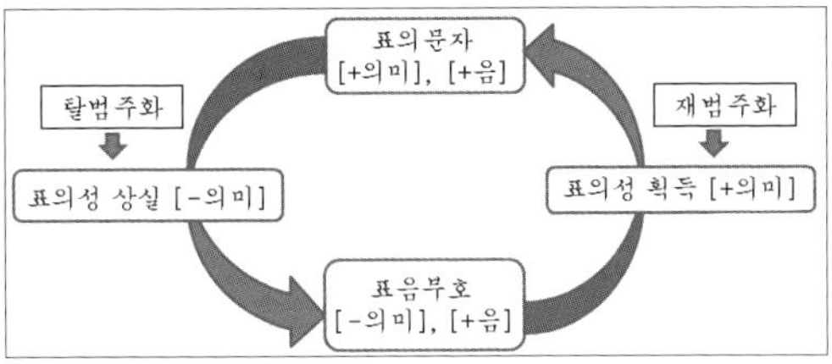

[그림 3] 다음절 음역어 구성자의 새로운 의미 획득 과정[16]

다시 '的士'의 '的'를 예로 들어 [그림 3]을 해석해 보면, 원래 '과녁, 목표' 등을 뜻하는 [ti]라는 발음의 글자였으나 음역어 '的士'의 구성자로 쓰이면서 그 의미는 상실한 채 영어 'taxi'의 첫 번째 음절 [tæk]을 음역하는 표음부호와 같이 사용되었다. 그 후 언중의 고빈도 사용을 거쳐 이 글자만으로도 '택시'를 의미하게 되었다. 그러나 앞에서도 언급한 바 있듯 이런 경우는 의존형태소로 쓰이며 다양한 의미로 조어될 뿐이지 '的' 단독으로 쓰이며 택시를 의미하지는 않는다.

3.3. 차용번역된 형태소의 생산적 활용

최근 음역어만큼이나 다양한 단어의 조어 재료로 쓰이며 높은 생산성을 보이는 유형의 차용어는 차용번역이라고 할 수 있다. 근원어의 형태소를 축자적으로 옮기기만 하면 되는 차용번역은 그 구성 형태소를 다른 어휘와 결합시키기도 용이하다. 따라서 어떤 외국어의 형태소가 차용번역을 통해 중국어에 들어오고 그 외국어 어휘에서 해당 형태소를 활용한 어떤 어휘가 조어된다면 그 또한 차용번역의 방식으로 비교적 용이하게 중국어로 유입될 수 있다. 예를 들어 1990년대 중반에 중국에 들어온 미국의 'Microsoft'사의 회사명은 '微软'인데 첫음절 '微'는 'micro'를, 끝음절 '软'은 'soft'를 중국어 형태소로 번역한 것이다. 이후 영어 'micro'를 중국어 '微'로 번역하여 들여온 단어는 매우 많은

16 김태은(2017:254)에서 인용.

데 '微电脑microcomputer', '微电影microfilm', '微卡micro calorie', '微波microwave', '微付micro payment' 등을 들 수 있다. 이런 형태소는 고유어 형태소와 조어되는 데에도 무리가 없기 때문에 매우 생산적으로 어휘를 만들어낼 수 있다. 또 다른 예로서 어떤 큰 사건을 의미하는 영어의 'gate'를 중국어 '门문'으로 차용하면서 국내외적인 큰 사건에는 모두 '门'을 붙여 어휘를 만들어 내는 경우를 들 수 있다. 이는 '워터게이트 사건(Watergate Affair)'을 중국어 형태소로 차용번역하여 '水门事件'으로 받아들인 데에서 비롯된 것으로서 여기서 '水'는 'water'를, '门'은 'gate'를 번역한 것이다. 그 후 지금까지도 국내외 많은 사건들에 '门'을 사용하여 새로운 어휘들이 활발하게 생산되고 있다.

〈표 15〉 큰 사건을 의미하는 '门'과 함께 조어된 중국어 예

중국어 단어	의미
干政门	각종 국정 개입 사건
喂药门	유치원 아이들에게 약을 먹인 사건
闺蜜门	최순실 국정 농단 사건
电话门	각종 통화내용 폭로 사건
泄密门	각종 정보 유출 사건

이런 상황은 독립형태소의 경우뿐만 아니라 의존형태소일 때에도 중국어 차용어에 곧잘 반영된다. 예를 들어 변화를 나타내는 영어의 '-ize 혹은 -ise'와 같은 접미사는 중국어 '-化-화'로 정착되어 '工业化industrialize', '世界化globalize', '现代化modernize' 등과 같은 수많은 어휘의 구성 형태소가 되었다. 또 반대를 나타내는 영어접두사 'anti-'도 중국어 접두사 '反-반-'으로 차용된 후 '反犹主义antisemitism', '反英雄antihero', '反毒液antivenom' 등과 같은 많은 어휘의 구성 형태소로 자리를 잡았다. 이런 접사들은 고유 형태소와 어울리는 데에도 전혀 무리가 없으므로 중국 내에서 새롭게 만들어지는 신조어들에서도 매우 생산적으로 활용되고 있다.

3.4. 형역과 음의겸역의 동시 효과

중국어 차용어를 논하면서 형역이라함은 기본적으로 일본의 한자어가 중국으로 유입되어 쓰이는 경우를 가리켰지만 최근 중국에 불었던 한류 바람을 타고 한국의 한자어가 중국으로 유입된 경우도 증가하였다. 특히 우리 상품명 중에 한자로 되어 있는 경우는 구성하는 한자의 의미가 상품 이미지에 긍정적인 작용을 하는 경우가 많아서 우리 한자 상품명을 형역의 형태로 받아들인 후 음의겸역의 효과를 동시에 볼 수 있게 된다.

〈표 16〉 한국 한자어에서 유입된 중국어 형역의 예

근원어 단어	구성한자의 의미	중국어 형역
설화수(雪花秀)	눈+꽃+빼어나다	雪花秀
윤고(潤膏)	윤이 나다+기름지다	润膏
천기단(天氣丹)	하늘+기운+정성스럽다	天气丹
일리윤(一理潤)	하나+이치+윤이 나다	一理润
설중매(雪中梅)	눈+가운데+매화	雪中梅
청하(淸河)	맑다+물	清河
설빙(雪氷)	눈+얼음	雪冰
농심(農心)	농부+마음	农心
삼양(三養)	세 가지+기르다	三养
정관장(正官莊)	바르다+벼슬+건장하다	正官庄

〈표 16〉에 제시한 상품명들의 구성한자의 의미를 들여다보면 설화수, 윤고, 천기단, 일리윤 같은 화장품 혹은 바디용품의 경우는 발랐을 때 더욱 윤기가 나고 아름다워질 것 같은 느낌을 준다. 설중매와 청하 같은 술 상표는 깨끗하고 맑은 이미지를 주며 설빙은 빙수 상품명으로 더 이상 말이 필요 없을 정도로 적절한 이미지를 시사해 준다. 농심과 삼양은 식품 회사명으로 제조 회사의 음식을 먹으면 안전하고 정성스러운 음식을 섭취하여 건강해질 것 같은 이미지를 준다. 마지막 정관장은 건강보조식품으로서 상품 자체가 고급스럽고 먹었을 때 건강

에 도움을 줄듯 한 느낌을 불러일으킨다. 우리가 한자문화권에 해당하기 때문에 우리 한자식으로 좋은 의미를 준다면 중국어가 그 한자를 그대로 차용할 때에는 그 이미지도 그대로 가져가기 마련이다. 〈표 16〉의 중국어 형역은 근원어 한자를 1950년대 이후 중국 대륙에서 공식 서사체로 사용하고 있는 간체자로 바꾸어 놓았을 뿐이다. 물론 읽는 방식은 중국식으로 읽게 되기 때문에 우리 한자음 발음과는 거리가 생기게 된다. 예를 들면 설화수는 우리 한자음으로 [səl.hwa.su]로 읽지만 중국식으로 읽으면 [ɕye.xwa.ɕjou] 같이 읽게 된다. 또 농심의 경우 우리는 [noŋ.sim]이라고 읽지만, 중국에서는 [nuŋ.ɕin]이라고 읽는다. 사실 농심의 경우는 순수 음역으로 보아도 두 언어 음운 체계에서 매우 충실한 전사를 하고 있으므로 중국어 차용 유형에 있어 제일 완벽한 예 중 하나라고 할 수 있다. 따라서 한국 한자음으로부터 이런 방식을 통해 유입되는 중국어 차용어는 일거양득(一擧兩得)의 효과를 얻을 수 있는 분명한 장점이 존재한다.

3.5. 가짜 영어식 표현의 증가

앞서 잠시 언급한 바 있었던 한어병음방안의 공포는 서양 언어에 낯설었던 당시 중국의 일반 언중들에게 라틴알파벳을 알리고 보편화시키는데 크게 기여했다. 사실 한어병음방안의 고안 자체가 19세기 후반 중국의 정치적인 혼란과 몰락, 그리고 근대 중국어의 표음화 요구와 밀접하게 맞물려 있다. 당시 지식인을 필두로 한 언중들의 한자에 대한 태도를 차태근(2006)은 '극도의 한자 페시미즘에 빠져' 있는, '끊임없는 한자 매저키즘의 역사'라고 표현하였다.[17] 이런 한자에 대한 부정적인 자세는 동시에 당시 중국어 표음화의 요구가 열렬했음을 의미하기도 한다. 그런 배경 아래 탄생한 한어병음방안의 존재는 근대 중국어사에 있어 표음화 운동의 공식적인 실패를 의미하는 것이며 한자의 공식서사체

17 차태근(2006:5-6) 참조.

계로의 지위를 더욱 공고히 해 준 것이라고 할 수 있다.

그와 같은 격동의 근대기를 지나 1950년대 이후 일반 언중들에게도 라틴알파벳은 차차 매우 익숙한 자모 체계가 되어 주었다. 또한 1970년대 말 개혁개방 이후에는 서양과의 접촉이 끊임없이 증가하면서 공교육에서도 국제공용어인 영어 교육이 활발하게 이루어지기 시작하였다. 1978년 교육부가 영문교수요목 초안과 초중등 교과과정을 공식적으로 발표한 이후 21세기에 진입할 무렵에는 이미 영어를 제2언어로 하는 영어 학습자의 수가 폭발적으로 증가했던 것으로 파악된다. 그리고 지속적인 정부의 적극적인 영어 교육 지원 정책이 이어졌고 2008년 북경 올림픽을 기점으로 영어에 대한 수요는 더욱 높아졌다. 현재 중국 사회의 이중언어사용(bilingualism) 정도는 열렬한 사교육의 열기까지 더해져 이전 시대 어느 때보다 높은 정도에 이르렀다. 그리고 이런 분위기는 영어에서 온 차용어의 유입을 지식인이 주도하던 과거와는 달리 일반 언중들도 두려움 없이 차용어를 생산하는 주체로 만들어 주었다. 게다가 젊은 층의 경우는 언어유희까지 고려하여 많은 음역어들을 다양하게 생산해 내고 이를 인터넷에서 퍼뜨리는 주역이 되고 있다. 그리고 더 나아가 중국만의 영어 표현을 만들어 내기도 하여 현재 중국어 어휘에는 상당히 다양한 가짜 영어식 표현이 존재하고 있다. 본 절에서는 이러한 현상에 대해 소개해 보고자 한다.[18]

중국 학계에는 중국영어, 영어식 중국어, 중국식 영어 등 조금 특별한 용어들이 존재한다. 이러한 용어들은 영어와 중국어의 접촉이 활발해지고 긴밀해지면서 이로 인해 일어나는 여러 가지 현상의 원인과 부작용 등에 대한 논의가 중국 학계에서 다각도로 이루어지면서 생겨나게 되었다. 먼저 중국영어, 영문으로는 'China English'라고 자주 표현되는 이런 어휘들은 중국적인 특색을 지닌 어

18 중국어 어휘에 나타나는 영어식 표현에 대한 논의는 김태은(2013)에서 자세히 다룬 바 있으므로 구체적인 논의는 이를 참고하기 바란다.

휘를 영어로 번역한 경우를 가리킨다.[19] 따라서 이는 규범에 맞는 공식적인 영어로서 영어 모어 화자가 이해할 수 있는 영어 어휘이다. 다만 가리키는 개념이나 사물이 중국 고유의 것이어서 원래 영어에는 존재하지 않았던 어휘였을 뿐이다. 'Taoism도교', 'Confucianism유교', 'May Fourth Movement5·4운동', 'Spring Festival춘절', 'Kung Fu쿵후' 등이 그러한 예이다.

반면 영어식 중국어라는 개념은 영어를 학습하는 중국인 학습자가 모어를 발화할 때 영어 규범을 적용시켜 실제 중국어 규범에는 부합하지 않는 경우를 일컫는다. 용어 자체도 다양하여 '英式汉语영어식 중국어' 외에도 '英式中文영어식 중국어', '欧化中文유럽식 중국어', '欧化汉语유럽식 중국어' 등이 있다. 사실 유럽식이라고 해도 蒲晓燕(2012)가 중국기간전문데이터베이스 색인인 CNKI를 통해 10년 간 자료를 조사, 분석한 결과에 따르면 대부분 영어의 영향인 것으로 나타났다. 어쨌든 이러한 경우는 비단 발화 중에 영어 어휘를 삽입시키는 정도를 넘어 중국어 통사 구조에 영향을 미치는 경우도 종종 발생하게 만들었다. 가장 흔히 드는 예로 중국어의 피동문은 전통적으로 '被'를 사용하며 되도록 부정적인 경우에만 제한적으로 사용되었다. 그러나 영어 수동태 사용이 보편화되면서 그 영향으로 원래는 '被'를 사용하지 않던 구문에서 '被'를 사용하는 현상을 흔하게 볼 수 있게 되었다. 예를 들면 '犯人都已被判罪及被处决범인은 모두 이미 형이 확정되고 처형되었다'라는 문장은 동사 앞 '被'를 삭제하고 '犯人都已判罪及处决'라고 쓰는 것이 더욱 자연스러운 중국어 문장이 됨에도 불구하고 굳이 피동표지를 사용하고 있는 것을 들 수 있다.[20] 또 어순의 경우에도 중국어의 전통적인 어순은 부사가 일반적으로 수식하는 동사의 앞에 쓰이게 되는데 영어처럼 후치되

19 程媛(2007)에 따르면 중국영어라는 개념은 1980년대 葛传规가 「漫谈汉译英问题」에서 처음 제시했다고 한다.

20 예시 문장은 陈雪贞(2009:580)에서 참조.

어 문장 끝에 출현하는 경우가 생겨난 것이다. 유명한 周星驰의 대사 '给我理由先먼저 나에게 이유를 대줘'이 그런 문장의 예로서 젊은이들이 아무렇지 않게 사용하는 문장이다. 원래 중국어 문장이라면 '先먼저'이라는 부사는 동사 '给주다' 앞에 놓여야 하지만 마치 영어 문장 'give me a reason first'처럼 후치시켜 놓고 있다.[21] 이런 문장들은 영어가 중국어 어순에도 분명히 영향을 미치고 있는 것으로 보인다.[22]

그러나 본 절에서 무엇보다 강조하고 싶은 최근 현상은 3.5절 도입에서 언급했던 대로 가짜 영어식 표현에 대한 것이다. 영어의 영향인 것은 분명하지만 실제 영어에는 존재하지 않는 표현들이 중국어 어휘에 넘쳐나고 있다는 것이다. 그리고 그러한 표현에는 중국어만의 특색이 반영되어 있다. 즉 소위 칭글리시라고 부르는 이런 어휘들은 우리말에 존재하는 콩글리시와 다른 부분이 존재한다는 것이다. 우리말의 콩글리시는 일반적으로 음역의 형태로 들어와 영어 단어를 우리 발음으로 읽는 경우가 많다. 예를 들면 개그맨, 핸드폰, 백미러 같은 어휘는 영어에 존재하지 않는 어휘인데 우리말에 존재하는 가짜 영어식 표현이고, 아파트, 콘도, 사이다 같은 어휘는 영어에도 존재하지만 의미적으로 한국에서 쓰이는 것과 다른 가짜 영어식 표현인 것이다. 반면 중국어의 경우는 공식서사체계인 한자를 사용하여 음역을 하는 것이 아니라 영어 자모를 그대로 들여와 사용한다. 차용의 유형으로 보자면 단어의 경우 자모어라고 할 수 있는 것이다. 그러나 영어에는 존재하지 않거나 존재해도 전혀 다른 의미로 사용되기 때문에 가짜 영어식 표현이라고 할 수 있다. 예를 들면, MIT는 'Made in

21 예시 문장은 王健(2011:99)에서 참조.

22 물론 이러한 문장이 광동(廣東) 방언의 영향을 받은 것이라고 주장하는 연구자들도 존재한다. 그러나 광동 지역 방언은 오래전부터 그래왔음에도 크게 영향을 미치지 않았는데 이제 와서 특별히 그 지역의 말이 표준중국어에 영향을 미치고 있다고 주장하는 것은 논리적으로 설득력이 약해 보인다. 오히려 눈에 띄는 영어 영향력의 증가와 그 시점이 일치하므로 영어의 영향으로 보는 것이 더욱 합리적인 추측이라고 할 수 있다.

Taiwan'의 의미로, ABC는 'American born Chinese'의 축약으로, VC는 'Vitamin C'의 의미로 사용된다. 단어뿐만 아니라 중국어 구문을 형태소별로 영어로 직역한 문장이나 구 같은 것도 쓰인다. 예를 들어 '人山人海사람들이 많음을 일컬음'를 'people mountain people sea'로, '七上八下안절부절하다'를 'seven up eight down'으로, '三心二意망설이다'를 'three hearts two minds'로, '彼此彼此피차일반이다'를 'you me you me'로 번역해 놓은 것 등을 들 수 있다. 이런 식의 가짜 영어식 번역문은 중국의 공공장소 어디에서나 쉽게 찾아볼 수 있다. 흥미로운 것은 이런 가짜 영어식 표현이 실제 영어에서 받아들여진 경우가 있다는 것이다. 바로 'long time no see'가 그러한 영어 구문인데 이는 중국어 '好久不见오랜만입니다'를 형태소별로 영어로 직역한 문장이다. 확실히 'long time no see'는 완전한 영어식 표현과는 거리가 느껴진다. 아마도 영어권에서 살던 중국인들의 피진어(pidgin)가 영어에 흡수된, 재미있는 경우로 보여 진다.[23]

4. 나가는 말

타언어와의 오랜 역사를 자랑하는 중국어에는 그 역사만큼이나 다양한 유형의 차용어가 존재한다. 그리고 그들의 서사체계인 한자가 표음문자가 아닌 표의문자라는 점 때문에 더욱 독특한 형태의 차용어들이 만들어져왔다. 표면적으로도 고유 중국어와 매우 이질적인 형태의 차용어 혹은 신조어들도 지속적으

23 Oxford English Dictionary(www.oed.com)에도 다음과 같은 내용이 제시되어 있다. 1. colloquial (originally U.S.). long time no see:(used as a greeting) 'it is a long time since we last saw each other.' Apparently 〈 Chinese Pidgin English, after Chinese *hǎojiǔ bú jiàn* (〈*hǎojiǔ* long (time), lit. 'good long (time)' + *bù* not, no + *jiàn* to see, meet) and (with a different word for 'not') *hǎojiǔ méi jiàn*.

로 증가하고 있는데 이는 1950년대 한자의 대중적인 보급을 위해 고안한 한어 병음방안의 역할이 한몫한 것으로 보인다. 라틴알파벳을 사용하고 있으나 영어가 아닌 자기들만의 발음이 존재하고 이를 유희적으로 혹은 편리를 위해 십분 활용하고 있기 때문이다. 사실 어떤 언어의 앞날을 예단한다는 것은 결코 경솔할 수 없는 일이겠지만 중국어의 차용어가 향후 더욱 다양한 형태로 발전해 나갈 가능성이 있다는 것은 지나온 시간을 미루어 충분히 예측이 가능하다. 비록 본고에서 중국어 차용어의 오랜 역사와 변화, 그리고 그 다양성과 독특함을 모두 담아낼 수는 없었지만 그 일면을 들여다 볼 수 있었던 계기가 되어주기를 바란다. 그리고 여전히 부족함으로 남아 있는 공간은 향후 이루어질 연구들로 더욱 완정(完整)해질 수 있기를 기대한다.

참고문헌

김석영(2020), 『언어접촉과 현대중국어 차용어』, 역락.

김태은(2011), 「어휘 계층화(Lexical Stratification)에 따른 중국어 차용어 범위에 대한 고찰」, 『中國語文學誌』 37, 641-670.

김태은(2012), 「중국어 차용어 적응에 영향을 미치는 요소에 대한 논의」, 『中國語文學誌』 38, 243-271.

김태은(2013), 「중국어에 존재하는 영어식 표현에 대한 논의」, 『中國語文學誌』 45, 463-490.

김태은(2014), 「중국어의 외래어 수용과 대응-음역어를 통해 본 중국의 언어와 문화」, 『인문과학연구논총』 35(3), 39-73.

김태은(2015), 「중국어 축약 현상에 대한 고찰」, 『中國言語硏究』 56, 17-41.

김태은(2015), 「BCC 코퍼스에 기반한 중국어 음역어의 음성 기호화 현상 고찰」, 『中國語文學誌』 53, 369-396.

김태은(2017), 「중국어 음역어의 단음절 형태소화 현상에 대한 고찰」, 『인문사회과학연구』 18(4), 247-272.

김태은(2019), 「중국의 외국어 수용과 중국화에 대한 논의-차용어 적응 방식에 대한 고찰을 중심으로」, 『中國學』 66, 1-20.

차태근(2006), 「한자형상과 중국의 "각성"-한자 페시미즘에서 세계어로」, 『중국현대문학』 36, 1-127.

陈雪贞(2009), 「英式汉语探析」, 『长春理工大学学报(社会科学版)』 22(4), 579-581.

程媛(2007), 「中国英语的特点及中式英语的区别」, 『十堰职业技术学院学报』 20(2), 76-78.

蒲晓燕(2012), 「"英式汉语"称谓、英文译名及定义辨析」, 『外语研究』 27(12), 154-156.

史有为(2000), 『汉语外来词』, 商务印书馆.

史有为(2004), 『外来词-异文化的使者』, 上海辞书出版社.

王健(2011), 「负迁移下的英式汉语探析」, 『郑州航空工业管理学院学报(社会科学版)』 30(4), 99-101.

杨锡彭(2007), 『汉语外来词研究』, 上海人民出版社.

张维友(2015), 「语素化与范畴化--新语素生成的认知识解」, 『外国语文研究』1(2), 12-19.

邹贞(2006), 「关于改革开放以来音译词使用状况的考察」, 『高等函授学报(哲学社会科学版)』 19(3), 19-20.

Bauer, Laurie(1983), *English Word Formation*, Cambridge Press.

Cheng, Ping(1999), *Modern Chinese: History and Sociolinguistics,* Cambridge University Press.

Hopper, P. & Thompson, S.(1980), "Transitivity in Grammar and Discourse," *Language*, 56(2).

Itô, J. & Mester, A.(1995b), "Japanese Phonology," in John Goldsmith (ed.), *The Handbook of Phonological Theory*, Blackwell Publisher.

Masini, Federico(1993), "The Formation of Modern Chinese Lexicon and Its Evolution towards a National Language: The Period from 1840-1898," *Journal of Chinese Linguistics*, Monograph Series, 6.

구문문법을 활용한 영어 문장 생성 능력 함양

김현우(연세대, 영어영문학)

1. 서론

지난 수십 년 간 한국의 영어교육에서 영문법의 위상은 많은 변화를 겪어왔다. 1980년대 이전까지는 문법 번역식 교수법(Grammar Translation Method)이 대표적인 방법론으로 자리매김하여, 영어 원문을 독해하고 자국어로 번역하는 과정에서 언어 규칙 및 구조에 대한 명시적 설명이 수업의 전반을 이루었다. 하지만, 1980년대에 기존의 문법 중심 교육을 지양하고 의미 및 의사소통 능력을 중시하는 새로운 교수법(예: 의사소통 중심 언어 교수, communicative language teaching)이 등장하였다. 따라서 교사의 역할도 단순히 지식을 전달하는 입장에서, 학습자가 충분한 양의 의미 있는 입력을 제공받도록 도와주는 조력자로 바뀌었다. 의미 있는 맥락에서의 언어 입력을 강조하는 이러한 교수법은 국내에도 큰 반향을 불러와, 제6차 외국어과(영어) 교육과정에서는 문법 중심 교육의 축소와 더불어 의사소통 중심의 영어교육을 전면에 내세웠다. 하지만 이러한 의사소통 중심의 교수법은 언어의 정확성을 저해하거나 화석화(fossilization)를 촉진시킨다는 비판이 제기됐고, 언어 입력의 절대적인 양과 영어 학습에 할애되는 시간이 부족한 한국의 영어교육 환경에서 의사소통을 강조한 영어교육이 지니는 실효성에 대해 의문이 제기되어 왔다(양현권, 2008).

이러한 맥락에서, 의사소통 중심 교수법에서도 언어 구조의 교육이 필요하다는 인식이 일어났다(Celce-Murcia & Hilles, 1988). 제7차 외국어과(영어) 교육과정에서는 다소 제한적이기는 하지만 이러한 언어 형식을 반영하는 교육과정이 제시됐다. 이처럼 최근 문법 교육에 대한 중요성이 재차 부각되면서, 기존의 문법 번역식 교수법이 아닌, 학습자의 언어 능력을 상향시킬 수 있는 문법 교육의 필요성이 제기되고 있다. 하지만 한국과 같이 외국어로서의 영어(English as a foreign language, EFL) 환경에서는 언어 입력의 양이 충분히 보장되지 못하므로, 언어 입력의 질적 측면의 보강이 시급하다고 할 수 있다.

영어 구조, 특히 문장의 유형을 다루는 데 있어 빠지지 않고 등장하는 개념이 1-5형식이다. 1-5형식 접근법은 문장의 형태와 동사에 초점을 맞추어, 동사의 의미 및 논항구조에 따라 영어 문장을 크게 5 종류의 형식으로 나누어 제시한다. 이러한 형식 중심 접근법은 서로 다른 문장을 유형별로 나누어 제시해 줌으로써 문장을 지도할 때 편의성을 제공해 주기도 하지만, 문장 형태에만 초점을 맞춘 나머지 문장이 주는 의미나 맥락에 대한 정보는 고려하지 않는다는 문제점을 지닌다. 따라서 학습자들은 주어진 형식에 따라 문장을 분류할 수는 있겠지만, 다양한 맥락에서 효율적으로 문장을 생성하는 데 있어서는 큰 도움을 받지는 못할 수 있다. 가령, 이른바 4형식 구문(수여동사구문)을 생성한다고 가정해 보자. 학생들은 4형식 구문에 속해 있는 동사군들을 숙지해야 하고, 이들 동사를 중심으로 논항구조를 고려하여 스스로 문장을 구성해야 한다. 때로는 수여동사가 아닌 동사가 수여동사구문에 등장하는 경우도 있으므로(예: He dropped me a letter), 각 동사가 나타나는 환경에 대해 숙지하고 있어야 한다. 이처럼, 문장을 형식으로 분류한 뒤 규칙만 제공하고 나머지는 학생들이 알아서 문장을 만들어야 하는 상황에서는, 문장을 생성하는 데 있어 큰 인지적 부담과 어려움을 느낄 수 있다. 특히 자연스러운 환경에서 의사소통을 통해 언어를 체득하는 모국어 습득상황과는 달리 교실 환경에서 제한된 입력만을 받는 우리나라 영어 교육 환경에서, 맥락과 의미가 결여된 형식 중심의 교수법은 학습자들의 의사소통 능력을 더욱 제한할 수 있다.

이러한 맥락에서 본 챕터에서는 의사소통 함양을 위한 문법 교육의 일환으로서, 구문문법(Construction Grammar: Croft, 2001; Goldberg, 1995, 2006; Langacker, 1987)에 기초한 영어 문장 지도 방안을 소개하고, 이를 실제 교육 현장에 적용시킨 사례에 대해 알아보고자 한다. 구문문법은 사용기반 언어 습득 이론(usage-based theories of language acquisition)에 기반을 둔 개념으로, 언어 습득을 의미와 형태로 이루어진 단위, 즉 구문(construction)에 대한 지식의 내재화로 설명한다. 또한 이 과정에서 실질적인 언어 사용 경험을 중시한다. 따라서 구문문법에 기초를 둔 문법지도는 문장의 형태와 의미, 그리고 사용 맥락을 모두 고려함으로써, 학습자가 적절한 맥락에서 정확하고 신속하게 각 장면에 대한 문장을 발화, 생성할 수 있도록 도움을 줄 수 있을 것으로 기대한다.

본 챕터의 내용은 다음과 같이 구성되어 있다. 다음 장에서는 구문문법에 대한 기본 개념을 살펴보고, 이 이론이 기존의 이론들에 비해 어떠한 장점을 지니는지 알아본다. 그 후 예시를 통해 각 구문에 대한 지도 방안을 소개한 뒤, 이를 실제 교육 현장에 적용한 사례를 살펴본다. 마지막으로 구문문법 지도방안에 대한 향후 과제에 대해 논의하며 본 챕터를 마무리한다.

2. 구문문법의 개념과 장점

구문문법은 영어의 기본 문장을 이루는 구성요소로서 구문(construction)을 상정하며, 구문은 독자적으로 존재하는 형태와 의미의 결합으로 정의된다(Goldberg, 1995). 즉, 문장을 구성하는 개별 단어들과는 별도로, 논항구조구문(argument structure construction)이라는 독립적인 형태와 의미를 지닌 절 단위의 단위가 존재하고, 각 구문은 문장이 내포하는 중심 의미와 문장이 사용되는 맥락, 그리고 구문 간의 관계를 설명할 수 있는 정보를 제공한다. 이러한 구문중심의 접근법은 사용기반(usage-based) 접근법의 한 갈래로서, 독자적 형태를 지닌 구문이 언어 경험과 결합하여 독자적인 의미를 지니게 되고, 이것이 인간 언어의 근간을 이룬다고 본다(Bybee, 2006). 아래 표1은 영어에 존재하는 구문의 예시를 보여준다.

〈표 1〉 영어의 논항구조구문 예시

유형	의미 / 형태	예시
자동이동구문 (Intransitivemotion)	X MOVES Y / 주어-동사-전치사구	Paul ran into the room.
자동결과구문 (Intransitiveresultative)	X BECOMES Y / 주어-동사-주격보어	The river froze solid.
타동구문 (Transitive)	X ACTS ON Y / 주어-동사-목적어	Amy helped John.
이중타동구문 (Ditransitive)	X CAUSES Y to RECEIVE Z / 주어-동사-목적어1-목적어2	Bill gave Sam money.
사역이동구문 (Caused-motion)	X CAUSES Y to MOVE Z / 주어-동사-목적어-전치사구	Ian put the dish on the table.
결과구문 (Resultative)	X CAUSES Y to BECOME Z / 주어-동사-목적어-목적보어	Kate pushed the door open.

〈표 1〉에 제시된 구문들은 일상생활 속에서 접하게 되는 다양한 경험 가운데 생성되는 의미들을 반영하며(Goldberg, 1995), 언어 사용자는 언어 경험을 통해 각 구문의 추상적 형태와 의미를 내재화 하게 된다. 언어 습득 초기에

언어 사용자들은 개별 단어나 문장 단위로 언어 입력을 받다가 그러한 입력이 축척 되면 이들 언어 입력 사이에 존재하는 추상적인 패턴을 발견하고 이를 구문으로서 내재화 한다. 그리고 지속적인 언어 입력과 경험을 통해 구문의 형태와 의미가 완전히 자리 잡는다(Goldberg, Casenhiser,& Sethuraman, 2004). 이러한 축적된 구문에 대한 지식은 언어 사용자로 하여금 제한된 양의 어휘를 사용하여 다양한 맥락에서 수많은 문장들을 생성하고 이해할 수 있게 해 준다. 예컨대, "스스로 이동"이라는 의미와 "이동자-동작-방향-장소"라는 형태를 지닌 자동이동구문에 대한 추상적 지식이 자리잡는다면, 이러한 구문 지식을 다양한 동작을 나타내는 동사와 결합시켜, 각종 이동과 관련된 문장을 생성할 수 있게 된다(예: He ran into the room, He danced off the stage, He crawled out of the cave). 이러한 구문 습득 방식은 한국처럼 영어를 외국어로 습득하는 언어 환경에 중요한 시사점을 준다. 지금까지 한국의 영어교육에서 체계적인 문법 교수의 부재와 의미 있는 맥락 속에서의 언어 입력이 부족하여 학습자들의 언어 능력을 신장시키는 기재로서의 문법교육이 제대로 이루어지지 않은 것으로 보인다(양현권, 2008). 이러한 상황에서 간결하고 포괄적이며 추상적인 성격을 지닌 구문에 대한 지식을 학습자들에게 명시적으로 교수하고 이를 효율적으로 습득할 수 있게 한다면, 학습자들은 영어의 구조에 더욱 체계적으로 접근할 수 있으며 적절한 구조를 불편함 없이 생산해 낼 것으로 예상된다.

구문문법에서 영어의 구조를 바라보는 관점은 기존의 다양한 입장들에 비해, 한층 포괄적이고 깊이 있는 방향을 제시해 준다. 따라서 기존의 관점에서는 설명할 수 없거나 예외로 간주되던 영어 구조들이 구문문법을 통해 체계적인 설명이 가능해진다. 기존의 생성문법(Generative Grammar, Chomsky, 1981)이 인간 언어를 일련의 보편적인 원리와 언어 특수적 세부규칙으로 설명하여, 각각의 영어 문장 구조를 개별 규칙으로 설명하였다면, 구문문법에서는 언어를 독립된 의미와 형태를 지니는 유기적 연결체인 구문으로 설명하고자 한다. 결과적으로, 생성문법에서 규칙으로 설명하지 못하고 특수한 개별 항목으로 간주하던 문법항목들이 구문문법에서는 각각의 구문을 통해 설명이 가능해진다(Goldberg, 1995). 예컨대, 영어의 이중타동구문의 구조에 대해 생성문법에서는 논항의 이동이라는 통사적 운용을 상정하지만(Chomsky, 1975), 이러한 관점에서는 (1d)의 비문법성에 대해 타당한 설명을 하지 못한다.

(1) a. The man gave a ring to me.
    b. The man gave me a ring.
    c. The man gave me a headache.
    d. *The man gave a headache to me.

(1b)와 (1d)는 문장 내 직접목적어(a ring, a headache)를 제외하고는 구조적으로 완전히 일치한다. 그럼에도 불구하고 (1a)에서 (1b)로의 전환은 자연스러운 반면, (1c)에서 (1d)로의 전환은 허용되지 않는다. 이에 대해 생성문법은 이중타동구문을 생성하지 못하는 예외적인 경우가 있다고 설명할 뿐이다. 하지만 구문문법의 경우, 이중타동구문의 구조와 의미가 동시에 고려되기 때문에, (1d)의 비문법성에 대해 효과적으로 설명할 수 있다. 즉, 영어의 이중타동구문은 두 개의 연속된 목적어를 취하는 구조이며, 의미적으로 "수여자(giver)와 수령자(recipient)간에 소유의 완전한 이전 및 전이(successful transfer)"가 이루어짐을 내포한다(Goldberg, 1995). 반면 "to 목적어"로 나타내어지는 (1b)와 (1d)는 사역이동구문(caused-motion construction)의 예로서 "원인제공자(causer)가 물건을 특정 장소로 이동한다"는 내용을 내포한다. 따라서 목적어 "a ring"의 경우 "소유의 이전"과 "장소의 이동" 모두를 나타낼 수 있기에 (1a)와 (1b) 모두에서 쓰일 수 있지만, (1c)의 경우 목적어 "a headache"가 전염을 통해 전이됨을 나타낼 뿐, 특정 장소로 이동함을 내포하기는 어렵기 때

문에 (1d)로의 전환이 어색해 진다.

한편, 구문문법 접근법은 기존의 동사 중심 접근법보다 더 효과적으로 동사와 구문간의 결합에 대해 설명해 준다. 동사의 중심의미를 통해 문장의 통사구조를 파악하려는 어휘의미 규칙(lexico-semantic rule)의 입장에서는 문장의 의미를 동사로부터 파생된 것으로 인식한다(Levin, 1985; Chomsky, 1986; Pinker, 1989). 하지만, 이러한 견해로는 동사가 본래의 의미에서 벗어나 별도의 의미를 지니게 되는 경우를 제대로 설명하지 못한다. 예컨대, "He sneezed the napkin off the table"(의미: 그가 재채기를 하여 냅킨을 탁자로부터 떨어뜨렸다)이라는 문장을 살펴보자. 이 문장에서 동사 sneeze는 본래의 의미('재채기하다')에 사역이동(cause something to move)의 의미가 추가된 것으로 볼 수 있다. 하지만, 이 추가된 의미는 동사의 기본 의미와 논항구조에만 의존해서는 유추할 수 없는 것으로, 구문의 의미가 필요함을 보여주는 증거가 된다. 구문문법에서는 동사의 의미로부터 문장 전체의 의미가 결정되기 보다는, 동사를 포함한 개별 문장 성분의 의미가 구문의 의미 속으로 통합되어 문장의 의미가 결정된다고 봄으로써, 문장 내 동사가 다양한 확장 의미를 띠게 되는 경우도 통합적으로 설명할 수 있다(Goldberg, 1995, 2019). 따라서, "He sneezed the napkin off the table"의 경우, 구문문법에서는 사역이동구문에 자동사 sneeze가 결합된 것으로 보고, 구문은 "사역이동"의 의미를, 동사는 "재채기"라는 행동 양식에 대한 의미를 부여하는 것으로 해석될 수 있다.

한편, 구문문법의 또 다른 장점으로 구문간의 유기적인 연결성을 들 수 있다. 표1에 제시된 각각의 구문들은 통사적이고 의미적인 관련성을 근거로 서로 유기적으로 연결될 수 있는데, 이는 여러 종류의 전수연결(inheritance link)에 의해 이루어진다(Goldberg, 1995). 예컨대, 이중타동구문의 경우 (2a)와 같이 'X CAUSES Y to RECEIVE Z'라는 중심적인 의미(central sense)를 지니지만, 세부적으로는 (2b)에서 (2f)에 이르기까지 여러 하위 의미들을 내포한다.

(2) a. 'X CAUSES Y to RECEIVE Z' (중심 의미)

예시: Joe gave Sally the ball.

b. 소유 이전 조건을 만족시킴

예시: Joe promised Bob a car.

c. 소유 이전이 가능하도록 함

예시: Joe permitted Chris an apple.

d. 소유 이전이 안 되도록 함

예시: Joe refused Bob a cookie.

e. 소유 이전을 의도

예시: Joe baked Bob a cake.

f. 미래의 특정 시점에서 소유 이전이 되도록 함

예시: Joe bequeathed Bob a fortune'

한편 사역이동구문(caused-motion construction)에서도 유사한 방식으로 중심 의미가 하위 의미를 내포하는 경우를 찾아볼 수 있다.

(3) a. 'X CAUSES Y to MOVE Z' (중심 의미)

예시: Pat pushed the piano into the room.

b. 장소 이동 조건을 만족시킴

예시: Pat ordered him into the room.

c. 장소 이동이 가능하도록 함

예시: Pat allowed Chris into the room.

d. 장소 이동이 안 되도록 함

예시: Pat locked Chris into the room.

e. 장소 이동을 도와 줌

예시: Pat assisted Chris into the room.

위의 예를 살펴보면, (2b)와 (3b), (2c)와 (3c), 그리고 (2d)와 (3d)는 의미상 짝을 이룬다. 두 구문은 사용된 동사는 상이하지만 공통의 의미를 공유한다. 또한 두 구문 모두 주어의 힘이 작용하여 특정 결과에 이르게 되는 관계 속에서 공통점을 찾을 수 있다. Goldberg(1995)에 의하면 이렇게 하위 의미들 사이에서 공통분모를 확인하고, 구문 간 서로 연결되는 관계를 다의어 연결(polysemy link)이라 지칭한다. 이 외에도 한 구문이 다른 구문의 하위에 놓이는 하위부분 연결(subpart link), 한 구문이 다른 구문의 일부에 속하지만 특정 어휘들의 결합들 내에서만 일어나는 사례 연결(instance link), 두 구문이 은유적 관계에 의해 연결되는 은유 연결(metaphorical extension link) 등이 있다. 이처럼, 각각의 구문은 나름의 독자적 위치를 고수하면서 다양한 전수기제를 통해 서로 유기적으로 연결되어 있다. 따라서, 학습자에게 구문을 지도할 때에 개별의 구문만을 제시하거나 설명하는 데서 그치는 것이 아니라 목표구문들을 유기적이고 체계적으로 연결시킴으로써, 학습자들의 머리속에 구문에 대한 네트워크가 제대로 형성되도록 하는 것이 중요하다. 이렇게 형성된 네트워크는 소량의 추상적 지식을 통해 대량의 영어 구조를 이해하고 생산할 수 있게 해 준다는 점에서, 영어 문장 구조를 개별적으로 분석하던 기존의 접근 방식과는 차별화되고 훨씬 더 효율적이며 경제적이라고 할 수 있다.

요컨대, 구문문법은 언어의 가장 기본이 되는 구문이라는 개념을 소개하고, 구문 내 핵심 의미와 형태를 복합적으로 제시함으로써, 일상생활 속에서 사용하는 언어 현상에 대해 논리적인 설명을 가능하게 해 준다. 또한 각각의 구문은 인간의 경험과 밀접하게 연결되어 상호 유기적인 네트워크를 형성하므로 해당 네트워크 틀 내에서 언어를 창조적으로 운용할 수 있게 해 준다. 이러한 점에서, 형태와 의미가 결합된 구문지식이 영어를 외국어로 학습하는 한국 학습자들의 머리 속에 정상적으로 자리 잡는다면, 영어에 대한 체계적 접근과 아울러 생산적인 언어 능력이 이루어질 것이다.

다음 장에서는 구문문법에서 다루고 있는 각 구문의 언어적 자질들을 살펴보고, 실제 교육 현장에서 구문 중심 지도를 적용한 사례에 대해 소개하고자 한다.

3. 개별 구문의 언어학적 속성

3.1 자동이동구문(Intransitive motion construction)

Goldberg (1995)는 자동이동구문을 사역이동구문의 하위부분(subpart)으로 설명한다. 즉, 자동이동구문에서는 이동하는 주체가 주어에 해당하는 반면, 사역이동구문에서는 이동자가 동사의 목적어에 해당되고, 이 이동자를 이동시키는 외부힘이 개입하게 된다. 이는 다음의 예에서 살펴볼 수 있다.

(4) a. They sailed the boat into the cave.
〈원인〉 〈이동자〉 〈목적지〉

b. The boat sailed into the cave.
〈이동자〉 〈목적지〉

(4a)에서 외부힘 혹은 원인이 이동자인 'the boat'를 목적지로 이끌었다면, (4b)에서는 외부힘 없이 이동자 스스로 목적지 이동한다는 의미를 나타낸다. 따라서 (4a)와 (4b)의 의미상 차이는 외부힘의 유무로서 결정되고 이런 점에서 자동이동구문은 사역이동구문과 하위부분 관계에 놓여있다고 할 수 있다. 기본적으로 'X MOVES Y(이동자가 어느 장소로 이동하다)'의 의미를 지니는 자동이동구문은 이동하는 주체인 명사, 이동의 방식을 나타내는 동사, 이동의 방향

을 나타내는 전치사, 이동의 장소를 나타내는 명사를 주요 구성성분으로 지닌다. 특히 주목할 점은, 이동의 방식을 나타내는 동사(go, walk, run 등)와 이동의 방향을 나타내는 전치사(to, in, up, down, over, through 등)는 구문의 의미에 따라 그 종류가 제한되어 있고, 이 제한된 틀 내에서 이동자 및 이동 장소를 창조적으로 생산함으로써 무수히 많은 종류의 자동이동구문을 생성할 수 있다는 점이다. 따라서 다음 표2와 같이 학습자들에게 자동이동구문의 형태와 의미를 결합해서 제시하는 동시에 다양한 구성요소들을 채우게 하여 해당 구문을 학습하게 할 수 있다.

〈표 2〉 자동이동구문 핵심 내용

핵심 의미	이동자가 어느 장소로 이동	
형태와 의미의 결합	이동자 + 이동 동작 + 이동 방향 + 이동 장소	
예문	I go to school	
주요 구성 성분	동사	go, come, walk, run, jump, move, fly 등
	전치사	to, toward, in, into, up, down, over, through, out of

3.2 사역이동구문(Caused-motion construction)

사역이동구문은 'X CAUSES Y to MOVE Z'(외부힘이 이동자를 어느 지점으로 이동하게 함)의 의미를 나타내며, 형태적으로는 [주어-동사-목적어-전치사구]의 구조를 띤다. 이 구문은 앞서 설명한 자동이동구문에 외부힘이 개입한 것으로, 자동이동구문과는 하위부분 연결 관계에 있다. 이때 대상을 이동시키는 외부힘은 직접사역(direct causation)과 단일사건(single event)을 나타낸다는 특징을 지닌다. 즉, 외부힘이 대상에 대해 직접적인 영향력을 행사하여 하나의 사건 내에서 대상을 이동시킴을 의미한다. 따라서 이동자는 이동 중에 다른 행위자의 개입 없이, 최초 가해졌던 행위로 인해 최종목적지까지 도달한다는 의미를 지닌다(Goldberg, 1995). 이러한 점에서 외부힘은 직접적 개입자인 동시에 이동의 행위를 종결시키는 주체라 할 수 있다. 이러한 특징은 다음의 예에서 확인할 수 있다.

(5) a. Pat coaxed him into the room.
b. *Pat encouraged him into the room.
c. Joe nudged the golf ball into the hole.
d. *Joe nudged the ball down the incline.

(5a)의 경우 외부힘인 주어 *Pat*이 이동대상 *him*에게 *coax*(구슬리다)라는 행위를 하였고 이 행위의 직접적인 영향을 받은 대상이 장소 *the room*으로 곧바로 이동한다는 점에서 사역이동구문에 적합하다고 할 수 있다. 반면 (5b)의 경우, 외부힘인 *Pat*이 이동대상 *him*에게 *encourage*라는 행위를 가하였지만, encourage(격려하다, 권장하다)라는 행위가 대상의 최종 행동 선택에까지 직접적인 영향을 끼친다고 보기 어려우므로 사역이동구문으로는 부적합하다. 한편, (5c)의 경우도 외부힘인 *Joe*가 직접적인 영향을 끼쳐 대상인 *golf ball*을 목적지 hole로 이동시킨다는 점에서 사역이동구문에 적합하지만, (5d)의 경우 이동대상의 방향을 결정하는 것은 순전히 외부힘인 *Joe*가 아니라 중력이라는 또 다른 힘이 개입하기 때문에 사역이동구문으로서 적합하지 않다.

요컨대, 사역이동구문은 '외부힘이 이동자를 어느 목표지점으로 이동하게 한다'는 기본의미에 능동적 주체인 외부힘이 직접적으로 힘을 가하여 대상을 특정장소로 이동시킨다는 추가적인 의미를 담고 있어야 한다. 이러한 점에서 이 구문의 주어는 행위의 '종결자'이며 목적어는 '이동자'이고, 전치사구는 '이동방향과 이동장소'라고 할 수 있다. 이러한 구문의 특징은 다음 표 3에 요약되어 있다.

〈표 3〉 사역이동구문 핵심 내용

핵심 의미	외부힘이 이동자를 어느 목표지점으로 이동하게 함	
형태와 의미의 결합	외부 힘 + 행위 + 이동자 +이동 방향 + 이동 장소(이동 상태)	
예문	I helped the man into the car	
주요 구성 성분	동사	행위 동사: push, kick, sneeze, shove 등 의사소통 동사: order, ask, invite, urge, send 등 장애 제거 동사(enable 류): allow, let 등 방해 동사(prevent 류): lock, keep, barricade 등 도움 동사(help류): help, assist, guide, show, walk 등
	전치사	to, toward, in, into, up, down, over, through, out of

3.3 자동결과구문(Intransitive resultative construction)

자동결과구문은 주어 및 주격보어, 그리고 주어와 주격보어를 연결해주는 동사로 구성되어 있고, 'X BECOMES Z'의 의미를 지닌다. 여기서 자동결과구문은 다음 장에서 소개할 결과구문(resultative construction)과 하위부분 관계를 맺고 있다(Goldberg, 1995). 즉, 자동결과구문이 외부힘의 개입 없이 주어 스스로 특정 상태에 처하게 됨을 나타내는 반면, 결과구문은 외부힘이 가해져 대상을 특정 상태에 처하게 함을 나타낸다.

자동결과구문에서 주어의 상태를 설명해주는 주격보어로 명사와 형용사가 쓰인다. 그리고 주어와 주격보어를 연결시켜주는 동사로는 상태를 나타내는 계사(copula be)부류, 상태의 변화를 나타내는 become부류, 상태의 주관적 판단을 나타내는 look부류와 seem부류로 나눌 수 있다(문용, 1987). 이 가운데 한국인 학습자들에게 어려움을 초래하는 동사는 look과 seem부류로서, (6)과 같이 모국어 전이로 인해 이들 동사가 쓰인 문장의 목적보어를 형용사가 아닌 부사로 오용하는 사례가 종종 발생한다.

(6) a. He looks happy.

b. * He looks happily.

이러한 오류를 피하기 위해 자동결과구문의 형태와 의미에 대한 지도를 통해, 주격보어는 주어의 상태를 나타내는 명사나 형용사를 취한다는 점을 강조해야 할 것이다. 자동결과구문에 대한 특징은 다음 표4와 같다.

〈표 4〉 자동결과구문 핵심 내용

핵심 의미	자발자가 어떤 상태에 처함	
형태와 의미의 결합	자발자 + 상태 동작 +처한 상태	
예문	I feel happy	
주요 구성 성분	동사	be 류: be, stay, remain 등 become 류: become, get, grow, fall, go, turn 등 look 류: look, taste, smell, sound, feel 등 seem류: seem, appear 등
	목적보어	상태를 나타내는 형용사 및 명사

3.4 결과구문(Resultative construction)

사역이동구문과 자동이동구문이 하위부분 연결 관계를 맺고 있는 것처럼 결과구문과 자동결과구문도 하위부분 연결 관계에 있다. 즉, 결과구문은 스스로 특정 상태에 처한다는 의미를 지닌 자동결과구문에 외부힘이 개입하여, 대상을 특정 상태에 처하도록 한다는 의미를 지닌다. 이와 동시에 결과 구문과 사역이동구문은 비유 연결의 관계를 맺고 있다. 사역이동구문이 외부힘이 개입하여 대상을 특정 장소로 이동하게 한다는 의미를 지닌 것처럼, 결과구문 역시 외부힘이 개입하여 대상을 특정 상태로 변화하게 한다는 의미를 지닌다. 다시 말해 사역이동구문이 외부힘에 의한 대상의 장소변화라면, 결과구문은 외부힘에 의한 대상의 상태변화로 정의할 수 있다(Goldberg & Jackendoff, 2004). 이처럼 결과구문과 사역이동구문이 의미를 공유한다는 것은 결과구문에도 사역이동구문처럼 각 구성 요소에 여러 가지 제약이 가해지는 것을 의미한다. 우선 Goldberg(1995)는 행위를 통해 대상의 상태를 변화시키는 결과구문의 주어를 유생물 촉발자(animate instigator)로 한정한다. 앞서 사역이동구문의 주어로서 능동적으로 영향력을 행사하는 주체가 사용되어야 하는 것처럼, 결과구문의 주어 역시 행위의 의도를 담은 유생물이어야 한다. 두 번째 제약으로, 결과구문에 사용되는 동사는 상태동사(state verb)를 허용하지 않는다. 이는 결과구문의 주체가 대상에 직접적인 행위를 가하고, 도중에 시간적 공백 없이 행위의 종료와 동시에 대상의 상태변화가 일어나야 함을 의미한다(Goldberg, 1995). 세 번째로, 결과구문의 목적보어로 쓰이는 형용사는 상태 변화의 시작과 끝이 분명해야 한다. 따라서 asleep/awake, open/shut, dead/alive, full/empty 처럼 완전한 상태변화를 뜻하는 형용사는 가능한 반면, a little hoarse, a little sick의 경우처럼 완전한 상태변화로 가기 전인 중간 상태의 형용사는 결과구문에 쓰일 수 없다. 요컨대, 결과구문은 행위자가 대상에 어떤 행위를 가하여 대상의 직접적인 상태 변화를 이끈다는 의미를 지니고 있고, 이때의 행위자는 대상의 상태 변화에 대한 직접적인 원인이 된다. 또한 행위자가 가하는 행위는 상태의 변화를 초래하는 직접적인 행동이어야 하고, 상태의 변화는 시작과 끝이 분명해야 한다. 이러한 제한사항들을 고려하여 다음 표5와 같이 결과구문의 특징을 정리할 수 있다.

〈표 5〉 결과구문 핵심 내용

<table>
<tr><td>핵심 의미</td><td colspan="2">외부세력이 대상의 상태를 변화시킴</td></tr>
<tr><td>형태와 의미의 결합</td><td colspan="2">행위주체(원인) + 행동 +상태 변하는 자 +변한 상태</td></tr>
<tr><td>예문</td><td colspan="2">I kicked the door open</td></tr>
<tr><td rowspan="2">주요 구성 성분</td><td>동사</td><td>make, paint, kick, drive 등</td></tr>
<tr><td>목적보어</td><td>시작과 끝이 분명한 상태를 나타내는 형용사</td></tr>
</table>

3.5 이중타동구문(Ditransitive construction)과 전치사 여격 구문 (Prepositional dative construction)

이중타동구문은 'X CAUSES Y TO RECEIVE Z'라는 전달(transfer)의 의미를 지닌 구문으로서, 연속적으로 두 개의 명사구가 목적어로 나타나는 구문이다. 본 구문의 의미는 주어의 전달 의도가 들어가서 대상으로 하여금 사물을 소유하도록 이끈다는 점에서 앞서 설명한 사역이동구문 및 결과구문과 유사하다. 이와 관련하여 Goldberg(1995)는 이중타동구문의 의미적 제약들을 다음과 같이 제시한다. 우선, 이 구문의 주체는 전달의 의도를 분명하게 지니고 있어야 한다. 단순히 어떤 행동을 능동적으로 수행하는 주체의 역할에서 한 걸음 더 나아가 대상이 전해지는 사물을 최종적으로 소유할 수 있도록 마지막까지 그 영향력을 행사해야 한다. 이러한 관점에서 이 구문의 주체는 사역이동구문과 결과구문의 주체와 유사하게 대상에 대해 끝까지 힘을 작용시키는 역할을 한다. 한편, 이중타동구문의 첫 번째 목적어는 주체가 처음부터 분명한 의도로 전달하고자 한 대상을 실제로 소유하게 되는 수령자(recipient)이다. 바로 이러한 의미적 제약으로 인해 이중타동구문은 이와 유사한 성격을 지니는 전치사 여격 구문(prepositional dative construction)과 차별화 된다. 즉, 전자는 "소유의 변화(change in possession)"를 의미하는 반면, 후자는 필연적인 소유의 변화가 아닌 단순한 "위치의 변경(change in position)"를 나타낸다(Goldberg, 1995, 2019; Song, 1993). 정리하면, 이중타동구문에서는 전달되는 사물에 대해 완전한 소유의 변화가 야기되는데 반해 전치사 여격 구문에서는 사물의 위치는 변경되지만 그로 인해 실제로 소유의 변화까지 발생하는지는 암시되지 않는다. 이러한 두 구문 간 의미 차이는 다음의 예에서 찾아 볼 수 있다.

(7) a. John brought Mary a piano.

b. John brought a piano to Mary.

c. John brought a piano to New York.

d. *John brought New York a piano.

(7a)는 전달자(John)가 분명한 의도로 수령자(Mary)에게 사물(piano)을 가져왔고, 수령자는 결과적으로 사물을 받게 된 것을 의미한다. 반면 (7b)는 전달자가 어떤 특정 행위(bring)를 통해 사물을 목표대상이 있는 곳으로 이동시킨다는 의미로, 위치의 최종 목표(Mary)가 사물(piano)을 실제로 받았는지의 여부는 관심사가 아니다. 이처럼 전치사 여격 구문은 사역이동구문과 마찬가지로 외부힘이 작용하여 어떤 대상을 특정 장소로 이동시키는 위치의 변경을 나타낼 뿐, 소유의 변화까지 내포하지는 않는다. 전치사 여격 구문의 이러한 의미적 특징은 (7d)가 비문법적인 이유를 잘 설명해 준다. (7d)는 구조적으로 이중타동구문의 형태를 지니는데 이는 목표 대상(New York)에게 사물(piano)의 소유권(ownership)이 이전됨을 나타낸다. 하지만, 목표 대상인 New York이 사람의 이름이 아니라는 전제하에 유생물이 아니라 단순히 장소를 의미하는 것이기에, 이 대상은 소유의 이전에 대해 수령자로서 자격을 갖추지 못하므로 이중타동구문을 사용하는 것은 타당하지 않게 된다. 반면, (7c)에서는 소유의 이전이 아닌 위치의 변경을 나타내므로 New York이 변경된 장소의 대상으로서 나타날 수 있다. 따라서, 소유권의 이전은 이중타동구문과 전치사 여격 구문을 구분하는 중요한 기준이 된다.

한편, Erteschik-Shir(1979)는 "우세(dominance)"라는 개념을 통해 이중타동구문과 전치사 여격 구문의 차이를 설명하였다. 우세라는 개념은 담화에서 화자가 청자의 관심을 집중시키는 부분을 지칭하는 것으로, 대부분 화자가 전달하고자 하는 신정보(new information)에 해당된다. 예컨대, 담화에서 화자가 "I gave her a book"이라는 발화를 할 경우, 화자의 전달 초점은 신정보인 a book에 있고, 이것은 구정보(old information)인 her와 달리 우세한 위치를 지닌다. Erteschik-Shir에 따르면 담화상에서 문미에 위치하는 요소는 신정보를 지니면서 동시에 초점상 우세한 지위를 갖는다. 이러한 주장은 이중타동구문에서 구정보이면서 우세한 지위를 갖지 못하는 대명사가 문미에 올 수 없는 이유를 잘 설명해 준다.

요컨대, 소유권 이전 유무와 목적어의 우세 지위에 따라 이중타동구문과 전치사 여격 구문을 구분할 수 있다. 지금까지 교실수업에서는 이 두 구문에 대해 형식 수준의 접근과 아울러 두 구문 사이에 의미 차이가 거의 없는 것처럼 제시되었고, 담화상의 정보구조(information structure)에 따른 의미 차이에 대해 적절한 교수가 이루어지지 않았다. 이러한 의미적, 담화적 차이에 대한 지식은 원어민의 인지 속에 분명하게 자리 잡고 있는 만큼 한국 학습자에게도 정확하게 교수해야 할 것이다. 지금까지 제시된 기준을 바탕으로 이중타동구문과 전치사 여격 구문에 대한 특징을 정리하면 다음 표6과 같다.

〈표 6〉 이중타동구문과 전치사 여격 구문 핵심 내용

	이중타동구문	전치사 여격 구문
핵심 의미	전달자가 행위를 통해 수령자에게 소유권 이전	전달자가 행위를 통해 사물을 대상으로 이동
형태와 의미의 결합	전달자 + 행동 + 소유자(구정보) + 소유물(신정보)	전달자 + 행동 + 이동사물(구정보) + 이동방향 + 이동장소(신정보)
예시	I gave Mary a book	I gave it to Mary
주요 구성	동사: give, buy, offer, hand, kick 등	동사: give, buy, offer, hand, kick 등
	전치사: 없음	전치사: to, for, of 등

4. 구문 간 유기적 연계

앞서 살펴본 구문들은 각자 고유의 의미와 형태를 지니고 있는 동시에, 서로 간에 의미와 형태의 유사성을 바탕으로 유기적으로 연결되어 있다. 이러한 구문 간 연계성은 영어교육에 중요한 시사점을 준다. 일반적으로 비원어민 학습자들은 언어입력에 대해 해당 구문에 단일의 특정 동사를 결합시켜 하나의 말모듬(chunk)으로 인식하는 경향이 있다(Wong-Fillmore 1976). 따라서 구문을 지도할 때, 구문들을 개별 단위로 제시하기 보다는 단계적이고 체계적인 연관성 속에서 구문을 제시함으로써 궁극적으로는 학습자가 구문에 대해 유기적인 네트워크를 형성하도록 도움을 주는 것이 중요하다고 할 수 있다. 따라서 본 과에서는 각 구문 간 유기적 관련성에 대해 살펴보고자 한다.

먼저 모든 구문에 공통으로 적용될 수 있는 형태와 의미의 결합체로서 "주체+행동+행동결과"를 제시할 수 있다. 그 후 의미적으로 접근하여 이 결합체를 크게 외부힘의 개입여부에 따라 자동구문과 타동구문으로 구분할 수 있다. 즉, 외부힘 없이 자발적으로 일어나는 행동과 결과는 자동구문으로 분류하고 외부힘이 개입하여 대상의 결과에 영향을 끼치면 타동구문으로 구분한다. 그 다음으로 행동 결과를 상태변화, 장소변화, 소유권 변화로 구분할 수 있다. 행동 결과가 상태변화라면 자동결과구문 및 결과구문으로, 행동 결과가 장소변화라면 자동이동구문 및 사역이동구문으로, 행동 결과가 소유권 변화라면 이중타동구문으로 나눌 수 있다. 그런 다음, 각 구문에 대해 의미와 형태를 결합시켜 세부적으로 제시한다. 이때 각 구문 내에 속해있는 여러 구문들이 의미와 형태의 측면에서 서로 긴밀하게 연결되어 있음을 보인다. 다음의 표7과 표8은 구문간의 연관성에 대해 정리한 것이다.

〈표 7〉 자동구문에 속하는 구문들

구문종류	자발자	행동	행동결과
자동이동구문	이동자	이동	이동방향+장소
자동결과구문	자발자	상태동작	상태
자동비능격구문	자발자	동작	

〈표 8〉 타동구문에 속하는 구문들

구문종류	주체	행동	대상	결과
사역이동구문 (자동이동구문과 연결)	이동 시키는 원인	이동시키는 행동	이동 하는자	이동방향+ 장소
결과구문 (자동결과구문과 연결)	상태를 변하게 하는 원인	행동	상태 변하는 대상	변한 상태
이중타동구문 (결과구문과 연결)	수여자	주는 행동	소유자 (구정보)	소유물 (신정보)
전치사 여격 구문 (사역이동구문과 연결)	이동 시키는 원인	이동시키는 행동	이동하는 사물 (구정보)	이동방향+ 장소 (신정보)

5. 구문문법 중심 교수법: 사례 연구

본 과에서는 구문문법을 실제 교육 현장에서 지도하고 효과를 검증한 사례에 대해 소개하고자 한다. 여기서 소개되는 내용은 Rah and Kim(2018)과 Kim and Rah(2020)에서 실시한 연구의 일부를 요약, 정리한 것이다.

5.1 참여자

본 연구는 충북소재의 한 대학교 1학년 학생들을 대상으로 한 학기 동안 이루어졌다. 총 51명의 학생들을 세 집단으로 나눈 후(집단별 17명), 각 집단별로 구문중심 수업, 구문중심+구문연계 수업, 전통적인 방식의 수업을 진행하였다. 학습자들의 영어 수준은 중하위권으로, 중고등학교를 거치면서 문법번역식 교수방식으로 영어를 배워왔으며, 구문의 개념에 대한 별도의 학습이나 경험은 없는 것으로 조사되었다.

5.2 연구 절차

각 수업은 총 15차시에 걸쳐 이루어졌고, 차시 당 90분이 소요되었다. 연구 진행에 앞서 세 집단의 구문 지식이 얼마나 차이가 나는지 알아보기 위해 사전 테스트를 실시하였다. 사전테스트는 장면묘사, 문법성판단, 자유 작문, 한영 번역 등 총 4개의 과업으로 이루어졌고, 각 과업 당 총 36문항(6개의 구문이 6개의 다른 문장으로 등장)을 포함하였다. 사전 테스트 결과 세 집단 간 구문 지식에는 차이가 없는 것으로 드러났다.

사전테스트 이후 본격적으로 세 집단에 대해 약 10주간 서로 다른 수업이 진행되었다. 구문중심 집단에 대해서는 앞선 장에서 설명한 것처럼 영어의 주요 구문들에 대한 핵심 의미 및 형태에 대한 설명과 함께, 구문의 주요 의미를 대표하는 그림 및 애니메이션들을 제시하였다. 구문중심+구문연계 집단의 경우에는, 개별 구문에 대한 정보뿐만 아니라 각 구문들이 지니고 있는 관련성에 초점을 맞추어 교수하였다. 마지막으로 전통 방식 집단에서는 다른 두 그룹에서 사용한 예시 그림과 문장들을 똑같이 사용하였지만, 구문에 대한 개념이나 구문 간 연계성에 대한 설명 없이 각 문장을 우리말로 번역하여 제시하고 동사의 역할을 강조하는 수업을 진행하였다.

10주간의 수업 직후, 각 집단별로 구문에 대한 지식이 얼마나 향상되었는지를 알아보기 위해 사후테스트 및 지연사후테스트(사후테스트 후 4주 뒤)를 실시하였다. 사후테스트 및 지연사후테스트에서도 사전테스트에서 실시했던 방식대로 네 종류의 과업을 진행하였지만, 각 테스트에 포함된 문항들은 서로 달랐다.

5.3 연구 결과

본 통계 결과에 대한 정보는 Rah and Kim(2018)과 Kim and Rah(2020)에 보고되어 있다. 집단별로 구문 지식의 향상 정도를 요약 정리하면 아래 그림과 같다.

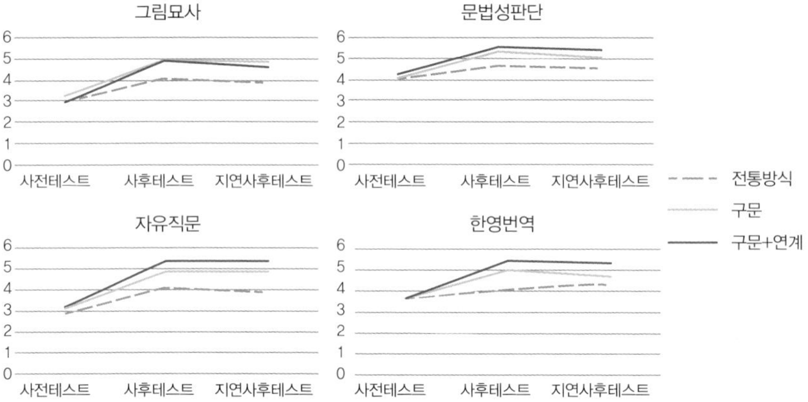

[그림] 집단별 사전테스트, 사후테스트, 지연사후테스트에서 실시한 각 과업별 평균 구문 점수

위 그림에서 볼 수 있듯이, 사전테스트에서는 세 집단별 점수 차이가 없었지만, 사후테스트와 지연사후테스트에서 집단별로 유의미한 차이가 발생하였다. 사후테스트에서는 구문중심+구문연계 집단과 구문중심 집단이 전통적 방식으로 수업 받은 집단보다 네 과업 모두에서의 점수가 유의미하게 높았다. 또한 지연사후테스트에서는 구문중심+구문연계 집단의 점수가 다른 두 집단의 점수보다 높은 것을 확인할 수 있었다. 이러한 결과는 구문중심의 교수가 해당 학생들의 구문지식 습득에 효과가 있었음을 보여주며, 특히 구문중심 수업과 함께 구문 간의 연계를 설명하는 방식이 장기적인 구문 지식 내재화에 도움이 되었음을 시사한다.

6. 맺는말

이상으로 구문문법의 기본 개념과 더불어 핵심구문들의 특징들을 알아보았고, 사례 연구를 통해 실제 학습자들에게 구문을 지도하는 교수법의 실효성에 대해 간단히 살펴보았다. 각각의 구문과 그들 간의 네트워크는 매우 추상적이고 구조적이다. 이러한 구문에 대해 원어민들이 지니는 지식은 상당 기간 동안 풍부하고 의미 있는 언어입력을 바탕으로 축적된 것으로, 도식화(schematization)와 추론(inference)이라는 과정을 통해 서서히 내재화된 지식이라고 할 수 있다(MacWhinney, 2008; Tomasello, 2003). 한국과 같이 외국어로서 영어를 학습하는 환경에서 이러한 추상적이고 구조적인 구문에 관한 지식을 비교적 짧은 기간에 효율적으로 교수하기 위해서는 구문의 형태와 의미를 명시적으로 교수하는 동시에 학습자가 일상생활에서 빈번하게 접하게 되는 장면들을 중심으로 의미 있게 언어입력을 제공해 주어야 한다. 또한 언어입력과 교수내용에 도움이 되는 그림과 사진 및 영상 등과 같은 매체를 적극 활용하고, 맥락적으로 의미있는 다양한 활동들을 통해 학생들이 학습한 구문들을 내재화할 수 있도록 도와주어야 한다. 나아가 제시된 구문들을 실생활에서도 적극 활용할 수 있는 방법들을 지속적으로 모색해야 할 것이다. 이러한 일련의 과정을 통해 학습자들은 일상생활에서 이러한 구문들을 적절히 활용하여 의사소통을 성공적으로 수행할 것으로 기대된다.

참고문헌

문용. (1987). 『고급영문법해설』. 서울: 박영사.

양현권 (2008). 『교육영문법의 이해』. 한국문화사.

Bybee, J. (2006). From Usage to Grammar: The Mind's Response to Repetition. *Language, 82*, 711-733.

Celce-Murcia, M., & Hilles, S.(1988). *Techniques and resources inteaching grammar.* New York: Oxford University Press.

Chomsky, N. (1975). *The Logical Structure of Linguistic Theory.* Chicago: University of Chicago Press.

Chomsky, N. (1981). *Lectures on Government and Binding.* Dordrecht: Foris.

Chomsky, N.(1986). *Knowledge of Language.* NewYork: Praeger.

Croft, W.(2001). *Radical construction grammar: Syntactic theory in typological perspective.* Oxford: Oxford University Press.

Erteschik-Shir, N. (1979). Discourse constraints ondative movements. In T. Givón (Ed.). *Discourseand syntax* (Syntax & Semantics, 12). New York: Academic Press.

Goldberg, A. E. (1995). *Constructions: A construction grammar approach to argument structure.* Chicago: University of Chicago Press.

Goldberg, A. E. (2006). *Constructions at work: The nature of generalisation in language.* Oxford: Oxford University Press.

Goldberg, A. E. (2019). *Explain me this: Creativity, competition, and the partial productivity of constructions.* Princeton, NJ: Princeton University Press.

Goldberg, A. E., Casenhiser, D., & Sethuraman, N. (2004). Learning argument structure generalizations. *Cognitive Linguistics, 15,* 289–316.

Goldberg, A. E., & Jackendoff, R. (2004). The English resultative as a family of constructions. *Language, 80,* 532–568.

Jackendoff, R. (1990). *Semantic and Cognition.* Cambridge, Mass.: MIT Press.

Kim, H., & Rah, Y. (2020). Applying constructionist approaches to teaching English argument structure constructions to EFL learners. *TESOL Quarterly.* Published online by Wiley-Blackwell, October 20, 2020. https://doi.org/10.1002/tesq.3002

Langacker, R. (1987). *Foundations of cognitive grammar: Theoretical pre-requisites.* Stanford California: Stanford University Press.

Levin, B. (1985). Lexical Semantics in Review: An Introduction. In B. Levin (Ed.). *Lexical Semantics in Review. Lexicon Project Working Papers 1. Cambridge,* Mass.: MIT Center for Cognitive Science.

MacWhinney, B. (2008). Aunified model. In P. Robinson & N.C. Ellis (Eds.), *Handbook of cognitive linguistics and second language acquisition.* New York: Routledge.

Pinker, S. (1989). *Learnability and Cognition: The Acquisition of Argument Structure.* Cambridge, Mass.: MIT Press.

Rah, Y., & Kim, H. (2018). Construction-based approach to teaching the English resultative construction to Korean EFL learners. *System, 72,* 1–12.

Song, N. S. (1993). *Thematic relations and transitivity in English, Japanese, and Korean.* Honolulu: Center for Korean Studies,University of Hawai'i.

Tomasello, M. (2003). *Constructing a language: A usage-based theory of language acquisition*. Cambridge, MA: Harvard University Press.

Wong-Fillmore, L. (1976). *The second time around. Cognitive and social strategies in second language acquisition* (Unpublished doctoral dissertation). Stanford University.

다중언어환경에서 단일언어주의
- 현대 러시아의 사례를 중심으로

남혜현(연세대, 노어노문학)

1. 서론

오늘날 전 세계 많은 지역에는 다중언어상황이 존재한다. 2004년 기준 200여 개 주권국가 가운데 160개 국가가 단일언어를 공식어로 규정하며, 나머지 국가들은 복수의 언어를 공식어로 규정하고 있다(Brenton, 2004:31). 그러나 비공식적인 다중언어상황은 훨씬 더 많은 지역에서 찾아볼 수 있다. 2017년 기준 유럽언어목록(Les Langues d'Europe)을 보면, 유럽 대륙의 46개 주권국가에서 467개의 언어가 사용되며, 이들 언어는 국가 공식어, 지역 공식어, 고유언어, 소수언어 등 다양한 지위를 갖는다.[1]

이러한 다중언어상황은 국가 간, 민족 간 상호작용과 접촉의 결과이다. 다중언어상황의 원인은 몇 가지로 나눌 수 있는데, 첫째, 정복과 병합, 강제 이주,

---

1 https://www.axl.cefan.ulaval.ca/Langues/1div_cont_Europe.htm (검색일: 2021년 2월 10일)

식민지화를 거쳐 지배 민족의 언어가 피지배 민족으로 이식된 결과이다. 이러한 예로는 소비에트가 합병했던 중앙아시아 국가들을 들 수 있다. 둘째, 다양한 언어공동체의 연합으로 인한 다중언어 상황이 있으며, 스위스, 벨기에가 여기에 속한다. 셋째, 국가의 적극적인 이민정책으로 형성된 다중언어 사용이 있는데, 캐나다, 호주 등이 그 예이다(강휘원, 2014:84).

민족 간, 국가 간 접촉과 교류의 증가는 한 지역 내 언어적, 문화적 혼종성과 다양성을 가져오며 이는 다시 첨예한 충돌과 갈등의 원인이 될 수 있다. 따라서 언어적, 문화적 다양성을 어떻게 다루어야 하는가는 다중언어상황이 존재하는 국가들에서 중요한 이슈가 된다.

언어적, 민족적 다양성을 관리하는 정책은 크게 동화주의와 다문화주의로 분류한다. 동화주의는 공동체 전체에 하나의 언어와 하나의 문화를 강조하며 국가 정체성과 통일을 위해 주류 사회로의 언어적 동질화를 요구하는 반면, 다문화주의는 언어와 문화의 다양성 인정을 통해 공동체를 결속시키려 한다. 예컨대, 언어적 동질성을 강조하는 프랑스, 오스트리아, 그리스, 노르웨이, 폴란드 등은 전자에 속하고, 2개 언어(캐나다, 핀란드, 룩셈부르크, 아일랜드)나 3개 언어(벨기에, 남아프리카공화국 등), 심지어 4개 언어(스위스, 싱가포르)를 공식어로 선언하는 국가들은 후자에 가깝다. 또한 동화주의와 다문화주의는 국가의 정치모델과도 긴밀히 연결된다. 전자는 중앙집권적인 단일국가와 관련되고, 후자는 다수 민족 혹은 다수 문화에 토대한 연방국가에 해당한다. 이 두 정책 사이에 절충적인 모델인 지방화된 단일국가 모델(영국, 스페인, 독일, 이탈리아 등)도 존재한다(최은순, 2005:316; 강휘원, 2009:266-267).

일반적으로 국가들은 의사소통의 효율성, 경제성, 국가통합을 이유로 동화주의에 기반한 단일언어 사용을 지향한다. 그러나 민족적, 언어적 다양성은 "한 민족, 한 국가, 한 언어"의 전통적 관념에 근거한 단일언어주의와 충돌하는 경향이 있다. 단일언어주의는 국민국가(nation state) 형성과정과 밀접히 연관된다. 18-19세기에 걸쳐 유럽의 국가들은 전쟁과 외교를 통해 다른 국가를 지배하고 결합하는 과정에서, 국민을 통합하는 공통의 문화와 정체성이 필요했으며 단일한 언어의 사용을 우선시했다. 즉 국민국가는 혈통, 문화, 종교와 관계없이 모든 사람들이 단일한 정체성을 갖기 위해서는 하나의 지배적인 언어를 배워야 한다는 믿음, 하나의 국가에서는 하나의 언어만이 통용되어야 한다는 믿음에 기반한다. 이러한 믿음에서 국가경계선은 언어경계선과 동일시되었으며, 언어는 국가와 국가를 구분하는 기준이 되었다.

지구상 최대의 다민족, 다언어 국가인 러시아는 연방체제를 갖추고 있음에도 불구하고 단일언어주의 이념이 뿌리깊다는 점에서 흥미롭다.[2] 따라서 다양한 시기의 러시아 언어정책은 많은 연구의 대상이 되었다(Gasparov, 2004; Pavlenko, 2009; Vanhala-Aniszewski, 2010; Gorham, 2014). 이 글은 다중언어상황 속 단일언어주의를 고수하는 러시아에 내재된 갈등과 모순을 다룬다. 위에서 언급한 바와 같이 단일언어주의는 주류 언어로의 동화를 요구하므로 해당 지역의 언어를 구사하지 못하는 소수 집단을 대상으로 작동한다. 단일언어주의는 집단이 공유하는 일종의 언어이념이다. 언어이념은 언어 실재에서 무엇이 중요하고, 무엇이 위상 있는 것인지를 정하며, 학교, 관공서, 미디어 등을 통해 교육되고 강화되고 재생된다(Irvine 1989). 단일언어주의 외에도 러시아의 언어이념을 구성하는 중요한 요소는 표준어 중심주의이다. 일반적으로 표준어는 한 언어 공동체의 여러 말 중 권위 있는 변종의 하나로서 공공 영역에서 사용을 목적으로 의식적으로 표준화된 언어 규범을 제공한다고 여겨진

---

2 2010년 러시아연방의 인구조사에 따르면, 러시아 인구는 1억 4290만(74% -도시 인구, 26% - 농촌 인구)이다. 이 가운데 40만 명 이상의 인구수를 이루는 민족은 22개이다. 최대 인구수의 민족은 단연 러시아인이고, 타타르인, 우크라이나인, 바쉬키르인, 추바쉬인, 체첸인 등이 그 뒤를 잇는다. 또한, 2010년 기준 러시아연방에는 277개의 언어와 방언이 있다. URL: http://www.demoscope.ru/weekly/2011/0491/perep01.php (검색일: 2021년 1월 24일)

다. 표준어 중심주의는 표준어만 올바르고 우월하며 표준어가 아닌 것은 틀리고 열등하다는 생각에서 비롯되며, 이 경우 표준어는 중심과 주변, 교양과 비교양을 가르며 사회적 지배 관계를 지탱하는 제도가 된다(Milroy, 2001:535; 조태린, 2016:68).

러시아는 연방이라는 체제의 특성상 연방을 구성하는 모든 민족의 언어 간 평등을 선언하지만, 역사적 다중언어환경과 인종적 다양성은 늘 통합을 위협하는 요인으로 인식되었다. 따라서 통합의 원리를 위해서 단일한 중앙의 언어를 정점에 놓는 언어적 위계를 세우는데, 이 위계는 촘촘한 영토적, 행정적 위계와도 연관된다. 자먀틴에 따르면 러시아의 정책은 언어 다양성 관리를 위한 상명하달식 접근을 가져오며 언어 실재를 압도한다(Zamyatin, 2015:280). 또한, 순수한 언어, 올바른 언어에 대한 추구는 비표준적 언어 요소들을 제거해야 할 오염원으로 간주한다. 이러한 언어이념은 "올바른" 러시아어를 구사하지 못하는 소수 집단, 곧 소수민족과 이민자에 대한 부정적 태도로 이어진다.

따라서 이 글은 러시아연방에 존재하는 비러시아어에 대한 공식적 언어정책과 이민자에 대한 대중의 언어 태도를 분석하고, 이를 통해 실질적인 다중언어상황에도 불구하고 여전히 지지되는 단일언어이념과 표준어 중심주의를 분석하고자 한다. 특히 러시아의 언어정책이 위상 계획(status planning), 습득 계획(acquisition planning), 코퍼스 계획(corpus planning)의 측면에서 민족적, 언어적 다양성의 유지와 통합성의 추구라는 상충되는 과제를 어떻게 실현했는지 살펴본다.[3]

3 위상 계획은 한 언어 공동체에서 특정 언어의 사용범위와 기능을 변화시키려는 노력이며, 공용어의 공인, 표준어의 선정, 자국어의 국내외 보급 등을 포함한다. 코퍼스 계획은 언어의 체계와 형태에 관련된 활동으로서 문자 체계나 표기법의 개선, 표준 규범의 제정 및 개정, 전문용어의 정비 등을 포함한다. 습득 계획은 특정 언어를 교육함으로써 사용자 수와 사용 능력을 증대시키려는 노력이며 주로 학교에서 모어 및 제2 언어교육을 통해 실행된다.

이에 다음 2장에서는 현대 러시아 언어이념의 뿌리가 형성된 소비에트의 언어이념을 공적인 언어정책의 차원에서 살펴보되, 이 시기를 언어적 평등이 보장되고 다양성이 장려되던 초기와 러시아어를 중심으로 제 민족들을 통합하고 언어의 순수성을 강조하던 후기, 그리고 언어적 평등과 통합의 추구가 공존하던 소비에트의 말기와 포스트 소비에트의 초기, 곧 과도기로 나눈다. 3장에서는 권력의 재중심화가 전면에 등장한 2000년대 이후 러시아 언어이념의 변화를 정부의 민족어 정책과 사회관계망서비스(Social Network Service)에서 최근 증가하는 이민자에 대한 대중의 언어 태도를 통해 살펴본다.

2. 러시아 언어이념의 형성과 전개

소비에트 시기의 언어정책은 민족 문제를 다루는 핵심 전략이었다. 그레노블이 지적한 바와 같이 소비에트의 언어정책은 그 비일관성과 모순에도 불구하고 정치적 목적을 실행하기 위한 가장 정교한 언어정책 중 하나였다 (Grenoble, 2003:1).

2.1. 소비에트 초기의 언어이념과 다양성의 인정[4]

혁명 직후에 소비에트의 지도자들은 사회주의 건설의 완수를 위해 당의 메시지를 각 민족어로 전달할 필요를 절감했다. 1917년 11월에 발표한 “러시아 제 민족 권리선언(Deklaracija prav narodov Rossii, Declaration of the Rights of the Peoples of Russia)”은 러시아에 거주하는 모든 민족들의 평등과 자주성, 자결권을 천명하고 각종 민족적, 종교적 특권과 제한을 폐기했다.

4 소비에트의 언어정책에 대해서는 남혜현(2015, 2016, 2018) 참조.

레닌의 민족 간 평등 이념은 토착화 정책(korenizacija, indigenisation)으로 실현되었다. 언어 측면에서 이는 주요 토착 민족어에 공식어 지위 부여, 표기체계 확립, 민족어로의 교육과 행정의 전환으로 구성되었다. 궁극적으로 토착화 정책은 소비에트에 대한 비러시아계 국민들의 충성을 끌어내며 이들을 상대로 하는 소비에트 행정기구의 효율성을 높이기 위한 수단이었다. 혁명 당시 소비에트 전역의 문맹률이 높았으며, 특히 시베리아의 많은 소수민족들의 언어는 구어의 형태로만 존재했다. 이에 따라 소비에트는 광범위한 문맹 퇴치 운동을 벌였다. 특히 많은 소수 언어의 표기체계를 확립하기 위해 로마자를 선택했는데, 이는 러시아의 키릴문자를 제정 러시아의 유물로 간주했기 때문이다(Kreindler, 1982:8). 이를 계기로 북방의 소수민족뿐 아니라, 중앙아시아의 터키어 계통 언어들도 전통적인 아랍 문자에서 로마자로 전환되었다.

언어의 다양성 인정은 비러시아어 계통의 민족어뿐 아니라 기존 규범에 대한 혁명적 타파와 실험을 허용했다. 표준어는 고전의 코퍼스 위에 세워지므로, 언어 규범의 거부는 이 문학적 정전(正典)의 거부인 것이다. 마야콥스키를 비롯한 러시아 미래주의 시인들이 혁명의 열기 속에서 “푸시킨과 고골, 도스토옙스키와 톨스토이를 현대라는 기선에서 던져버릴 것”을 주장한 것은 이러한 맥락에서 이해할 수 있다. 그리하여 혁명 직후 방언과 은어, 속어의 사용이 구체제 언어 규범의 거부라는 명목으로 묵인되었다. 또한, 혁명과 함께 등장한 도시, 광장, 거리의 새로운 명칭들 및 새로운 제도와 대상을 명명하는 수많은 축약어는 삶의 공간을 재편했다. 이와 함께 차용어의 사용도 주목할 만하다. 이념적 색채를 띤 차용어들은 국제성을 상징하는 기호로 간주되며 새 시대의 담화에서 중요한 위치를 차지했다. 예) пролетариат(proletariat, 프롤레타리아), гегемон(gegemon, 헤게모니), комиссар(komissap, 대표자). 이처럼 다양한 언어 코드는 용광로처럼 혁명 이후 소비에트 사회에서 넘치고 섞이면서 새로운 언어장을 형성했다.

그러나 동시에 소비에트의 지도자들은 인종적, 언어적 다양성을 지지하는 반면, 이것을 통제할 제도를 만들기 위해 소비에트의 거대한 영토를 행정적으로 조직화했다. 그리하여 소비에트 사회주의연방은 15개의 공화국(러시아, 우크라이나, 백러시아, 우즈베키스탄, 카자흐스탄, 키르기스스탄, 타지키스탄, 투르크메니스탄, 그루지야, 아제르바이잔, 몰도바, 아르메니아, 라트비아, 리투아니아, 에스토니아)으로 구성되며, 각 공화국은 다시 자치공화국, 자치구, 자치관구로 나뉜다. 이러한 행정조직은 해당 지역에 거주하는 토착 민족의 이름을 따라 명명되었으므로, 토착 민족을 명목 민족(titular nation), 그들의 언어를 명목어(titular language)라고 한다. 즉 카자흐스탄공화국의 명목 민족은 카자흐족이고, 그들의 언어인 카자흐어가 명목어가 되는 것이다. 이를 통해 소비에트의 민족들과 그들의 언어, 그들이 거주하는 영토는 거대한 위계 안에 재편되었으며, 이 위계의 정점에는 "민족 간 소통어로서 러시아어"가 있었다. 러시아어는 소비에트에서 공식적인 지위를 부여받지 않았지만 소비에트의 링구아 프랑카로 기능했다. 이 위계 안에서 러시아어 다음에는 각 공화국의 명목어가 그 뒤를 이었는데, 이들 언어는 해당 공화국의 교육, 출판, 대중매체에서 사용되었다. 그 다음은 자치구에서 사용되는 비러시아어 계통의 언어들인데 공화국의 명목어보다 적은 제도적 지원을 받았다. 위계의 마지막 단계는 자치구를 부여받지 못한 민족의 언어이며, 이들 언어는 동화에 가장 취약했다.[5] 이러한 언어 간 위계는 영토적, 행정적 위계와 연결되어, 실제 화자의 수보다도 각 언어의 위상과 지원의 정도를 결정하는 데 더욱 중요한 역할을 했다(Grenoble, 2003:3).

5 예컨대 고려인은 독자적인 정치 집단을 형성하거나 거주 밀집 지역이 없으므로, 그들의 고려말은 소비에트 시기에 공식적인 지위를 갖지 못했다.

2.2. 소비에트 후기의 언어이념과 통합의 열망

소비에트 초기의 토착화 정책은 1920년대 후반 폐기되었다. 1930년 제16차 공산당 대회에서 스탈린은 모든 언어가 평등하다는 언어정책에서 탈피해서 프롤레타리아가 세계를 지배하고 제 민족 간 경제, 정치, 문화적 협력을 위한 공통의 언어가 필요하다는 생각을 전면에 부각시켰다. 러시아화 정책(Russification)은 명목상으로는 소비에트의 민족들과 언어 간 평등을 추구했지만, 실제는 러시아적 가치와 러시아어의 기반 위에서 초민족적 정체성 확립을 목적으로 했다.

1936년 단일문자 표기체계가 도입되었고 소비에트 초기 로마자를 도입했던 언어들은 단기간에 키릴문자로 전환해야 했다. 단일문자 표기체계는 다양한 민족과 언어가 공존하는 소비에트에서 수렴과 합병의 좋은 보기로 여겨졌다. 1938년에는 러시아어가 소련 전 지역의 학교에서 필수과목으로 채택되며, 러시아어는 사실상 공식어가 되었다. 이 조치로 인해 소비에트 초기의 민족어 간 평등 원칙은 사실상 폐기되었다. 민족어 구사자들은 모국어 외에 러시아어를 필수적으로 학습해야 했으며, 이는 러시아인들이 해당 거주 지역의 민족어를 익혀야 한다는 레닌의 토착화 정책과는 정반대되는 것이었다(Kreindler, 1982:9).

러시아어를 중심으로 하는 단일언어이념은 "대조국전쟁"이라 불리는 독소전쟁(1941년-1945년) 이후 러시아 민족주의의 부상과 함께 더욱 강화되었다. 정부는 러시아 민족의 위대함, 러시아 학문과 예술의 선진성을 선전하며, 러시아어를 고등문화의 언어이자 사회주의의 언어로 찬양했다. 소비에트의 구성원은 유년 시절부터 학교 교육을 통해 러시아어를 배우고 "위대한 러시아어"에 대한 사랑을 주입받았다. 세리오는 "위대한 러시아어" 신화에서 중요한 위치를 차지하는 "모국어(rodnoj jazyk)" 개념을 형용사 "rodnoj"(친근한, 고향의, 가족의)에서 파생된 명사 "rodina"(조국)와 비교하며, 이 두 어휘의 어원적 연관성으로 인해 모국어에 대한 사랑은 조국에 대한 사랑으로 대체된다고 지적했다(Sériot, 2008).

이처럼 스탈린의 민족어 정책은 초기 소비에트의 이상과 달리 범러시아주의의 기초 위에 중심부 러시아와 주변부 러시아를 구분했으며, 이러한 언어정책의 기조는 이후 소비에트 지도자들에게 거의 변화 없이 수용되었다. 흐루쇼프는 단일한 소비에트의 문화를 구축하기 위해 러시아어를 모든 비러시아계 민족들의 제2 국어로 지정하고자 했다. 그의 의도는 1958년-1959년 교육개혁에서 반영된다. 이전까지 각 공화국에서는 해당 지역 민족어와 러시아어를 모두 필수 교과목으로 학습했으나 새로운 교육제도는 러시아어와 민족어 교육의 선택권을 부여하며 민족어 교육을 의무화하지 않았다. 이로 인해 민족어는 선택과목으로 바뀌었으며 많은 민족어 학교가 폐교되었다. 그리하여 1960년에는 47개의 민족어로 교육이 실시되었으나, 1982년에는 17개의 민족어로만 교육이 진행되었다(Chevalier, 2018:99).

"위대한 러시아어" 신화는 언어의 규범과 순수성을 강조하는 표준어 중심주의에서도 잘 드러난다. 1937년에 성대하게 치러진 푸시킨 서거 100주년은 언어의 보수화 경향을 잘 보여준다. 19세기 작가 푸시킨은 러시아 문학과 현대 러시아어의 아버지로 추앙되었으며, 그의 소설은 연극과 오페라로 공연되었다.

학술원 산하의 러시아어연구소 등 관제 연구기관이 규범을 정하는 성문가(codifier)의 역할을 했다면, 학교와 대중매체는 규범을 교육하고 확산시키는 강화자(enforcer) 역할을 수행했다. 학교는 대규모 문맹 퇴치 운동을 수행했으며, 리테라투르나야 가제타와 프라우다 등 다수의 신문은 끊임없이 러시아어의 위대함을 역설하고 러시아어를 오염시키는 위협 요소들에 대한 경각심을 고취했으며 언어 순수성과 사상적 무결성 사이의 관계를 강조했다. 라디오도 변방의 청취자들에게 방언의 열등함과 단일한 언어 표준의 필요를 강조했다. 그리하여 소비에트 후기 언어정책은 표면적으로는 러시아어와 제 민족어의 공존을 내세우면서 실상은 단일언어 사용을 지지함으로써 국가적 통합을 강화하는 동화 정책과 의식적 언어 순화를 강조했다.

2.3. 과도기의 언어이념: 다양성과 통합성의 공존

1980년대 후반에 소비에트에서도 민족주의 이념이 분출하면서 많은 공화국은 언어의 독립을 주장하기 시작했다. 1989년 몰도바공화국이 로마자 표기법으로 전환한 것을 시작으로 공화국들은 명목어에 공식어 지위를 부여하는 공화국 내 자체적인 언어법을 통과시켰다. 소비에트 정부는 공화국들의 이탈을 막기 위한 유화책으로 1990년 4월 "소비에트 제 민족의 언어법"(O jazykah narodov SSSR, On the languages of the peoples of USSR)을 채택했다. 이 법의 골자는 소비에트 내 모든 민족어의 사용을 통제하지 않는다는 것을 천명하지만 동시에 4조에서는 러시아어의 지위를 소비에트 연방의 공식어로 인정하고 있다는 점에서 이미 모순적이다.

중앙의 러시아어와 주변의 민족어 사이의 불안정한 공존은 소비에트가 해체한 후에도 지속되었다. 1991년 12월 소비에트의 해체로 인해 소비에트에 속하던 15개 공화국이 신생독립국가가 되었다. 그 가운데 러시아는 소비에트의 후계자로서 거대한 다민족, 다언어 국가가 되었다. 러시아연방공화국은 85개의 연방 주체로 구성된다. 연방 주체는 공화국, 자치주, 자치구, 지방, 주, 특별시 등 6개의 단위로 나뉜다. 모스크바, 페테르부르크, 세바스토폴의 3개 연방특별시를 포함하여 22개의 공화국, 9개의 지방, 46개의 주, 1개의 유대인 자치주와 4개의 민족 자치구가 러시아연방공화국을 구성한다. 특히 공화국은 토착민족의 이름을 따서 명명되었으므로 그들이 명목 민족이 되고 그들의 언어가 명목어가 된다. 이러한 행정조직은 소비에트와 매우 유사하다.

러시아는 연방 내 공화국들의 언어 권리에 대한 요구를 충족시키며, 동시에 어떻게 새로운 국가 정체성 형성을 위한 통합 이념을 제시할 수 있을지를 고심

했다. 그리고 이러한 상충되는 과제는 1991년에 발표한 "러시아연방 제 민족의 언어법(O jazykah narodov RSFSR, On the languages of the peoples of the Russian Federation)"에 잘 반영된다. 이 법의 3조 1항과 2항은 모든 민족어가 평등한 지위를 갖고 국가의 지원을 받을 권리를 갖고 있음을 선언하면서, 동시에 러시아어가 전 러시아연방의 공식어이자 민족 간 소통어임을 확인한다. 헌법 68조도 러시아어는 러시아연방의 국가어(gosudarstvennyj jazyk, state language)이지만, 연방을 구성하는 각 공화국들은 자신의 국가어를 세울 수 있는 권리를 갖고, 모든 민족들은 모국어를 유지하고 학습하고 발전시킬 수 있는 권리를 보장받는다고 명시한다.

1992년 7월 통과된 연방 교육법도 교육의 민주화, 지역 단위의 자율성, 민족적 특수성을 고려했다. 이 법에 따라 러시아연방의 교육과정은 연방 교육과정, 민족-지역 교육과정, 그리고 학교 자율 교육과정의 세 영역으로 구성된다. 특히 민족-지역 교육과정을 통해 각 지방 정부는 토착 명목어와 민족 문학, 지역 역사와 지리 등을 교과과정에 도입할 수 있었다. 그리하여 알타이공화국과 사하공화국, 타타르스탄공화국, 추바시공화국, 야쿠티아공화국 등 대부분의 러시아연방 내 공화국들은 명목 민족의 언어와 문화를 교과과정에 도입하는 교육개혁을 실시했다. 이로써 소비에트 해체 후 첫 10년간 러시아연방의 언어 개혁과 교육개혁은 민족어를 지원하는 위상 계획과 습득 계획에 집중되었다고 평가할 수 있다.

그러나 명목어에 대한 공식 지위 부여는 실제 큰 효과가 없었다(Zamyatin, 2015:291). "국가어"의 개념이 제대로 정의되지 않았으므로 국가어의 사용 영역이 구체적으로 제시되지 않았고, 무엇보다도 명목어는 러시아어와 공동의 국가어 지위를 부여받았다는 것이 문제였다. 이론적으로 각 공화국은 명목어를 유일한 공식어로 지정할 수 있으며, 러시아어는 전 러시아연방의 국가어이므로 러시아어를 개별 공화국의 국가어로 지정할 필요는 없었다.[6] 따라서 추바시, 바쉬키르, 타타르스탄 등 몇몇 공화국에서는 명목어를 유일한 국가어로 지정하려는 시도가 있었으나 실패로 돌아갔다. 여기에는 중앙 정부의 압력 외에도 명목어를 충분히 구사하지 못하는 지방 엘리트들의 반발도 있었다. 그들의 상당수는 소비에트 시기에 러시아어로 고등 교육을 받으며 민족어보다 러시아어를 더 잘 구사했기 때문이다. 명목어가 유일한 공식어가 되지 못한 또 다른 이유로는 명목어의 준비 부족이다. 공식어로 작동하기 위해서는 충분한 양의 학술어휘, 공식어휘를 갖추어야 하는데 소비에트 시기 공식어의 기능을 거의 박탈당한 민족어들은 이러한 준비가 되어있지 않았다.[7]

결과적으로 개별 공화국에서 러시아어와 명목어의 공동 국가어 지위는 불문율이 되었다. 두 국가어들의 평등한 법률상 지위에도 불구하고 실질적 의미에서 러시아어와 명목어는 대등하지 않았다. 대부분의 공적 영역에서 러시아어가 사용되며 명목어는 국가 정체성의 상징으로만 남아서 실제 행정과 통치의 언어로 사용되지 않았다. 이로써 러시아어와 민족어는 각기 상위어와 하위어로 기능하며, 일종의 양층언어(diglossia) 상황이 형성되었다.[8] 이밖에 명목어 교육에도 차질이 생겼다. 1995년 연방 교육법은 교육 재정의 책임을 지방 정부로 넘겨서 모든 공화국들은 교육 지출의 70% 이상을 담당하게 되었다. 특히 민족어 교육을 포함하는 민족-지역적 교과과정은 온전히 지방 정부의 재정으로

---

6 특이한 언어 상황에 처한 공화국도 있다. 가장 변방에 있는 투바공화국은 명목어를 공화국의 유일한 국가어로 지정했다. 반면 14개 민족들로 구성된 다게스탄공화국은 모든 민족어를 국가어로 선포했다. 카라차이-체르케시아공화국에는 5개의 국가어가 있으며, 카바르딘-발카리아, 모르도비아, 마리엘공화국에는 러시아어를 포함하여 각기 3개의 국가어가 있다.

7 실제 구소련 해체 후 중앙아시아의 신생공화국인 우즈베키스탄과 카자흐스탄에서도 정부 차원의 적극적인 명목어 부활 정책에도 불구하고 러시아어는 여전히 학술과 문화의 언어로 사용된다.

8 양층언어에는 한 언어의 변이형으로서 상위형과 하위형이 공존하는데, 전자는 종교, 학술과 같은 공식적 영역에서 문어의 형태로 사용되며 교육을 통해 인위적으로 습득되는 반면, 후자는 자연적으로 습득되며 일상의 영역에서 주로 구어의 형태로 사용된다(Ferguson 1959).

이루어져야 하며, 따라서 많은 공화국은 재정의 부족으로 명목어 교육을 제대로 실행하지 못했다(Chevalier, 2018:104).

3. 현대 러시아의 언어이념

3.1. 비러시아계 공화국의 언어에 대한 공적 담화

러시아에서 언어정책은 민족주의와 밀접히 연관되어, 민족적, 언어적 다양성을 관리하는 도구로 인식된다. 2000년대 권력의 재중앙화는 연방 정부의 지배력 강화와 지방 정부의 약화를 가져왔으며 이는 민족정책에도 근본적인 변화를 만들었다. 민족적 다양성을 수용하려는 연방제 모델은 도전받았으며, 민족성은 정치적 이슈가 아니라 문화적 이슈가 되었다(Gorham, 2014:15). 연방정부의 언어정책은 언어적 다양성에서 후퇴해서 통합의 수단으로서 러시아어와 문화의 중요성에 방점을 찍었다(Prina, 2016:33). 이에 따라 최근 러시아 정부는 점점 더 자주 러시아어를 연방을 구성하는 전체 민족들의 국가적 자산으로 간주하며, 비러시아인들이 완벽한 러시아어를 구사하지 못하는 것은 오히려 그들에게 해가 된다고 주장한다. 이는 마치 소비에트 시기에 러시아어를 비러시아계 민족들의 제2의 모국어로 선전했던 것과 유사하다.

3.1.1. 위상 계획

2000년대 국가 권력이 중앙에 집중되면서, 러시아 애국주의와 민족주의의 상징으로서 러시아어와 러시아 문화의 우월성이 다시 강조되기 시작했으며, 이를 뒷받침하기 위해 많은 위원회와 관련 프로그램이 만들어졌다(Gorham, 2014:139). 정부 산하 러시아어 위원회가 발족되었으며, 이 위원회의 업무는 러시아어의 순수성을 발전, 선전, 보존하기 위한 정책을 정부에 제안하는 것이다. 매스미디어부는 올바른 언어 사용을 독려하는 방송 프로그램에 많은 재정 지원을 했다. 이밖에 연방 정부 프로그램 〈러시아어〉(Federal'naja celevaja programma Russkij jazyk, Federal target program Russian language)도 국가 차원에서 이루어진 언어 관리의 실례이다. 이 사업은 지금까지 4차례에 걸쳐 실행되었으며 주요 과제는 러시아연방의 국가어이자 러시아인의 민족어, 러시아와 CIS 국가, 발트 3국의 국제적 소통어로서 러시아어의 지위 강화, 국제 사회에서 러시아어의 영향력 확산, 러시아어 교수법 개발, 대중매체를 통한 러시아어의 확산과 언어문화의 질적 향상을 목적으로 한다.

각 공화국의 언어적 자유와 중앙으로부터 통제 사이의 갈등은 타타르스탄공화국의 문자 전환 시도를 통해 수면 위로 드러났다. 1999년 9월 타타르스탄공화국 의회는 로마자를 기초로 하는 타타르 문자로 전환할 것을 결의했으며 이것은 "러시아연방 제 민족 언어법"이 보장하는 각 공화국의 권리이기도 했다. 타타르스탄공화국의 문자 전환 지지자들은 러시아의 키릴문자가 타타르어의 음성구조에 잘 맞지 않으며, 로마자 표기법으로 전환함으로써 이미 로마자로 전환한 다른 터키계 민족들과 문화를 공유할 수 있다고 주장했다. 그러나 러시아연방 정부는 2002년 "러시아연방 제 민족 언어법"의 개정을 단행하여 키릴문자 사용을 강제화했다. 타타르스탄은 연방대법원에 항소했으나, 연방대법원은 연방의 언어법은 공화국의 언어법에 상위한다고 결정하며 타타르스탄의 항소를 기각했다. 러시아 정부는 민족어를 부각시키고 러시아어를 배제하려는 시도를 연방으로부터의 분리 독립행위로 간주하며, 키릴문자를 공유하는 단일한 문자 공간이 러시아연방의 영토적 통합을 상징한다고 주장한다. 이는 소비에트 시기에 수렴과 합병의 목적으로 모든 언어들의 표기법을 라틴문자에서 키릴문자로 전환했던 것과 유사하다.

3.1.2. 습득계획

2007년 12월 개정된 국가교육기준에 대한 법령에 따라 교과과정의 3개 부문에서 민족-지역적 교과과정이 삭제되었다(Zamyatin, 2012a:32). 위에서 언급한 바와 같이 민족-지역적 교과과정은 지방 정부가 명목어와 민족문화를 정식 교과과정에 포함시킬 수 있던 법적 근거였다. 현재에도 몇몇 공화국에서 토착 명목어와 문화를 학습하는 교과를 계속 학교 교육 과정에 포함하지만, 이들 과목의 위상을 보장하는 법적 근거는 없다.

"통합국가고사"(Edinnyj gosudarstvennyj ekzamen, United State Examination) 제도도 민족어의 교육을 위축시켰다. "통합국가고사"는 우리나라의 대학수학능력평가처럼 고등학생들이 졸업과 대학 입학을 위해 반드시 응시해야 하는 표준 시험이다. 이 시험은 2001년에 시범 도입되었고, 2008년에 러시아 전역으로 확장되어 모든 고등학교 졸업 학년의 학생들은 수학과 러시아어 과목에서 통합국가고사를 통과해야 한다.[9] 이 시험의 도입은 자연히 러시아 전역에서 교육과정의 균일화를 가져왔으며, 민족어 및 민족문화와 관련된 과목들은 통합국가고사가 지정하는 과목들로 대체되었다. 민족어를 학습한다고 하더라도, 여기에 할당되는 교육 시수는 급격히 감소했다.

이전까지 민족어의 교육은 대개 두 가지 형태로 이루어졌다. 첫째, 민족 학교(natsional'naja shkola, national school)라고 불리는 곳에서 민족어로 교육이 이루어지거나, 둘째, 일반 학교에서 민족어를 주당 정해진 시수만큼 학습하는 형태이다. 현재 러시아연방 내 공화국들은 민족 학교의 통계 수치를 제시하며 공화국이 명목어를 지원하고 있음을 강조하지만, 모든 민족 학교가 민족어를 교육의 언어로 사용하는 것 같지는 않다. 예컨대, 추바시공화국은 2013

9 대학 입학을 희망하는 학생들은 러시아어와 수학 외에도 역사, 사회, 지리, 문학, 영어, 독일어, 프랑스어, 스페인어, 물리, 화학, 생물, 정보학 등 선택 교과목의 시험에 응시해야 한다.

년에 63%의 학교에서 추바시어 교육을 제공한다고 밝혔지만, 이 가운데 실제 얼마나 많은 학교들이 추바시어를 교육의 언어로 사용하는지는 밝히지 않았다. 또한, 민족어를 교육의 언어로 사용하는 학교가 주로 도시보다는 시골 소재의 초등학교라는 점도 민족어 교육의 한계를 보여준다(Prina, 2016:136). 이 밖에 민족어를 정해진 시수만큼 학습하는 두 번째 경우에도 민족어 교육은 대개 회화 중심으로 이루어져서 민족어가 학술어로 성장하는 데 어려움이 있다.

또한, 2007년 개정된 국가교육기준에 따르면, 각 공화국의 명목어는 학생, 부모, 교사가 요청할 때에만 교육의 언어로 사용될 수 있다. 이로써 소비에트 시기처럼 민족어 교육은 수요와 직결되게 되었다. 소비에트 시기 이래로 민족어는 러시아어에 비해 지위가 낮은 언어라는 인식이 남아있으며, 무엇보다도 자녀의 성공적인 진학과 사회 진출을 희망하는 부모들은 명목어 교육보다 러시아어의 교육 시수 확대를 희망했다. 또한 교육제도의 변화는 토착 명목 인구가 비교적 큰 공화국들의 반발을 가져왔음에도 불구하고, 위에서 언급한 바와 같이 교육 지출이 지방 정부의 몫이었으므로 각 공화국은 부족한 예산을 핵심 과목에 우선 배정해야 했고 이는 민족어 교육환경을 더욱 열악하게 만들었다.

이처럼 교육 분야에서 러시아어의 위치를 확고히 하려는 중앙 정부의 노력은 민족어 교육의 축소를 가져왔다. 1990-1991년에 모르도비아공화국의 학생 중 38%가 명목어를 학습했으나, 2009-2010년에 이 언어를 배우는 학생 수는 20% 이하로 줄었다. 1990-1991년에 마리엘공화국의 학생 중 55%가 명목어를 학습했지만, 2001년에 이 언어의 교육은 거의 중단되었다(Zamyatin, 2012b:245). 이처럼 새로운 교육법 개정에 따라 러시아연방의 교육은 언어적 다양성 지지에서 중앙화된 국가어의 강화로 방향이 전환되었다.

3.1.3. 코퍼스 계획

2005년 통과된 "러시아연방국어법(Zakon o gosudarstvennom jazyke

Rossijskoj federacii)"은 러시아어에 국가적, 영토적 단일성을 대표하는 상징성을 부여하며, 공공 영역에서 러시아어의 사용을 강제한다. 광고, 도로 표지, 대중매체, 출판, 영화 상영 등 공공 영역에서 언어 선택의 유동성을 허락하지 않고, 다른 언어가 러시아어와 함께 사용될 경우 두 언어로 이루어진 텍스트는 내용이나 기술적인 면, 그리고 전달 방식에서도 일치해야 한다고 의무화한다(3조 2항). 이 법은 러시아어의 주도적인 지위를 확고히 하며 동시에 특정 언어 형태와 사용을 통제하는 코퍼스 관리를 한다. 랴자노바 클라크는 이러한 코퍼스 계획이 보통 단일언어사회에서만 가능한데 러시아의 경우 단일언어이념을 다중언어사회에 적용하고 있다고 지적한다(Ryazanova-Clarke, 2006:60-61).

많은 러시아 학자들은 최근 러시아어의 변화로 영어차용어의 유입, 인터넷과 SNS의 사용으로 인한 정자법과 문법 규범의 대중적 위반, 문체와 레지스터의 혼합, 비표준적 어휘에 대한 사회적 경계심의 약화를 들며, 러시아어를 순화하고 보호해야 한다고 주장한다(Yastrebova, 2008; Verbitskaya, 2014). 많은 매체들도 언어학자들의 말을 인용하며 러시아어의 현 상황을 재앙이라고 진단한다.[10] 이와 관련하여 랴자노바 클라크는 러시아의 언어상황에 대한 미디어 담론에서는 질병, 쓰레기, 위협과 방어의 메타포가 만연하다고 지적했다(Ryazanova-Clarke, 2006:34-41).

흥미롭게도 '그릇된 언어 사용'은 자주 윤리적, 도덕적 문제와 연관 지어졌다. 특히 차용어는 잦은 비난의 대상이 되었다. 2006년 주간지 "니델랴(Nedelja)"와의 대담에서 모스크바 국립대학의 발렌틴 네드즈베츠키 교수는 차용어는 러시아인의 고유한 개성과 정신적 가치를 잃게 한다고 주장했다. 예컨대 "살인자"라는 의미의 차용어 "киллер"(killer)는 러시아 고유어휘

---

10 https://kluch.media/materials/kto-i-zachem-portit-velikiy-i-moguchiy-russkiy-yazyk/, https://proza.ru/2018/12/31/1002 (검색일: 2021.01.28)

"убийца"(ubijca)가 갖는 부정적인 평가성을 상실하며, 살인자를 일종의 전문직으로 둔갑시킨다는 것이다. 전통적으로 러시아는 "육"(plot', flesh)이 아닌 "진실", "정의"와 같은 정신적 가치에 큰 의미를 부여했으나, 최근 언어의 타락은 이러한 전통 가치에 위배되며 민족정신을 붕괴시킬 수 있다는 것이다.

따라서 러시아어를 '오염원'으로부터 보호하려는 조치들이 취해졌다. 2007년은 러시아어의 해로 선언되었으며, 같은 해에는 대통령령으로 재단 〈루스키 미르〉가 설립되어 조직적으로 해외에 러시아어를 전파하고, 각종 러시아어 순화 프로그램을 지원하고 있다. 또한, 2014년 러시아연방국어법 개정안의 1조 6항은 러시아어의 규범에 맞지 않는 어휘들, 곧 비속어와 일반적이지 않은 차용어들의 사용을 금지한다. 4차에 걸친 연방 프로그램 "러시아어"도 대중매체의 러시아어 표준안 마련, 현대 러시아어 규범서 집필 등 국민의 언어 사용에 대한 정부 차원의 관리를 포함하며, 잘못된 언어를 계도하는 방송 프로그램에 많은 재정 지원을 한다(남혜현, 2015:117-119).

어느 언어 공동체에서나 올바른 언어 사용을 계몽하려는 노력은 있다. 그러나 러시아의 경우 이와 같은 노력은 소통 목적과 환경에 따라 코드를 넘나드는 화자의 내재적 언어 능력을 부인하며 소수 엘리트의 언어만을 올바른 것으로 인정한다는 점에서 위계적이다. 다른 한편 이러한 조치는 국가가 국민의 언어 생활을 통제하는 것이 가능한가에 대한 의문을 제기한다. 그러나 규정적 조치 그 자체는 다민족, 다언어 국가인 러시아에서 러시아어가 정치적, 사회적 통합의 원동력으로서 보호받아야 한다는 국가의 믿음을 신호한다.

3.2. 이민자의 언어에 대한 태도

3.2.1. 이민자의 유입현황과 그들의 언어 사용

오늘날 교류와 관광의 발달 및 이주의 확산으로 러시아의 대도시에는 점점 더 많은 외국인들이 유입된다. 무엇보다도 구소련 국가 국민들에 대한 러시아의 무비자 입국 정책(발트 3국, 투르크메니스탄, 조지아를 제외), 상대적으로 나은 러시아의 경제 여건과 인구 노령화는 구소련 국가로부터 러시아를 향한 거대한 이민의 흐름이 형성되는 원인이 되었다. 그 결과 오늘날 러시아 내 이민자의 수는 1160만 명으로, 미국, 독일, 사우디아라비아에 이어 전 세계에서 4번째로 큰 이민자 수용국이 되었다.[11] 소비에트 해체 이후 러시아는 역동적인 이민의 흐름이 나타나는 새로운 지역으로 부상했다. 구소련 공화국에서 러시아로의 이민, 러시아에서 서구로의 이민 등, 이민은 다차원적으로, 그리고 교차적으로 일어나고 있다. 이 이민의 물결은 짧게는 소비에트, 길게는 제정러시아 시기부터 이루어졌던 이민 현상의 연속선상에서 일어나고 있다(유진숙, 2007:128-129).

특히 이민자의 상당수가 소비에트 해체 이후 등장한 중앙아시아의 신생독립국가 출신의 이주 노동자이다. 오늘날 러시아 내 이주 노동자의 수는 700만 명으로 추산되며, 대부분 우즈베키스탄, 키르기스스탄, 타지키스탄 등 중앙아시아의 구소련 국가 출신이다.[12] 2014년 러시아의 크림 병합과 동부 우크라이나에 대한 군사 개입 이후 취해진 서유럽의 경제 제재, 루블화의 평가절하, 원유 가격 하락은 러시아의 경기 불황을 가져왔지만 그럼에도 불구하고 중앙아시아 출신의 이주 노동자 수는 계속 증가했다. 이들은 저임금 직종의 열악한 환경에서 일하며 러시아의 노동 시장 유지를 위한 필수 요소가 되었다.

그러나 러시아의 뿌리 깊은 단일언어주의와 표준어 중심주의는 "올바른 러

---

11 2020년 기준 미국, 독일, 사우디아라비아, 러시아연방의 이민자 수는 각각 5060만 명, 1580만 명, 1350만 명, 1160만 명이다. https://migrationdataportal.org/?i=stock_abs_&t=2020 (검색일: 2021년 1월 24일)

12 2019년 기준, 러시아의 주요 이민자 출신국은 우크라이나, 우즈베키스탄, 타지키스탄, 키르기스스탄이다. 그런데 2020년에는 코로나 판데믹으로 인해 이민자의 수는 급격히 줄었다. https://life.ru/p/1358970 (검색일: 2021년 2월 10일)

시아어"를 구사하지 못하는 이주민들에 대해 부정적인 태도를 형성한다. 러시아는 다인종, 다언어 국가지만 결코 언어적 다양성과 다문화에 호감을 갖는 나라는 아니다. 많은 연구가 러시아 사회의 노동 이주민들에 대한 제노포비아를 보여준다(Bessudnov 2016).[13] 이민자 가운데에서도 슬라브 민족으로 러시아어와 문화에 대해 높은 이해를 가진 우크라이나와 벨라루스 출신의 이민자들은 상대적으로 나은 형편이다.[14] 반면 민족과 언어와 종교가 다른 중앙아시아 출신의 이민자들은 더욱 큰 편견에 직면한다. 이들을 지칭하는 러시아어 "nelegal"은 형용사 "nelegalnyj"(불법의)에서 파생했다. 이들을 지칭하는 또 다른 어휘 "gastarbaiter"는 독일어 어휘 "Gastarbeiter"(guest worker)를 음차한 것인데 다분히 부정적인 색채를 띤다.

이민자 언어에 대한 부정적 태도와 편견은 무엇보다도 언어경관(linguistic landscape) 속 이민자 언어의 낮은 가시성에서 드러난다. 언어경관은 도로 표지판, 광고 게시판, 상점 간판, 정부 건물의 공공 표지판 등의 언어가 결합하면서 형성되는 모습이다(Landry, Bourhis, 1997:23-25). 언어 경관은 공적 공간에서 특정 언어의 위상과 합법화 정도를 신호하므로, 해당 사회의 지배적 언어이념과 다양한 집단 간 권력 관계를 반영한다. 러시아에서 이민자의 언어에 대한 연구(Baranova, Fedorova, 2017, 2018, 2019, 2020; Kliuchnikova, 2018)에 따르면, 오늘날 모스크바, 페테르부르크와 같은 대도시에서는 러시아어와 영어 외에 우즈베크어, 중국어, 베트남어, 한국어 등 예전에 사용되지 않

13 2019년 레바다 센터의 여론조사에 따르면, 이민자에 대한 제노포비아는 71%까지 증가했으며, 특히 집시, 중국인, 중앙아시아의 구소련 국가 출신 이민자들의 입국을 제한해야 한다는 의견이 많았다. 또한, 반 이상의 러시아인들이 〈러시아는 러시아인을 위해(Rossija dlja russkikh)〉라는 슬로건을 지지하며, 이민자들이 주로 종사하는 직종의 일을 러시아인들도 할 수 있다고 응답했다. https://www.gazeta.ru/social/2019/10/10/12747578.shtml (검색일: 2021년 1월 25일)

14 2019년 12월 기자회견에서 푸틴 대통령은 "러시아어를 구사하고 러시아 문화를 아는 사람들, 즉 벨라루스, 우크라이나, 몰도바 출신의 이민자들은 환영받지만, 중앙아시아 이민자들은 러시아 사회에 적응하기 어렵다"고 말하며, 러시아는 이민자 정책에서 선별적 접근을 취할 필요가 있다고 강조했다.

던 언어들로 쓰인 간판, 광고, 안내문의 수가 증가하고 있다. 하지만 도시의 언어경관 속 이민자 언어의 가시성은 이민자의 수에 비해 여전히 낮으며, 그들의 언어가 발견되는 곳은 변두리 시장이나 건설 현장, 그리고 사람들의 시선이 잘 닿지 않는 건물의 폐쇄적 내부 공간이다. 세계의 주요 도시들이 상업적 목적에서 이민자들의 언어를 활용하지만(미국의 차이나타운을 떠올리라), 러시아 대도시의 언어경관에서 이민자의 언어는 거의 사용되지 않으며, 사용된다 하더라도 해당 민족의 문화적 스테레오타입과 연상되는 서체와 색깔 정도를 차용하는 수준이다.

기존 연구에 따르면, 이민자의 언어 사용은 이민자들 사이의 그룹 내 소통과 정주민과의 그룹 간 소통으로 나눌 수 있다.

첫째, 이민자 간 그룹 내 소통은 정주민을 의식하지 않아도 되므로, 이민자의 언어가 적극적으로 사용된다. 중앙아시아 출신의 이민자들을 대상으로 하는 안내문에서 우즈베크어가 많이 사용되는데, 이는 우즈베크인들이 가장 큰 이민자 그룹을 형성하므로 동일한 터키어 계통인 키르기스어, 아제르바이잔어, 타지크어를 사용하는 중앙아시아 출신 이민자들의 공통 소통어가 되기 때문이다. 특히 우즈베크어와 오랜 언어 접촉을 해온 키르기스어와 타지크어 화자들은 우즈베크어에 대한 이해가 높다. 우즈베키스탄은 소비에트의 해체 이후 키릴문자에서 로마자로 표기체계를 전환했으나,[15] 흥미롭게도 이민자 간 소통에서 우즈베크어 공지글(예컨대, 구인, 구직 공고)은 키릴문자로 표기된다. 이는 키릴문자를 사용하는 러시아에서 로마자의 사용은 불필요한 시선 집중을 가져올 수 있으므로 회피하려는 의도로 이해할 수 있다.

둘째, 이주민과 정주민의 소통에서 이민자의 언어는 거의 사용되지 않는다.

---

15 우즈베크어는 원래 1920년 이전까지 아랍 문자 필기체인 나스탈리크를 사용했다. 그러나 소비에트에 병합된 후 1926년에 로마자 표기법이 도입되었으며, 1940년에는 다시 키릴문자로 바뀌었다. 소비에트 해체 이후 1993년부터 우즈베키스탄은 로마자와 키릴문자를 병행하여 사용한다.

이민자의 언어에 대한 정부의 공식적인 입장은 2015년 〈러시아연방 내 외국인의 법적 지위에 대한 법〉(O pravovom polozhenii inostrannyh grazhdan v Rossijskoj federacii, On legal status of foreign citizens in the Russian Federation)에서 처음으로 제시되었다. 이 법에 따르면, 러시아에서 임시 거주와 취업 허가를 받으려는 모든 외국인은 러시아어, 러시아 역사와 법에 대한 시험을 응시하고 증명서를 제출해야 한다. 이 외에도 2013년 러시아의 우익 정당 LDPR은 직장에서 러시아어 외의 언어 사용을 금지하는 법안을 제출했으나 통과되지 않았다. 이러한 시도는 이민자의 언어 선택을 통제하는 러시아 사회의 단일언어주의를 잘 보여준다. 이민자를 대상으로 하는 정부 기관도 러시아어만을 사용한다. 예컨대, 이민자 등록을 담당하는 외무부의 웹사이트는 러시아어로 되어있고 영어 페이지는 제한된 정보만을 제공하며 다른 언어로 된 웹페이지는 없다. 이처럼 이민자의 언어는 내부의 폐쇄적인 소통에서만 사용되며 정주민의 언어와는 거의 상호작용하지 않는다.[16]

3.2.2. 이민자 언어에 대한 사회관계망서비스(SNS) 담론

러시아 내 이민자 언어에 대한 선행연구에 따르면, 러시아 내 정주민의 절대 다수는 이민자들이 당연히 러시아어를 알아야 한다고 생각하며 도시 내에서 비러시아어로 이루어지는 소통에 대해 주로 부정적인 태도를 취한다. 바라노바, 표도로바의 연구(Baranova, Fedorova, 2018, 2020)에 따르면, 설문조사와 인터

---

16 이민자들에게 "올바른 러시아어" 구사를 요구하는 러시아의 태도는 자국의 해외 동포들에게는 모국어의 학습과 사용을 독려하는 모습과 비교하여 매우 흥미롭다. 러시아 정부는 〈루스키 미르〉 재단을 통해 해외 디아스포라의 모국어와 모국 문화 보존을 강조하고 해외 러시아어 사용 공간의 확대를 꾀한다. 루스키 미르(Russkij mir)는 러시안 월드(Russian World)를 의미하는데, 이는 19세기 슬라브주의자들의 저서에서 언급된 바 있지만, 오늘날은 주로 정치적인 맥락에서 사용된다. 오늘날 '루스키 미르'는 지리적으로 러시아로 규정되는 공간, 러시아 문화가 단일한 민족문화의 일환으로서 존재하는 공간, 정교문화권, 그리고 러시아 해외지역 및 재외동포를 일컫는다(송정수, 2016:90-91).

뷰에서 대부분의 정주민들은 "이민자들의 말소리가 너무 시끄럽고 그들의 알아들을 수 없는 언어"가 불쾌하다고 응답했다. 이러한 태도는 이민자의 언어에 대한 부정적인 표현에서도 드러난다. 이민자들의 언어는 "tarabarshchina"(아무 의미없고 시끄럽기만 한 소리)라고 명명되며, 그들이 말하는 행위는 중립적 동사 "govorit"(말하다)가 아니라, "lopotat"(웅얼거리다), "bormotat"(중얼거리다)라고 지칭된다. 또한, 많은 현지인은 이민자들의 강한 악센트와 문법적 실수를 지적했으며, "올바른 언어 사용"은 이주 노동자들을 평가하는 중요한 요소가 된다.

이 글에서는 트윗 분석을 통해 러시아인들의 이민자 언어에 대한 태도를 살펴보고자 한다. 이를 위해 이민자(migrant), 언어(jazyk)와 관련된 어휘들을 조합한 22개의 검색어 세트를 사용하여 트윗을 수집했다. 정확도를 높이기 위해 결과값 내에서 다시 jazyk과 migrant가 나온 트윗만 남기고 중복값을 삭제하였다.[17] 위와 같이 추출한 데이터에 감성분석을 진행했는데, 각 트윗 텍스트에 대해 가장 감성 강도가 높은 클래스를 1순위, 그 다음으로 높은 클래스를 2순위 결과값으로 출력했다.[18] 이를 통해 2순위 내에 Positive 또는 Negative 클래스를 결과값으로 가진 트윗은 976개이며, 이 가운데 부정 트윗이 760개,

17 22개의 검색어는 다음과 같다: мигранты, свой язык / мигранты, на своем языке / мигранты, по-своему языку / мигранты, непонятно/ мигранты, чужой язык/ мигранты, с акцентом / мигранты, нерусские / поехавшие, говорить / поехавшие, говорят / понаехавшие, говорить / понаехавшие, говорят / поехавшие, язык / понаехавшие, язык / нерусский язык, говорить / нерусский язык, говорят/ говорить, не по-русски / говорят, не по-русски / язык Центральной Азии / язык мигрантов / язык чурки / русский язык, неправильный / язык, тарабащина

18 감성분석은 A. Rogers 외(2018)가 만든 러시아어 감정단어 데이터셋 RuSentiment를 기반으로, 이를 기학습시킨 감성분석 라이브러리 모델 dostoevsky(https://github.com/bureaucratic-labs/dostoevsky)를 활용했다. 분석 결과는 총 5개의 클래스(긍정 Positive, 부정 Negative, 중립 Neutral, 인사/감사/축하 등의 Speech Acts, 불명확하거나 타 언어를 사용하여 읽을 수 없는 Skip)로 나뉘며, 5개 클래스마다 0-1 사이의 값으로 표현된다.

긍정 트윗이 216개이다. 다음의 그래프는 위와 같은 정제 과정을 거친 2009년-2021년의 트윗 976개를 분석하여 시각화한 것이다.

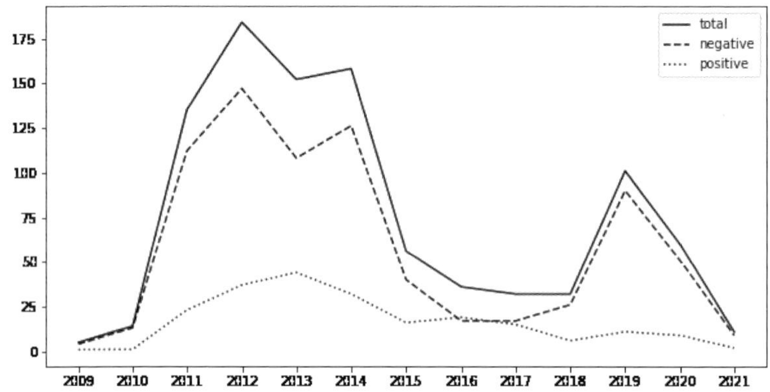

위의 그래프는 연도별로 이민자의 언어와 관련하여 작성된 총 트윗 및 긍정/부정 트윗의 개수를 보여준다. 모든 시기에 걸쳐 부정적 감성의 트윗이 긍정적 감성의 트윗보다 압도적으로 많음을 알 수 있다. 흥미로운 것은 2015-2017년 사이에 이민자에 대한 트윗의 양이 줄었다는 점이다. 한 연구에 따르면, 러시아에서 반이민자 정서는 미디어에 의해 재생되고 강화되는데, 2014년 크림반도를 사이에 두고 러시아와 우크라이나 사이에 긴장이 커지자 러시아의 국내 미디어들은 반우크라이나와 반서구 수사에 집중하여, 상대적으로 이민자에 대한 보도가 줄었고 따라서 러시아 사회에서 반이민자 정서가 누그러졌다는 것이다(Eraliev, Urinboyev, 2020:259). 실제로 2015년 여름의 여론조사에서는 43%의 응답자만이 중앙아시아 이주민들이 러시아를 떠나야 한다고 대답했으며, 이는 2년 전에 비해 30%가량 감소한 것이다.

아래는 이민자의 언어에 대한 트윗에서 형태소 분석 및 불용어 제거 후 빈도수를 추출하여 시각화한 워드클라우드이다. 가장 높은 빈도수를 나타낸 28개의 단어를 한국어로 번역한 것이며, 단어의 크기가 클수록 출현빈도가 높다.

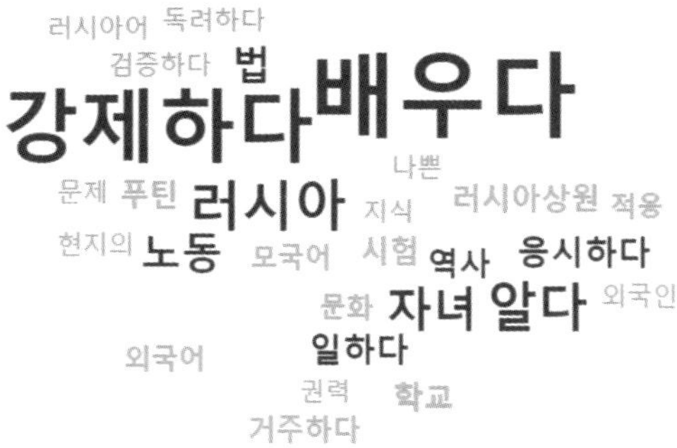

위의 워드클라우드에서 알 수 있듯이, 이민자의 언어에 대한 담론에서는 주로 이민자와 그들의 자녀로 하여금 "러시아어"를 "배울" 것을 "강제하고", "독려하며", 이를 "시험"을 통해 "검증"하는 "법"을 지지함을 알 수 있다.

그러나 다른 한편, 이민자와 관광객의 증가로 인해 도시의 언어경관은 점차 다양한 언어들로 채워지고 있는 것이 사실이다. 모스크바의 맥도날드 영업점의 주문 스크린에는 러시아어와 영어 외에 우즈베크어, 키르기스어, 타지크어, 중국어 등 6개 언어를 선택할 수 있으며, 러시아 국영 은행의 현금자동입출금기(ATM)도 러시아어, 영어 외에 우즈베크어를 선택할 수 있다. 특히 맥도날드 주문 스크린의 언어적 확장은 페이스북에서 큰 논쟁을 불러일으켰다.[19] 이 논쟁에는 인종혐오적인 댓글도 있었지만, 이민자의 언어는 러시아어와 동일한 권리를 갖는다는 점을 지적하는 글도 있었다.

위의 트윗 분석에서도 2017년부터 2019년까지 다시 이민자 언어에 대한 부정적인 트윗이 증가하고 있지만, 그 이전 시기만큼은 아니다. 2019년 러시아의 포털 사이트 테자(Tedza)에서는 "이민자들은 러시아어로 말해야 하는가"에 대한 토론이 이루어졌으며, 여기에는 많은 포스트와 댓글이 달렸다. 이 가운데

19 https://mskgazeta.ru/obshchestvo/moskvichi-zametili-chto-v-yazyk-menyu-v-avtomatah-mcdonalds-dobavili-uzbekskij-kirgizskij-i-tadzhikskij-.html (검색일: 2021년 1월 25일)

이민자의 모국어 사용에 대한 부정적인 댓글의 예를 보자.

"구소련 공화국 출신의 이민자들이 모국어로 말을 하면 전혀 이해할 수 없다. 한번은 대중교통에서 십여 명의 이민자들이 자신의 언어로 떠들고 있었다. 그들이 무슨 말을 하고 있지? 혹시 테러에 대한 계획은 아닐까? 나는 이민자들은 그들이 정착한 나라의 언어를 사용해야 한다고 생각한다."[20]

"나는 이민자들이 자신의 언어로 말을 할 때, 무엇에 대해 말하는지 전혀 이해하지 못한다. 그들은 나에 대해 기분 나쁜 말을 할 수도 있지 않은가. 물론 모국어로 말하는 것은 헌법이 정한 권리이므로 이것을 금지할 수 없다. ... 하지만 나라면 내가 아는 언어로 말해달라고 요청할 것이다."[21]

이러한 부정적 댓글 외에 이민자들의 언어 사용에 대한 좀 더 관용적인 의견도 찾아볼 수 있다. 이러한 의견은 직장 밖에서 이민자들 사이의 모국어 소통을 허용해야 하며, 그들의 러시아어 구사력이 낮을 수 있다는 것을 인정해야 한다고 주장한다.

"사람들은 러시아어를 잘 모를 수 있다. 나는 러시아어를 잘 구사하는 외국인들과 대화한 적이 있는데 그들이 러시아어로 말할때 스스로를 어색해하는 것 같았다. 그러나 그들이 모국어로 대화할 때에는 훨씬 더 자유롭고 즐겁게 소통한다. 끊임없이 러시아어로 말하는데 지칠 수도 있다. 모국어로의 전환은 그들이 좀 더 중요한 것을 익숙한 형태로 논의하려는 의도를 반영한다."[22]

"언젠가 거리에서 자기들의 언어로 이야기하고 있는 이민자들에게 "너희는 러시아에 있으니까 러시아어로 말해라"라고 소리 지르는 사람을 본 적 있다. 이

---

20 https://tedza.com/forum/threads/dolzhny-li-migranty-razgovarivat-na-jazyke-toj-strany-v-kotoruju-oni-priexali.16830/page-4#post-326483 (검색일: 2021년 2월 20일)

21 https://tedza.com/forum/threads/dolzhny-li-migranty-razgovarivat-na-jazyke-toj-strany-v-kotoruju-oni-priexali.16830/page-4#post-326483 (검색일: 2021년 2월 20일)

22 https://tedza.com/forum/threads/govorjat-na-tarabarschine.13934/#post-217752 (검색일: 2021년 2월 16일)

것은 옳지 않다. 다른 나라에서 일하기 위해서는 물론 그 나라 언어를 알아야 하지만, 자기들끼리 대화할 때 모국어를 사용하는 것은 문제가 되지 않는다. 예컨대 우리가 파리에 취직하면 프랑스어를 사용해야 하지만, 상점에서 무엇을 사야 할지 남편과 의논할 때도 프랑스어로 말해야 한다면 무슨 기분이 들겠는가? 그러므로 다른 민족을 존중해야 한다. 그들에게는 그들의 언어가 있다."[23]

이처럼, 이민자의 언어들은 도시의 언어경관에서 점점 더 큰 가시성을 획득하고 있으며, 이에 따라 이민자들의 언어에 대한 러시아인의 태도도 변화할 가능성이 있다.

4. 결론

러시아는 다양한 언어를 모국어로 하는 수많은 민족들을 병합한 연방제 국가로서 명백히 다중언어사회이지만 뿌리 깊은 단일언어이념과 표준어 중심주의를 가지고 있다. 이 글은 현대 러시아 사회의 언어이념을 이해하기 위해 그 뿌리가 형성된 소비에트의 언어이념부터 살펴보았다.

소비에트 초기에는 사회주의 건설을 위해 제 민족의 평등을 강조하고 언어적 다양성을 인정하며, 나아가 구시대 규범에 대한 혁명적 타파와 실험을 허용했다. 그러나 소비에트 체제가 안정화되며 범러시아주의의 기초 위에 러시아어를 모든 비러시아계 민족들의 제2 언어로 지정하며, 언어 규범과 순수성을 강조하는 정책이 시행되었다. 그리하여 소비에트 시기의 언어이념은 언어적 평등과 다양성의 보장에서 러시아어를 중심으로 한 통합과 언어순수성의 강조로 전

23 https://tedza.com/forum/threads/dolzhny-li-migranty-razgovarivat-na-jazyke-toj-strany-v-kotoruju-oni-priexali.16830/page-4#post-326483 (검색일: 2021년 2월 16일)

환되었다고 할 수 있다.

이러한 이념의 순차적인 변화는 포스트소비에트시기에도 반복된다. 그리고 시기별 언어이념이 강조하는 바는 위상 계획, 습득 계획, 코퍼스 계획을 통해 다각도로 실현되었다. 그리하여 현대 러시아 사회도 다민족으로 구성된 연방제 형태를 취하며 민족 간, 언어 간 법률적 평등을 선언하지만, 실상은 명확한 언어간 위계가 성립하며 이 위계의 정점에는 러시아어가 있다. 연방 전역의 국가어로서 러시아어를 지정함과 동시에 각 공화국 차원에서도 명목어와 러시아어를 공동의 국가어로 지정하여 명목어가 온전한 국가어로 기능할 수 없다. 또한, 교육개혁을 통해 지방 정부가 교과과정에 관여할 수 있는 근거를 삭제하고 통합국가고사를 통해 표준화된 교과과정을 도입했다. 나아가 올바른 언어 사용을 홍보하는 각종 프로그램을 시행하여 언어의 순수성과 규범성을 강조하며 올바른 언어와 사상적 순결함, 애국심을 연결 지으며, 언어 사용문제를 윤리의 문제로 환원한다.

이러한 태도는 "올바른" 러시아어를 구사하지 못하는 소수민족과 이민자에 대한 부정적 태도로 이어진다. 오늘날 러시아는 거대한 이민자 수용국이다. 상당수의 이민자들은 중앙아시아의 구소련 국가 출신의 이주 노동자들이다. 이들의 수적 증가에도 불구하고 이민자의 언어는 여전히 도시의 언어경관에서 가시성이 낮으며 이는 단일언어주의와 표준어 중심주의로 설명할 수 있다. 많은 러시아인들은 공공장소에서 낯선 언어가 사용되는 것에 대해 부정적인 태도를 보이며 이민자의 언어 사용을 통제하고자 한다. 그리하여 이민자의 언어는 개방된 장소에서는 잘 사용되지 않으며 정주민의 시선으로부터 숨겨진 폐쇄된 공간으로 제한되는 경향이 있다. 이 글에서는 이민자의 언어에 대한 러시아인의 일상적인 태도를 사회관계망서비스를 통해 살펴보았다.

전반적인 단일언어주의에도 불구하고 러시아 대도시의 언어생활에는 점차 소수 민족어, 우즈베크어, 중국어, 베트남어, 한국어 등이 추가되며 언어경관의 다양성을 확대한다. 그리고 이러한 언어경관의 다양성은 장기적으로는 러시아의 단일언어주의와 표준어 중심주의에 대한 도전이 될 것이다.

참고문헌

강휘원, 2009,「스위스의 다중언어정책: 다민족의 공존과 언어의 정치」,『한국정책과학학회보』, 13권 1호, 263-285.

강휘원, 2014,「다중언어정책의 필요성과 문화 다양성」,『2014년 여름 우리말학회 전국학술대회』, 76~93.

남혜현, 2015,「포스트소비에트 러시아 언어장의 (반)소비에트성 연구: 언어문화에 대한 담론과 언어정책을 중심으로」,『슬라브학보』, 30권 2호, 97-126.

남혜현, 2016,「현대 러시아 언어정책에 나타난 언어이념」,『노어노문학』, 28권 3호, 3-26.

남혜현, 2018,「러시아 혁명과 언어의 표준화」,『외국학연구』, 43권, 11-32.

유진숙, 2007,「그루지아의 러시아 디아스포라」,『민족연구』, 32권, 34-59.

송정수, 2016,「포스트 소비에트 시기 러시아 문화정책 관점에서 바라본 '루스키 미르(Русский Мир)'」,『슬라브학보』, 31권 1호, 87-117.

조태린, 2016,「성문화된 규정 중심의 표준어 정책 비판에 대한 오해와 재론」,『國語學』, 79권, 67-104.

최은순, 2005,「근대 유럽의 국민국가 형성과 언어정책에 관한 소고」,『프랑스학연구』, 33권, 307-327.

Baranova Vlada. Kapitolina Fedorova, 2020, "Overcoming Aggressive Monolingualism: Prejudices and Linguistic Diversity in Russian Megalopolises", *Open Linguistics*, 6 (1), 672-689.

Baranova Vlada. Fedorova Kapitolina, 2018, "Многоязычие в городе: языковая политика, дискурсы и практика" [Urban multilingualism: language policy, discourses, and practice], *Acta Linguistica Petropolitana*, Transactions of the Institute for Linguistic Studies, vol. 14, No. 3, 38-57.

Baranova Vlada. Kapitolina Fedorova, 2017, "(Не)видимость и (вне)находимость: трудовые мигранты и языковойландшафт Санкт-Петербурга" [(In)visibility and (non)existence: labor migrants and the St. Petersburg linguistic landscape], *Urban Studies and Practices*, 2(1), 103-121.

Baranova Vlada, Kapitolina Fedorova, 2019, "'Invisible minorities' and 'hidden diversity' in St. Petersburg's linguistic landscape", *Language & Communication*, 68, 17-27.

Bessudnov Alexey, 2016. "Ethnic hierarchy and public attitudes towards immigrants in Russia", *European Sociological Review*, 32(5), 567-580.

Chevalier Joan F, 2018, "Language Policy in Russia: Nation, Nationalism, and Language", ed. Ernest Andrews, *Language Planning in the Post-Communist Era,* Springer International Publishing, Cham, Switzerland: Palgrave MacMillan, 93-118.

Eraliev Sherzod, Urinboyev Rustamjon, 2020, "Precarious Times for Central Asian Migrants in Russia", *Current history,* 119(819), 258-263.

Ferguson Charles, 1959, "Diglossia", *Word*, vol. 15, 325-340.

Gasparov Boris, 2004, "Identity in language?", eds. S. Franklin, E. Widdis, *National Identity in Russian Culture: An Introduction*, Cambridge: Cambridge university press, 132-148.

Gorham Michael, 2014, *After Newspeak. Language Culture and Politics in Russia from Gorbachev to Putin*, Ithaca, NY: Cornell University Press.

Grenoble Lenore, 2003, *Language policy in the Soviet Union*, Dordrecht; Boston: Kluwer Academic Publishers.

Irvine Judith, 1989, "When talk isn't cheap: language and political economy", *American Ethnologist*, 16(2), 248-267.

Kliuchnokova Polina, 2018, "FSU migrants on their 'audibility' in Russian urban environments: Self-reflection, communication patterns and performing migrant 'voices'", presented at Urban linguistic diversity, Institute of Linguistics, Russian Academy of Sciences, April 9-10, Moscow.

Konstantin Zamyatin, 2015, "The Evolution of Language Ideology in Post-Soviet Russia. The Fate of the State Languages of Its National Republics", eds. Heiko F. Marten et al., *Cultural and Linguistic Minorities in the Russian Federation and the European Union*, New York: Springer, 279-313.

Kreindler, Isabelle, 1982, "The Changing Status of Russian in the Soviet Union", *International Journal of the Sociology of Language*, 33, 7-39.

Landry Rodrigue, Bourhis Richard, 1997, "Linguistic Landscape and Ethnolinguistic Vitality: An Empirical Study", *Journal of Language and Social Psychology*, 16(1), 23-49.

Milroy James, 2001. "Language ideologies and the consequences of standardization", *Journal of Sociolinguistics*, 5(4), 530-555.

Pavlenko Aneta, 2009, "Language Conflict in Post-Soviet Linguistic Landscapes", *Journal of Slavic Linguistics*, 17(1-2), 247-274.

Prina Federica, 2016, *National Minorities in Putin's Russia: Diversity and Assimilation,* Abingdon: Routledge.

Rogers A,, Romanov A., Rumshisky A., Volkova S., Gronas M., Gribov A. 2018, RuSentiment: An Enriched Sentiment Analysis Dataset for Social Media in Russian. Proceedings of COLING.

Ryazanova-Clarke Lara, 2006, "The Crystallization of Structures: Linguistic culture in Putin's Russia", eds. Ingunn Lunde & Tine Roesen, *Landslide of the Norm. Language Culture in Post-Soviet Russia*, Bergen: Department of Russian Studies, University of Bergen, 31-63.

Sériot Patrick, 2008, "Язык - плоть нации. Беседы о русском языке эпохи Брежнева" [Language is the flesh of a nation. Conversations about the Russian language of the Brezhnev era], *Политическая лингвистика*, 3(26), 102-109.

Vanhala-Aniszewski Marjatta, 2010, "Unity or diversity? The language ideology debate in Russian media texts", eds. Mika Lähteenmäki, Marjatta Vanhala-Aniszewski, *Language Ideologies in Transition: multilingualism in Russia and Finland,* Frankfurt am Main; New York: Peter Lang, 101-121.

Verbitskaya Lyudmila, 2014, "Russian Language in the Late Twentieth to Early Twenty-First Century", *Russian Journal of Education*, 5(4), 64-70.

Yastrebova Olga, 2008, "Youth-Speak and other Subcodes in Post-Soviet Russia", ed. Ernest Andrews, *Linguistic Changes in Post-Communist Eastern Europe and Eurasia*, Boulder, CO: East European Monographs, Columbia University Press, 36-57.

Zamyatin Konstantin, 2012a, "The education reform in Russia and its impact on teaching of the minority languages: An effect of nation-building?", *Journal on Ethnopolitics and Minority Issues in Europe*, 11(1), 17-47.

Zamyatin Konstantin, 2012b, "Finno-Ugric Languages in Russian Education: the Changing Legal-institutional Framework and Falling Access to Native Language Learning", *Etudes finno-ougriennes*, 44, 20-24.

구어 소통의 역사적 배경
- 프랑스어를 중심으로

손현정 (연세대, 불어불문학)

1. 서론

동서고금을 막론하고 거의 모든 사회에서 구어는 실수투성이고 불완전하며, 누구나 배우기 쉬운, 문어에 비해 열등한 언어라는 인식이 공유되고 있다. 그런데 그 중에서도 프랑스인의 구어에 대한 태도는 주목할 만하다. 영국의 프랑스언어학사 연구자인 로지(Lodge, 1993)는 "(프랑스의) 표준적인 언어 규범과 구어의 격차는 심각하며, 대부분의 프랑스인들은 프랑스어가 문어에서는 매우 순수한 형태 그대로 살아 있으나 (중략) 구어에서는 다소 타락된 형태로 실현된다고 믿는다"라고 평가한 것은 물론이고, 구어 프랑스어 분야의 대표적인 연구자인 블랑쉬 벤베니스트(Blanche-Benveniste)와 장장(Jeanjean, 1987)은 문어의 무게가 프랑스어에서는 특히 중요한 것 같다는 자조 섞인 지적을 하면서, 18세기 이후의 프랑스어에 대한 스테파니니(Stéfanini, 1983)의 다음 글을 인용하고 있다.

> 문어 형태로 프랑스어가 모든 지방에 널리 퍼지고, 루이 14세 시대의 위대한 작가들과 '철학자들'이 제공한 문어 모델이 구어에 바탕을 둔 보쥴라(Vaugelas)의 규범을 계승한 시기에, 프랑스어는 확실히 말로 사용되기보다는 글로 쓰이거나 읽혔다. (중략) 낭만주의와 시대변화가 프랑스에서 민중들의 말을 재평가한 반면, 문어의 유산은 프랑스어와 철자법에서 분리되지 못한 채로 남게 되었다.
>
> Dans un siècle où le français s'est largement répandu dans les provinces sous forme écrite, où, à la norme de Vaugelas fondée sur l'oral (...) a succédé le modèle - écrit - fourni par les grands écrivains du règne de Louis XIV, puis les "philosophes", le français pour beaucoup se lit et s'écrit plus qu'il ne se parle. (...) Quand le romantisme et les révolutions auront revalorisé le parler des peuples, en France, le prestige de l'écrit restera inséparable du français et de son orthographe.[1]

이보다 더 나아가, 프랑스 사회언어학자인 부아이에(Boyer, 2000, 2001)는 언어에 대한 맹목적 숭배(Le fétichisme de la langue)는 프랑스인의 집단적 상상력의 특징 가운데 하나이고, 프랑스어에 대해서 오직 하나의 순수한 규범만을 신성화하고 이상화하고 제도화하는 경향이 존재하며, 이 규범은 문어적인 성격이 매우 강하다고 주장하였다. 이러한 일련의 주장을 보면, 프랑스인이 구어를 대하는 태도는 보편적인 불신을 넘어 특별한 점이 있다고 생각된다.

학문적 대상으로서 구어에 대한 프랑스학계의 연구는 1911년, 문법학자이자 언어사학자였던 페르디낭 브뤼노(Ferdinand Brunot)가 소르본느대학교

---

1 Blanche-Benveniste와 Jeanjean(1987)에서 재인용.

에 「빠롤 아카이브(Archives de la parole)」를 세우고 동일한 이름의 구어 말뭉치를 구축하여 발표했을 만큼 일찍부터 시작되었다. 브뤼노는 1911년부터 1914년까지 프랑스와 외국의 정치인, 언어학자, 철학자, 작가, 가수의 말소리를 채록하여 300여 개의 녹음 자료와 화자에 대한 메타데이터로 구성된 구어 말뭉치를 구축하였으며, 이 자료는 프랑스국립도서관(BnF)의 갈리카 서비스(GALLICA)를 통해 오늘날에도 사용되고 있다.

[그림 1] BnF GALLICA가 제공하는 빠롤 아카이브 페이지[2]

그러나 놀랍게도, 프랑스 언어학계의 구어 연구는 그 후 오랫동안 이어지지 못하였고, 영국의 프랑스어 교육학자들이 주도한 1950년대 「기초 프랑스어 말뭉치(Français fondamental)」와 1960년대 「오를레앙 말뭉치(Corpus d'Orléans)」의 구축사업을 거쳐, 1970년대 말에 이르러서야 GARS(엑스 지방의 통사 연구 그룹, Groupe Aixois de Recherche en Syntaxe)나 ICAR(상호작용,

2 https://gallica.bnf.fr/html/enregistrements-sonores/inauguration-des-archives-de-la-parole?mode=desktop

말뭉치, 언어습득 그리고 표현, Interactions, Corpus, Apprentissages, Représentations) 연구소에서 수행된 사회언어학과 구어 통사 연구를 통해서 비로소 본격화되었다. 이것은 오스틴(Austin, 1962)과 설(Searle, 1969)을 비롯하여 1960년대 영미계 언어철학과 사회언어학 및 담화연구 분야에서 구어에 대한 관심이 높아진 것보다 시기적으로 10년 이상 지체되었다고 할 수 있다(Blanche-Benveniste, 2006).

이러한 구어 프랑스어 연구의 공백와 지체는 페르디낭 브뤼노뿐만 아니라 현대 언어학의 창시자인 소쉬르와 의미론을 처음으로 개척한 브레알(Michel Bréal)을 비롯하여 언어 연구에 대한 전통과 자부심을 갖고 있는 프랑스학계의 분위기에 비추어 상당히 예외적인 현상이다. 이에 대해 앙제르뮐레(Angermüller, 2007)는 프랑스학계에 존재하는 구어에 대한 의도적 외면과 문어에 대한 유별난 애정을 지적하면서, 이것의 원인으로 1960년대 프랑스를 지배했던 구조주의를 들고 있다. 이 저자에 따르면, 소쉬르적인 구조주의가 라캉의 정신분석학적 개념인 '화자(sujet parlant)'(Lacan, 1978)와 알튀세르가 재해석한 맑시즘의 '이데올로기'(Althusser, 1965)와 만나서 사회 안에서 기호들의 삶을 엄밀하고 완전하게 기술하는 연구 풍조를 유행시켰고, 이때 문어 텍스트는 특유의 고정된 형태 덕분에 언어기호의 숨겨진 규칙들을 찾아내고 분석적 모델을 만들어내는 데 더 적합하므로 크게 선호된 반면, 고정성을 갖지 못한 구어는 분석 대상에서 제외되었다. 소위 '프랑스학파(école française)'라 불린 언어학자와 역사학자들은 이러한 방식으로 정치 담화에 대한 분석 연구를 수행하였다(Charaudeau & Maingueneau, 2002).

본 연구에서는 프랑스 언어학계의 구어에 대한 의도적 외면이 단지 이러한 구조주의적 전통에만 있지 않으며 이보다 더 근본적인 배경이 있을 것이라고 가정하고, 구어를 중심으로 프랑스어의 발달 과정과 역사적 사건들을 살펴보겠다. 이를 통해 언어와 관련된 프랑스의 특별한 배경과 경험이 문어에 대한 무한

한 신뢰와 구어에 대한 잘못된 편견을 낳았다는 것을 증명해 보고자 한다.

구어 프랑스어의 역사적 배경에 대한 본격적인 논의를 시작하기에 앞서 2절에서는 구어를 문어와 구별함으로써 구어가 가진 언어적 특징을 살펴보겠다. 그리고 이어지는 세 개의 절에서 구어를 중심으로 프랑스어의 발달 과정과 역사적 배경을 검토해 보겠다. 이를 바탕으로 마지막 절에서는 구어 프랑스어에 대한 특별한 편견의 원인을 분석해 보도록 하겠다.

2. 구어의 언어적 특징[3]

구어는 화자가 만들어낸 말소리를 청자가 청각기관으로 감지하는 방식으로 실현되는 언어로서, 문어와 여러 면에서 차이가 있다. 우선, 구어 대화에 참여하는 화자와 청자는 한정된 시공간에 함께 존재하면서 공유하는 지시체들에 다양한 방식으로 접근할 수 있다. 이 때문에, 구어 대화에서는 생략이나 지시사, 대명사 사용을 통해 언어적 수단을 아끼면서 비언어적 정보, 즉 상황 정보나 몸짓 등에 의해 많은 정보를 전달할 수 있다(Rigel et al., 2004). 예를 들어 화자는 턱으로 특정 장소를 가리키면서 다음 예문을 발화함으로써, 화자와 청자가 공통적으로 알고 있는 대상이 해당 장소에 있음을 전달할 수 있다.

(1) Tu vois, il est là.
보라고, 그 사람이 저기에 있어.

이러한 문맥 의존적이고 다면적인 구어의 소통방식은 화자가 정확한 언어를 구사하지 않아도, 다시 말해서 '대충 말해도' 화자가 의도한 바를 청자에게

3 본 절에 제시한 구어와 문어의 언어적 차별성에 대한 논의는 손현정(2020)의 내용을 수정 보완한 것이다.

효과적으로 전달할 수 있게 한다. 그리하여 구어는 문법을 제대로 지키지 않는 실수투성이의 언어라는 오해를 받기도 한다(Charaudeau & Maingueneau, 2002).

구어의 또 다른 특징은 엄격한 선형성(linéarité stricte)을 갖는다는 점이다(Blanche-Benveniste & Jeanjean(1987), Melis(2000)). 구어는 화자가 발화하여 청자에게 전달된 후 즉시 사라져 버리는 휘발성(volatilité)을 갖고 있다. 따라서 한 번 발화된 구어는 수정하거나 취소할 수 없는 엄격한 선형성을 갖게 된다. 반면에 문어는 이차원 공간에 시각적으로 고정되어 기록으로 남게 되므로, 검토하기 위해 다시 읽고 수정하거나 삭제할 수 있다. 이러한 문어의 고정성(stabilité)은 문어에 대해 신뢰할 수 있는 소통 방식이라는 인상을 주었고, 그리하여 보존해야 하는 가치 있는 정보들은 문어로 소통되는 관습이 생겼다. 반면에 구어의 휘발성은 문어의 고정성에 대비되어 구어는 신뢰할 수 없는 소통 수단이라는 잘못된 통념을 만들어냈다.

구어의 세 번째 특징은 소리 현상과 관련이 있다. 소리 현상은 구어를 문어와 구별 짓는 가장 큰 차이점이기도 하다. 그런데 문어에 사용되는 느낌표, 물음표, 쉼표, 대문자 등 구두점(ponctuation)은 구어에서 실현되는 소리 현상의 일부를 문자 기호로 표현할 수 있게 한다. 그리하여 문어는 구어의 소리 현상을 가감 없이 그대로 재현하고 있다는 오해를 만들어냈다. 그러나 구어에서 실현되는 소리 현상은 구두점으로 표현되는 것보다 훨씬 다양하고 복잡하다. 구어는 높낮이, 강세, 길이, 휴지부 등 초분절적 요소(élément supra-segmental)들을 포함하는 운율(prosodie)을 통해 다양한 의미의 차이를 만들어낸다. 운율의 기능을 보여주는 디 크리스토(Di Cristo, 2013)의 예문을 보자.

(2) Le petit } garde les montres
어린 소년이 그 시계들을 몸에 지니고 있다

(3) Le petit garde } les montre

키가 작은 보초가 그것을 보여준다

예문 (2)에 포함된 명사 montres와 예문 (3)에 포함된 동사 montre는 동일한 음절로 실현되기 때문에 두 예문은 의미 통사적 차이에도 불구하고 동일한 소릿값을 갖는다. 그러나 운율이 개입되면 두 예문의 차이가 분명하게 드러난다. 기호 '}'로 표시된 휴지부(pause)와 억양에 의한 운율 분절(segmentation prosodique)이 예문 (2)에서처럼 petit와 garde 사이에 이루어지면 '어린 소년이 그 시계들을 몸에 지니고 있다'로 해석되는 반면, 휴지부와 억양 차이가 예문 (3)에서처럼 garde와 les 사이에 이루어지면 '키가 작은 보초가 그것을 보여준다'로 해석된다. 그러나 문어에서는 이러한 운율적 차이가 표현되지 않으며, 두 문장의 차이는 소리 현상과는 무관한, 전적으로 시각적 정보에 의존하여 해석되는 방식으로 확인된다. 결국, 문어는 구어의 문자적 실현이 아니며, 구어와 문어는 각기 상이한 방식으로 이루어지는 언어 활동으로 간주되어야 한다.

구어와 문어의 차이는 어휘 사용에도 나타난다. 어떤 어휘들은 문어에 많이 등장하고 어떤 어휘들은 구어에 더 많이 사용된다. 예를 들어 구어와 문어(신문기사)를 비교한 블랑쉬 벤베니스트(1995)에 따르면, 연속적으로 발생한 사건들을 시간 순서대로 기술할 때 구어에는 시제가 표시된 동사가 더 많이 사용되는 반면 문어인 신문기사에서는 과거분사나 현재분사가 더 많이 사용된다.

(4) le bon-papa **a glissé**

la pagaie **est passée** par-dessus le vasistas

ils **sont passés** par le vasistas

le beau-père **est resté** accroché au vasistas

lui il **a déboulé** les escaliers (이하 생략)

(5) **Condamnés** à mort, ...

Bloqué sur son balcon par son épouse, ...

l'audience **visant** à statuer, ...

faisant quatre morts, ...

그리고 전치사가 이끄는 동사원형은 문어에는 자주 등장하지만 구어에는 드물게 사용된다.

(6) Une voiture s'est encastrée (...) a heurté une pile de pont **avant de se coucher** (...)

또한, 구어에는 단문과 같은 단순한 통사 구조가 더 많이 사용되었을 것이라는 일반적인 예측과 달리, 분리 강조 구문이나 접속사가 이끄는 종속절 그리고 명사를 수식하는 관계절은 문어보다 구어에 더 많이 사용된다.

(7a) **c'est** un hélicoptère de l'Aérospatiale **qui** a lancé l'alerte (분리 강조 구문)

(7b) moi j'ai fait une crise de nerfs **parce que** cela m'avait choquée (종속절)

(7c) je suis parti dans une vigne **qui** était ... (명사 수식 관계절)

접속사(connecteur)의 경우도 구어에 많이 사용되는 접속사와 문어에 많이 사용되는 접속사가 매우 상이하다(손현정, 2020). 예를 들어 원인 결과 관계를 나타낼 때 구어에서는 donc, parce que, en fait, alors, du coup, puisque, effectivement, comme 등이 많이 사용된 반면, 문어에서는 car, en effet, par voie de conséquence, ainsi, de fait, dès lors, en réalité 등이 많이 사용되었다. 또, 대립 관계를 나타낼 때 구어에서는 mais, quand même, par contre가 많이 사용되었지만 문어에서는 cependant, pourtant, néanmoins, même si, tandis que, alors que 등이 많이 사용된다.

이처럼 구어와 문어는 상이한 사용역(registre)이다. 문어는 구어의 재현이 아니며, 구어 역시 문어의 음성적 실현이라고 볼 수 없다. 이러한 사실을 염두에 두고 구어 프랑스어의 역사적 발달 과정을 살펴보기로 하자.

3. 말보다 문자가 먼저 존재한 프랑스어

말과 문자의 관계는 언어마다 다르다. 말이 사용되다가 문자가 도입된 후 문자로 말을 기록하게 되는 것이 일반적이라고 알려져 있지만, 그 반대의 경우도 있다. 예를 들어 한국어는 전자에 속하지만 프랑스어는 후자에 속한다.

한국말이 언제부터 한반도 지방에서 사용되었는지는 현재로선 정확히 알 수 없다. 한글이라는 문자가 만들어지기 전까지 한국말을 사용한 화자들은 중국 문자인 한자를 사용하여 한국말을 적었기 때문이다. 그러나 한국말 화자들은 자신들의 말과 상이한 중국말을 표현하기 위해 고안된 한자를 사용하면서 불편함을 느꼈고, 이를 극복하기 위하여 구결이나 이두, 향찰이라는 보완적 표기법을 고안하여 사용하였다. 특히 한국말 화자들이 한자를 사용하면서도 중국어의 한자 사용 방식에는 존재하지 않는 띄어쓰기를 사용했다는 사실은 중국말과 상이한 한국말이 오래전부터 사용되었음을 보여주는 증거 가운데 하나로 간주된다. 지난 2017년, 부여 쌍북리 사비 한옥마을 조성부지에서 출토된 백제 목간 가운데 논어의 '학이(學而)'를 적은 부분에 띄어쓰기가 이루어져 있고 구결의 흔적으로 여겨지는 묵서가 남아있다고 보고된 것으로 미루어 보아(김성식 한지아, 2018), 적어도 6세기에는 한국말이 한반도 남쪽에서 보편적으로 사용되었다고 추정해 볼 수 있다.

[그림 2] 띄어쓰기와 구결의 자취가 남아있는 부여 쌍북리 목간
(김성식 · 한지아(2018)에서 인용)

그러나 한국말 화자가 글로 써서 제 뜻을 제대로 펼칠 수 있게 하는 '한국말 전용 문자'가 만들어지기까지는 이후 천 년에 가까운 시간이 필요했다. 1443년 세종대왕이 한글을 발명한 이후에야 한국말은 화자가 발화한 그대로, 어순이나 소리의 변형 없이 문자로 기록될 수 있었다. 결국, 한국말이 한반도 지역 주민들에 의해 널리 사용되면서 구결이나 이두처럼 한국말에 적합한 표기법에 대한 모색이 천년 가까이 이루어졌고, 그 결과 15세기에 비로소 한국말이 한글에 의해 문자로 실현될 수 있게 된 것이다.

언어가 발생하여 고려와 조선이라는 단일국가 안에서 어느 정도 언어 통일이 이루어진 후에 비로소 기록의 도구인 문자를 갖게 된 한국어와 달리, 프랑스어는 언어 발생 초기부터 언어를 기록할 수 있는 문자를 갖고 있었다. 프랑스어는 기본적으로 라틴 알파벳을 문자로 사용한다. 이 문자는 로마제국이 프랑스를 점령한 기원전 1세기부터 프랑스 지역에서 사용된 것으로 추정된다. 반면에 프랑스말의 존재가 정식으로 인정된 것은 기원후 9세기에 이르러서이다.

그 이전까지 대서양으로부터 동쪽으로는 알프스산맥과 보쥬산맥, 남쪽으로는 피레네산맥과 지중해에 이르는 현재 프랑스가 자리 잡고 있는 지역에는 여러 언어가 사용되어 온 것으로 알려져 있다. 기원전까지 지중해 주변 지역에서는 그리스어와 리구아어가 사용되었고, 현재의 파리를 포함한 가론강과 중앙산악지대의 북쪽에는 골루아(Gaulois)라는 켈트족 언어가 사용되었다. 기원전 1세기 무렵 로마제국이 이 지역을 점령한 후 라틴어와 라틴 알파벳이 사용되기 시작하였고, 기원후 1세기에는 이 지역 주민들이 라틴어를 공용어로 사용하게 되었다. 로마제국이 멸망한 뒤에는 게르만족의 언어인 알라마니아어(Alaman), 부르군트어(Burgonde), 프랑크어(Franc) 등이 라틴어와 함께 사용되었다. 그 후 6세기경부터 게르만어의 영향을 받은 라틴어의 변이형(variation)인 로망스어(Langue romane)가 라틴어 문헌에 나타나기 시작했다. 로망스어는 말과 글에 모두 사용된 라틴어와 달리 주로 말로 사용된 것으로 알려져 있으며, 813년 가톨릭 종교회의인 투르 공의회(Concile de Tours)가 라틴어 이외에 '촌스러운' 로망스어를 가톨릭교회의 종교의식에 사용해도 좋다고 허용함으로써 로망스어의 존재가 최초로 공인되었다. 로망스어로 작성된 기록 가운데 현재까지 전해지고 있는 가장 오래된 것은 842년 로렌지방에서 사용하던 로망스어로 작성된 「스트라스부르 서약서(Serments de Strasbourg)」(아래 그림 3)이다.

지방에 따라 상이한 여러 종류의 로망스어들이 한동안 동시에 사용되다가 10세기 말 프랑스 북부 지방에서 사용되던 로망스어인 오일어(Langue d'Oil)가 세력을 획득하기 시작했고, 13세기를 전후하여 파리 지역이 정치 경제적인 면에서 프랑스의 중심지로 발전하게 되면서, 파리 지역의 오일어가 프랑스 전역에서 행정 언어로서 사용되었다.

고대 프랑스어(Ancien Français)[4]라 불리는 이 언어의 기록은 『그리스도의 수난(Passion du Christ ou Passion de Clermont)』(아래 그림 4)이나 『성자 레지에전(Vie de Saint Légier)』과 같은 종교 문학 작품에서 찾아볼 수 있다(Rey, 1992).

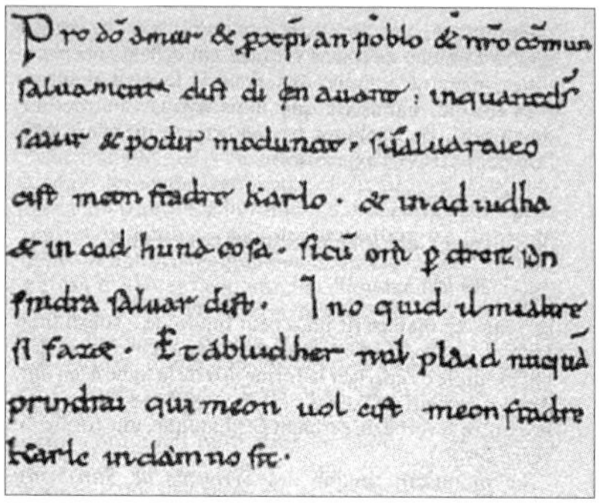

[그림 3] 「스트라스부르 서약서(Serments de Strasbourg)」의 일부

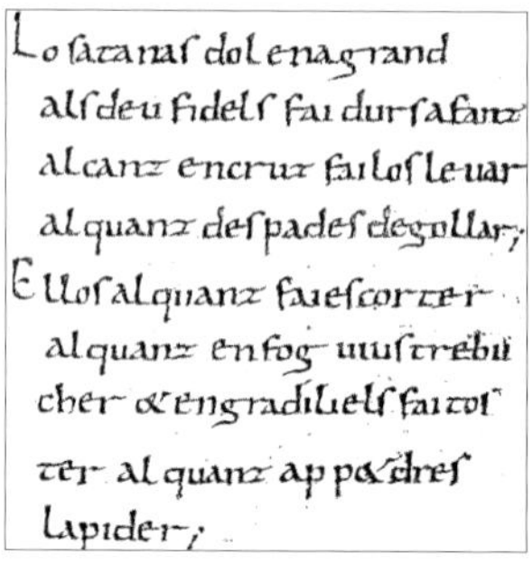

[그림 4] 『그리스도의 수난(Passion du Christ ou Passion de Clermont)』의 일부

4 본 논문에서 사용한 프랑스어 시기 구분은 Rey(1992)의 것을 다음과 같이 단순화한 것이다.
로망스어: ? - 9세기
고대 프랑스어: 10-13세기,
중세 프랑스어: 14-15세기,
고전 프랑스어: 16세기-17세기,
근대 프랑스어: 18세기-19세기
현대 프랑스어: 20세기-현재

초기 프랑스어의 기록으로 간주되는 「스트라스부르 서약서(Serments de Strasbourg)」나 『그리스도의 수난(Passion du Christ)』, 그리고 『성자 레지에전(Vie de Saint Légier)』을 통해 우리가 주목해야 할 사실은, 새로운 언어인 로망스어나 고대 프랑스어가 라틴어를 기록하기 위해 사용된 라틴 알파벳 문자에 의해 계속해서 기록되고 있었다는 점이다. 로망스어나 고대 프랑스어가 라틴어에서 분화된 언어이므로 이것은 당연한 것으로 여겨질 수도 있으나, 실제로 이것은 전혀 당연하지 않다. 당시 프랑스 지역 주민의 절대다수는 가톨릭 사제의 라틴어 강론을 알아듣지 못했고, 그래서 가톨릭교회는 투르 공의회에서 어쩔 수 없이 로망스어 강론을 허용했어야만 했다. 또한, 대부분의 프랑스인들에게 라틴어는 오랜 기간 동안 체계적인 교육을 받아야만 익힐 수 있는 상당히 어려운 언어였으며, 종교인이나 법률가 등 특수한 직업을 가진 엘리트 집단은 특권적 소통 수단으로 라틴어를 사용하였다. 이러한 사실을 통해 알 수 있듯이, 로망스어나 고대 프랑스어는 라틴어와 전혀 다른, 통역자가 없으면 소통이 불가능한 언어였다. 그럼에도 불구하고, 로망스어와 고대 프랑스어 화자들이 새로운 문자를 도입하거나 발명해내지 않고 라틴 알파벳 문자를 계속해서 사용했던 것은 알파벳이 언어의 종류에 상관없이 말소리를 받아적는 데 적합한 표음 문자(écriture phonétique)였기 때문이다. 만약 알파벳이 표음 문자가 아니라 한자와 같은 표의 문자(écriture idéographique)였다면, 프랑스인들도 프랑스어를 기록하기 위하여 한글과 같은 새로운 문자를 발명해냈을지도 모를 일이다.

이처럼 프랑스어는 문자(라틴 알파벳)가 말(로망스어나 고대 프랑스어)보다 먼저 사용되고 있었기 때문에, 발달 초기 단계부터 상대적으로 풍부한 기록이 남아있으며,[5] 또한 언어 간 차이에 대한 비교도 일찍부터 이루어졌다. 4세기 무렵 쓰인 것으로 추정되는 『Appendix Probi』나, 6세기에 쓰인 『Histoire des Francs』등 9세기까지 프랑스에서 라틴어로 쓰인 텍스트들은 발음이나 단어 구성에 관련된 형태론, 문장 구조에 관한 문법적 측면에서 정통 라틴어와 상당히 다른 모습으로 변화해 가는 로망스어의 발달 과정을 잘 보여주고 있다 (Quirk, 2005). 특히 『Appendix Probi』는 라틴어 화자들이 자주 범하는 227개의 실수 유형과 함께 올바른 사용 예시를 기록하고 있다. 이 실수의 목록에는 격 변화, 굴절, 복합어 구성뿐만 아니라 발음과 관련된 항목들도 다수 포함되어 있다(Quirk, 2005). 비록 저자는 잘못된 라틴어 사용을 교정할 목적으로 이 텍스트를 남겼지만, 오늘날 이 자료는 로망스어가 탄생하는 과정을 보여주는 매우 중요한 증거로 간주되고 있다. 다음은 Appendix Probi의 예시이다.

5 고대 프랑스어 시대 이후에 프랑스어로 쓰인 문헌들 가운데 일부는 디지털화되어 있다. 프랑스 국가 연구 기관인 ATILF (Analyse et traitement informatique de la langue française)는 11세기부터 현재까지 프랑스어로 쓰인 텍스트들을 디지털화하여 「프랑텍스트(Frantext)」라는 텍스트 아카이브를 구축하였다. 2021년 2월 현재, 프랑텍스트에 포함되어 있는 현대 이전 자료의 시대별 통계는 다음과 같다.

언어	시대	텍스트 수(개)
고대프랑스어	12세기	39
	13세기	34
중세프랑스어	14세기	117
	15세기	160
고전프랑스어	16세기	188
	17세기	633
근대프랑스어	18세기	702
	19세기	1152

1. porphireticum marmor non purpureticum marmur
2. tolonium non toloneum
3. speculum non speclum
4. masculus non masclus
5. vetulus non veclus
6. vitulus non viclus
7. vernaculus non vernaclus
8. articulus non articlus
9. baculus non vaclus
10. angulus non anglus
11. iugulus non iuglus
12. calcostegis non calcosteis
13. septizonium non septidonium
14. vacua non vaqua
15. vacui non vaqui
16. cultellum non cuntellum
17. Marsias non Marsuas
18. cannelam non canianus
19. Hercules non Herculens
20. columna non colomna
21. pecten non pectinis
22. aquaeductus non aquiductus
23. cithara non citera
24. crista non crysta
25. formica non furmica
26. musivum non museum
27. exequiae non execiae
28. gyrus non girus
29. avus non aus
30. miles non milex
31. sobrius non suber
32. figulus non figel
33. masculus non mascel
34. lanius non laneo
35. iuvencus non iuvenclus
36. barbarus non barbar
37. equs non ecus
38. coqus non cocus
39. coquens non cocens
40. coqui non coci

[그림 5] Appendix Probi 예시(Quirk, 2005)

『Appendix Probi』를 통해서 확인되듯이 이 시대의 언어 사용자들은 정통 라틴어로부터 로망스어가 생겨나서 고대 프랑스어 단계에 이르는 일련의 언어 변화를 감지하고 있었으며, 이에 대해 나름의 가치 판단을 내리고 그것을 기록으로 남겼다. 당시 엘리트들은 구어로 사용된 로망스어와 고대 프랑스어에 대해 기술하면서 '실수', '촌스러운', '교정해야 하는'이라는 표현을 사용하고 있다. 그리고 샤를마뉴 대제가 추진한 라틴어 부흥 운동에서 알 수 있듯이, 가톨릭교회와 정치권력층은 일반 언중들이 사용할 수 없는 라틴어를 국가의 공식 언어로서 유지하기를 원했다. 그리하여 11세기 남부 프랑스 지역과 13세기 북부 프랑스 지역에 공용어로서의 문어 로망스어(koinè)가 사용되기 전까지 주로 구어로 사용된 로망스어와 고대 프랑스어는 열등한 언어로, 국가의 법률 문서나 종교의식, 문학작품에서 문어로 사용된 라틴어는 모든 언어가 따라야 할 모범으로서 존중받아야 할 고귀한 언어로 간주되었다.

4. 다언어국가 프랑스

Rey et al.(2011)에 따르면 중세 프랑스의 화자들은 상당수가 이중어 사용자였다. 그들은 14세기 이후 파리를 포함한 북부 프랑스 지역에 거주했던 왕과 귀족들의 언어인 프랑스어와 라틴어를 사용하거나, 혹은 '또 하나의 모국어(autre langue maternelle)'라 불린 지역 방언과 프랑스어를 사용했다. 그리고 이 시기 프랑스 인구의 절대다수를 차지하는 농업 종사자들은 자신들이 살고 있는 지역에서 사용되는 방언만으로 소통하는 단일 언어 사용자였다(Walter(1988), Lodge(2002)).

당시 프랑스에는 많은 수의 방언이 사용되고 있었고, 행정이나 법률 문서뿐만 아니라 무훈시, 연애 문학, 기사도 문학, 희곡 등 문학 작품들도 방언으로 씌였다. 이 방언들은 발음과 통사 구조 등 언어적으로 매우 상이해서 문서를 작성하거나 여행을 할 때 통역과 번역이 필요한 경우가 많았다. 당시 사용된 방언은 크게는 북부의 오일어와 남부의 오크어 이외에, 프랑코 프로방스어(Franco-provençal), 알자스어(Alsacien), 플라망어(Flamand), 브르타뉴어(Breton), 바

스크어(Basque), 카탈루니아어(catalan) 등으로 나누어 볼 수 있지만, 각 언어 안에서도 지역마다 차이가 있어서, 북부의 오일어는 프랑스어(françois), 피카르디어(picard), 갈로어(gallo), 푸아투어(poitevin), 생통쥐어(saintongeais), 노르망디어(normand), 모르방어(morvandiau), 샹파뉴어(champenois) 등으로 나뉘고, 남부의 오크어는 가스코뉴어(gascon), 랑크도크어(languedocien), 프로방스어(provençal), 오베르뉴-리무쟁어(auvergnat-limousin), 알프스 도피네어(alpin-dauphinois) 등으로 나뉘어졌다.[6] 다음은 중세에 사용된 프랑스어 방언의 지리적 분포를 표시한 지도이다.

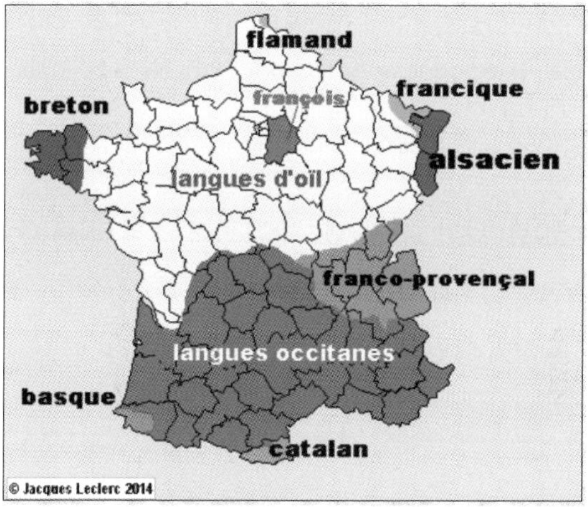

[그림 6] 중세 프랑스 방언 지도(Leclerc(2014)에서 인용)

14세기 이후 프랑스 왕의 권력이 강화되고 백년전쟁을 겪으면서 중앙집권적 행정 조직의 필요성이 대두되자, 행정과 법률 언어를 왕과 궁정의 언어인 프랑스어로 통일하는 작업이 이루어졌다. 우선, 1490년 물랭 칙령(Ordonnance

6 중세 프랑스의 방언에 대한 정보는 Leclerc(2014)를 참조하였다.

de Moulins)에 의해 법률과 관련된 증언이나 증거 제출 시에 프랑스어와 지역 방언(en langage françois et maternel)만 사용할 수 있게 함으로써 법률 문서에서 라틴어 사용이 금지된다.

> Outre, est ordonné que les dits et les disopositions des témoins qui seront ouys et examinez d'ores en avant esdites cours et en tout le Languedoc, soit par forme d'enqueste ou information et prinse sommaire, où aucuns seront mis et redigez par escrit **en langage françois et maternel**, tel que lesdits tesmoins puissent entendre leurs deposicions et on les leur puisse lire et recenser en tel langage et forme qu'ils auront dit et deposé, et ce pour obvier aux abus, fraudes et inconveniens qui se sont trouvez avoir esté faits en telles matieres

그리고 약 50년 뒤인 1539년, 빌레르 코트레 칙령(Ordinance de Villers-Cotterêts)에 의해 법률 문서에는 유일한 모국어인 프랑스어만이 허용되고 다른 모든 지역 방언의 사용이 금지되었다.

> Nous voulons que doresenavant tous arrestz ensemble toutes autres procedeures soyent de noz cours souueraines ou autres subalternes et inferieures, soyent de registres, enquestes, contractz, commissions, sentences, testamens et autres quelzconques actes et exploictz de justice, ou qui en dependent, soyent prononcez, enregistrez et deliurez aux parties **en langage maternel francoys et non autrement**.

결국, 행정과 법률 영역에서 라틴어와 타지역 방언의 사용이 금지됨으로써, 왕이 사용하는 북부 프랑스 지역 방언인 프랑스어만이 공용어이자 문어의 지위를 획득하게 되었다. 그러나 당시 프랑스의 인구 구성을 보면 90% 이상의 주민이 농업에 종사하고 있었고 이들은 '파리의 방언'인 프랑스어를 모르는 채 '또 다른 모국어'인 지역 방언만으로 일상생활을 영위했다(Lodge, 2002). 따라서 일련의 행정 명령에 의해 문어로서의 지역 방언의 사용은 금지되었지만, 구어로서의 지역 방언은 프랑스 대부분의 지역에서 일상어로서 활발하게 사용되었다.

프랑스 왕을 추종하는 정치세력은 궁정의 언어인 프랑스어가 라틴어나 이탈리아어뿐만 아니라 프랑스 영토에서 사용되는 지역 방언에 비해서도 확실한 우월적 지위를 갖지 못하는 현실이 불만스러웠다. 그리하여 뒤부아(Jacques Dubois)의 『히브리어, 그리스어와 라틴어 작가들에 바탕을 둔 라틴어-프랑스어 문법과 프랑스어 개론서』(1531, *In linguam gallicam isagωge, una cum eiusdem Grammatica latino-gallica, ex hebræis, græcis et latinis authoribus)*』를 필두로 16세기와 17세기에 쏟아져 나온 프랑스어와 관련된 많은 문법서와 사전들은 라틴어를 모델로 삼아 프랑스어 문법과 어휘의 부족함을 채우고, 프랑스어의 우수성을 찬양함으로써(『프랑스어의 옹호와 현양』, Joachim du Bellay, 1549, *La Défense et illustration de la langue française*) 모든 언어가 동등하지 않으며 프랑스어가 가장 우수하다는 이데올로기를 만들어냈다. 그리고 프랑스어는 반드시 이렇게 사용해야 한다는 명령적 처방과 함께 '좋은 예시(bon usage)'가 수집되어 재구성되었고(『프랑스어에 대한 고찰』, Claude Favre de Vaugelas, 1647, *Remarques sur la langue française*), 언어는 불변적이여야 한다는 명제가 공유되었다. 이런 논의의 대부분은 왕과 궁정이 제공하는 정치적 보호와 물질적 후원 하에 이루어졌다. 특히 이 시기의 정치적 실권을 장악하고 있었던 리슐리외 재상(Armand Jean du Plessis, cardinal-duc de Richelieu et de Fronsac)은 언어의 정치적 영향력을 일찍이 깨닫고 국가를 위한 언어 통제를 계획했다. 리슐리외는 교회가 라틴어를 통제했듯이 프랑스에서 국가가 언어를 통제해야 한다고 생각했다(조홍식, 2008). 그리고 이러한 계획의 결과물이 오늘날까지 프랑스 언어 정책에 막강한 영향력을 행사하고 있는 국가기관인 아카데미 프랑세즈(Académie Française)이다.

16세기와 17세기에 거쳐 왕의 언어이자 파리 지역 방언인 프랑스어를 그 어떤 방언보다 더 순수하고 이성적이며 변하지 않는 우수한 언어로 만들기 위해 언어학자와 정치인과 작가들이 노력한 결과, 오늘날 널리 칭송받는 고전 프랑스어(Français classique)가 탄생했다. 고전 프랑스어는 한동안 유럽 엘리트 사회의 공용어로 사용되면서, 유럽 언어들의 발전 모델로 간주되었다. 그러나 다른 한편, 고전 프랑스어 시대를 거치면서 프랑스에서 방언은 구어로만 남게 되었고, 그리하여 방언을 일상어로 사용하는 대부분의 프랑스인들은 구어(방언)가 문어(프랑스어)와 완벽하게 분리된, 강제적인 이중어 상황에 처하게 되었다.

구어와 문어의 분리는 프랑스어 안에서도 심화되었다. 오루(Auroux, 1992)가 지적하듯이 이 시기에는 문법과 사전이라는 상위언어적 지식(savoir métalinguistique)을 바탕으로 언어를 기술하고 도구화하였으며, 그 결과 끊임없이 변화하고 성숙해지는 과정을 거쳐야 하는 언어가 박제화되는 결과를 낳았으며, 살아서 움직이는 구어와 고착화된 문어의 괴리는 점차 심각해졌다. 이와 관련하여 쇼랑(Chaurand, 1969)은 구어가 문어화되고, 문어가 강조되는 현상을 다음과 같이 기술하였다.

> 프랑스어의 지배가 정상적이고 필수적이지만 (방언을) 금지하는 것이 그만큼 정상적이거나 필수적이지 않았을 것이므로 지방 문화는 숨이 막히는 느낌을 가졌다는 점에서 언어에 대한 국가 통제의 결과는 덜 긍정적이었다. 가장 심각한 독재는 구어가 문어에 대해 갖게 된 지나친 의존관계에 있다. 형식적 성격을 갖는 구어 프랑스어를 말할 때에는 문어 한 조각이 귀에 거슬리지 않도록 하는 데 많

은 수고를 들여야 했다. 그리하여, 대화나 독백은 (항상 명확하게 표현될 수 없는) 현실을 반영하므로, 이제는 중요하다고 여겨지게 된 명확성에 대한 고민이 큰 서사나 묘사하는 언어와, 대화 또는 독백 사이에는 차이가 커지게 되었다.
Les conséquences de cet état d'esprit ont moins été heureuses dans la mesure où des cultures de caractère régional se sont senties étouffées par des modes d'expression dont la prédominance était devenue normale et nécessaire, mais dont l'exclusivité ne l'était peut-être pas autant. La tyrannie la plus grave a sans doute résidé dans une dépendance excessive où a été tenue la langue parlée par rapport à la langue écrite : le français parlé de caractère officiel a beaucoup de mal à ne pas faire figure d'une récitation d'un morceau de langue écrite qui entre par les oreilles. Dès lors, la disparité s'accentue entre passage narratifs ou descriptifs, qu'enfle un plus grand souci de précision jugée désormais significative, et les dialogues ou les monologues, dans la mesure où ceux-ci reflètent la réalité.

사전과 문법과 문학을 통해 이 시기에 완성된 문어 프랑스어는 문화어(langue de culture)로서 더할 나위 없는 좋은 예시(bon usage)로 간주되었고, 이를 변형시키지 않고 유지하는 것이 미덕이자 소명이 되었다. 그러나 언어는 본질적으로 끊임없이 변하는 속성을 갖고 있고, 특히 구어에서는 위 인용문에서 '(항상 명확하게 표현될 수 없는) 현실'이라고 표현된 문맥(contexte)으로부터 언어 이외의 다양한 방식으로 정보를 획득할 수 있으므로(2절 참조), 구어를 사용할 때에는 언어를 통한 명확한 기술과 문법적 제약을 고려할 필요가 적어진다. 그러나 문맥에 의존하여 대충 말하는 이러한 구어 활동은 '좋은 예시'를 따르는 것이 아니므로 비난받아야 했고, 따라서 대화참여자 사이에 예의를 갖추어야 하는 형식적인 자리에서는 구어를 사용하면서도 문어의 '좋은 예시'를 끊임없이 의식해야 했던 것이다.

고전 프랑스어 시대에 시작된 이러한 구어와 문어의 분리 현상은 18세기와 19세기 프랑스 대혁명 시기를 겪으면서 한층 강화된다. 프랑스 대혁명으로 세워진 공화국의 언어는 오직 하나, 문어 프랑스어여야 했기 때문이다.

5. 하나의 공화국, 하나의 언어, 문어 프랑스어

18세기 프랑스 대혁명을 거치면서 프랑스에서 왕은 사라졌지만, 왕의 언어인 프랑스어는 전례 없는 지배력을 획득하게 된다. 프랑스 대혁명을 주도한 세력은 '공화국이 하나인 것처럼 언어도 하나여야 한다(la langue doit être une comme la République)'고 생각했고, 그 하나의 언어는 방언이 아닌 프랑스어였다. 대혁명 당시 파리 사회 전체에는 프랑스어에 대한 우월감과 특권의식, 그리고 방언에 대한 경멸이 널리 퍼져 있었다. 이러한 인식은 당시 쓰인 문헌들과 문학작품 속에 매우 자주, 다양한 형태로 등장한다. 대혁명기에 만들어진 『백과사전』(Diderot et d'Alembert(1765), *Encyclopédie ou Dictionnaire raisonné des sciences, des arts et des métiers*)은 방언을 다음과 같이 정의하였고,

> 거의 모든 지방에서 말해지는 타락한 언어 (중략). 프랑스어는 오직 수도에서만 사용된다.
> langage corrompu tel qu'il se parle presque dans toutes nos provinces (...) On ne parle la langue que dans la capitale.[7]

---

7 Lodge(1993)에서 재인용.

초기 백과전서파의 한 사람인 플뤼쉬 신부(Abbé Pluche)도 다음과 같이 말하였다.

> 어떤 사람이 그 어떤 시골스러운 표현이나 촌스러운 발음도 하지 않으려면 (중략) 그가 파리의 언어를 듣게 하고 궁정의 언어를 모델로 삼게 하십시오. 실수, 사투리, 지방의 이상한 발음이라 불리는 모든 것에 대해서는 벙어리이자 귀머거리가 되어야만 합니다.
>
> si vous voulez qu'un homme ne laisse entendre ni aucune expression villageoise, ni aucun accent provincial (...) faites lui entendre le langage de Paris. Qu'il prenne pour modèle celui de la Cour. Pour tout ce qui s'appelle fautes, patois, ou accents, puisse-t-il être sourd & muet.[8]

대혁명을 주도한 세력은 파리를 중심으로 전개된 대혁명의 정치 이념과 제도를 신속하게 프랑스 전역에 이식시키기를 원했다. 이를 위해 다양한 인쇄물이 제작되어 배포되고 대중연설과 집회가 곳곳에서 이루어졌으나, 대부분의 프랑스인들은 프랑스어를 제대로 이해하지 못했기 때문에 정치 선전에 어려움을 겪었다. 동시에 대혁명을 지지하는 지방의 프랑스인들도 프랑스어로 소통하는 것이 어려웠기 때문에 자신들이 원하는 만큼 정치 상황에 대한 충분한 정보를 얻지 못했다. 그리하여 대혁명 초기인 1790년 1월 부쉐트 의원(François-Joseph Bouchette)의 제안으로 의회에서 선포된 모든 법령들을 프랑스에서 사용되는 모든 방언으로 번역하는 법안이 통과되었다. 플라망(flamand) 방언을 사용하는 바이욜(Bailleul) 출신이었던 부쉐트 의원은 이미 여러 법령을 플라망 방언으로 번역하게 한 적이 있었으며, 그는 혁명 의회의 법령을 프랑스인

8 Bonnet(2003)에서 재인용.

에게 알리는 가장 좋은 방법은 번역이라고 주장했다.

> 그리하여 모든 사람들은 자신이 좋아하는 언어로 읽고 쓸 수 있는 전문가가 될 것이며 프랑스의 법은 모든 사람에게 익숙하게 될 것이다.
> Ainsi tout le monde va être le maître de lire et écrire dans la langue qu'il aimera mieux et les lois françaises seront familières à tout le monde.[9]

이러한 번역 정책에 따라, 파리에서 전문 번역가에 의해 방언으로 번역된 법령들이 지방으로 발송되었고, 더 나아가 브르타뉴와 알자스 로렌 등지에는 번역 사무소가 설치되어 1792년까지 법령을 방언으로 번역하는 작업이 이루어졌다. 이때까지도 혁명 세력은 다언어주의(multilinguisme)를 지지하고 지방에서 사용되는 방언에 대해 관용적 태도를 취하였다.

그러나 1792년 오스트리아와 프로이센이 결성한 대프랑스동맹과의 프랑스 혁명 전쟁이 발발하고, 프랑스 일부 지방의 정치 세력이 프랑스 대혁명에 반대하며 대프랑스동맹에 협력하는 사태가 벌어지자, 프랑스 혁명 세력은 지역 방언에 대한 관용적 태도를 버리고, 방언을 말살하고 대혁명의 언어인 프랑스어를 지방에 강제로 이식하는 언어 공포 정책(terreur linguistique)으로 전환하였다.

1794년 공안위원회(Comité de salut public)의 회원이었던 바레르(Bertrand Barère de Vieuzac)가 작성한 『방언에 대한 공안위원회 보고서(Rapport du Comité de salut public sur les idiomes)』는 방언을 '광신자들과 반혁명세력에게 봉사하는 야만적인 은어(jargons barbares)'라고 맹비난하면서, 공화국의 법령을 이런 거친 언어로 번역하는 데 국고를 낭비하지 말

9 Brunot(1927 : 25)에서 재인용.

고 혁명의 언어인 프랑스어를 가르치는 교사를 프랑스 전역에 파견하는 데 사용하자고 주장한다. 바레르 보고서에서 발췌한 다음 문장은 방언에 대한 혁명 세력의 반감을 잘 보여주는 대목으로 널리 알려져 있다.

> 연방주의와 미신은 브르타뉴어로 말합니다. 이민자들과 공화국을 증오하는 세력들은 독일어로 말합니다. 반혁명세력은 이탈리아어를 사용하고 광신주의자들은 바스크어로 말합니다. 유해하고 실수로 가득 찬 언어를 부숴버립시다!
> Le fédéralisme et la superstition parlent bas-breton ; l'émigration et la haine de la République parlent allemand ; la contre-révolution parle l'italien, et le fanatisme parle le basque. Cassons ces instruments de dommage et d'erreur.

이 보고서에 따르면 방언은 혁명 정신이 프랑스 전역으로 퍼져나가고 공화국의 법령을 이해하고 실행하는 것을 방해하는 장애물이다. "공화국의 법령을 프랑스의 모든 코뮌에 보내기로 선포되었으나, 프랑스어를 모르는 앞서 언급한 지방에서는 그 법령을 이해하지 못하므로 이러한 호의는 결국 빛을 잃게 되었기" 때문이다. 그러므로 "자유로운 시민들의 언어는 하나여야만 하고 모두에게 동일한 언어여야 한다(la langue d'un peuple libre doit être une et la même pour tous)"라고 주장한다.

이를 실현하기 위한 방법으로서 프랑스어의 특권의식을 버리고 프랑스어를 대중화하자는 의견도 제시하고 있다.

> 프랑스어를 대중화해야 합니다. 언어적 특권의식을 버리면 야만의 국가 대신 예의바른 국가를 세울 수 있을 것입니다. 우리는 정부, 법, 관습, 예절, 의복, 상업과 생각에 대해서조차 혁명을 수행하였습니다. 그러므로 (방언을 사용하는) 그들의 일상 도구인 언어에 대해서도 혁명을 수행합시다.

Il faut populariser la langue, il faut détruire cette aristocratie de langage qui semble établir une nation polie au milieu d'une nation barbare.
Nous avons révolutionné le gouvernement, les lois, les usages, les mœurs, les costumes, le commerce et la pensée même ; révolutionnons donc aussi la langue, qui est leur instrument journalier.

이 보고서가 주장하듯이 방언이 프랑스 혁명을 수행하는 데 걸림돌이 될 만큼 널리 사용되었고, 이에 비해 프랑스어가 소수언어였다는 사실은 결코 과장된 것이 아니다. 이것은 바레르 보고서가 발표된 후 약 5개월 뒤에 발표된 그레쥬아르 신부(Abbé Grégeoire)의 『방언을 말살하고 프랑스어를 보편화해야 할 필요성과 방안에 대한 보고서(Rapport sur la nécessité et les moyens d'anéantir les patois et d'universaliser la langue française)』를 통해 실증적으로 증명되었다.

이 보고서에 따르면 당시 프랑스 전체 인구인 2천 8백만 명 가운데 프랑스어를 사용하는 인구는 3백만 명을 넘지 않으며, 프랑스어를 사용하지 않는 나머지 2천 5백만 명은 자기 지역에서 사용되고 있는 30여 개의 상이한 방언을 일상적으로 사용하고, 이 가운데 프랑스어를 전혀 모르는 인구는 6백만 명에 이르며, 동일한 수의 인구는 프랑스어를 제대로 이해하지 못해서 대화가 어려웠다. 지역적으로는 프랑스를 구성하는 총 83개 데파르트망(지방행정구역명) 가운데 15개 데파르트망에서만 프랑스어를 사용하고 있었다.

결국, 이 보고서를 통해 프랑스 혁명을 수행하는 데 방언이 큰 장애물로 작용하였다는 사실이 입증되었고, 이와 함께 공화국을 건설하기 위해서는 방언을 제거하고 공화국의 모든 자유 시민들에게 동일한 하나의 언어를 강제해야 한다는 주장이 큰 힘을 얻게 되었다. 이뿐만 아니라, 보고서에 제시된 다음과 같은 주장, 즉 방언은 과거(passé)와 지방 문화(folklore)와 무지(ignorance)의 유산이고 프랑스어는 근대성과 과학의 언어이며 프랑스 대혁명의 언어라는 논리는 이후 방언에 대한 논쟁이 벌어질 때마다 매번 반복해서 등장하게 된다(Alén-Garabato et al., 2009).

바레르와 그레쥬아르 신부에 의해 주창된 방언 억압 정책은 의회에서 법령으로 선포되었고, 프랑스 전역에 중앙학교(école centrale)를 세우고 프랑스어 교사를 파견하여 프랑스어로 읽고 쓰는 교육을 강제하도록 했다. 그러나 당시에는 프랑스어를 가르칠 수 있는 자질을 갖춘 교사의 수가 턱없이 부족하였고, 학교 건설과 프랑스어 교사 파견을 뒷받침할 국가 재원이 충분히 확보되지 않았으며, 교권 상실에 따라 지배력이 약화된 가톨릭교회와 대중 교육에 반대하는 지방 유지들의 반발이 컸기 때문에 이 제도는 한동안 제대로 시행되지 못했다(Brunot, 1927).

그러나 기조(François Guizot)와 페리(Jules Ferry)가 주도한 제3공화국의 학교에 관한 법령들이 시행되고, 학교 교육이 의무화될 무렵인 1870년대부터, 방언은 제도권 공교육에서 철저한 탄압을 받게 된다. 학교 교육은 오로지 프랑스어로만 이루어져야 하고 방언은 보조적으로도 사용되어서는 안 된다는 법안이 만들어졌기 때문이다. 이에 따라 학교에서는 수업시간뿐만 아니라 쉬는 시간에도 방언으로 말하는 것이 금지되었고, 이를 지키지 않은 학생들에게는 수치심을 일으키는 벌을 주었다. 예를 들어 교사는 방언으로 말을 한 첫 번째 학생에게 벌칙을 상징하는 돌멩이나 막대기 같은 물건을 주고, 그 학생은 방언을 사용한 또 다른 학생을 찾아내어 그에게 벌칙을 상징하는 물건을 넘겨주었다. 학교가 끝날 때 그 물건을 지닌 학생은 청소와 같은 벌을 받았다(Picoche et al., 1994). 또는, 쉬는 시간에 옥시탕 방언(occitan)으로 말한 학생은 작은 슬레이트판에 이름을 적고 그것을 등에 달고 있어야 했다. 슬레이트판에 이름이 적힌 학생들은 방과후에 학교에 남아서 '나는 교정에서 방언으로 말하지 않을 것입니다(Je ne parlerai pas patois dans la cour)'라는 문장으로 동사 변화 연습을 해야 했다(Charles(2004), Escudé(2013)에서 재인용). 이러한 교육은 효과를 나타내어, 어느 교육감(inspecteur d'académie)의 보고서에 따르면, 가정에서 학생들이 자신들의 부모에게 학교 교사처럼 굴면서 방언 사용을 비난하는 일이 생겨나기까지 했다(Escudé, 2013).

많은 수의 교사들이 학생들과 동일한 지역 출신이고, 교사의 78%가 프랑스어와 방언을 사용하는 다언어사용자였기 때문에 앞서 언급한 경우처럼 극단적인 처벌적 언어교육이 보편적으로 이루어진 것은 아니었다(Chanet, 1988). 그러나 방언이 열등한 언어이며 프랑스인이라면 프랑스어를 배워야 한다는 점은 공화국의 학교(école républicaine)를 통해 프랑스인들에게 확실하게 각인되었다.

공화국의 학교는 방언 억압 정책을 실시함과 동시에, 프랑스어로 읽기와 쓰기에 교육을 집중하였다. 그리하여 구어로 사용했던 방언을 금지당한 학생들은 학교에서 교육받은 읽기와 쓰기를 위한 프랑스어, 즉 문어 프랑스어를 사용하여 말하기 시작했다.

공화국의 학교에서도 말하기 교육이 이루어지기는 했다. 그러나 마르샹(Marchand, 1991)이 '쥘 페리를 계승한 학교의 말하기 교육에 대한 몇 가지 의견'이라는 논문에서 주장한 바처럼, 19세기 공화국의 학교에서 이루어진 구어 교육은 전적으로 정치적인 목적에서 이루어졌고, 국가의 언어인 프랑스어의 통일된 교육과 다양한 방언이나 은어로 대표되는 언어적 다양성을 어떻게 화해시킬 것인가라는 문제를 해결하는 데 초점이 맞추어져 있었기 때문에, 실제로 학교에서 이루어진 구어 교육은 문어 프랑스어를 소리 내어 읽는 수준에 머물렀다.

6. 구어 프랑스어에 대한 이데올로기

방언을 철저하게 억압하고 통일된 문어적 언어 사용 규범에 집착하는 이러한 언어 정책은 프랑스 대혁명을 거치면서 왕권이 사라진 후 단일국가를 유지하고 발전시키기 위한 불가피한 선택이었다고 생각할 수 있다. 그러나 부아이에(2000, 2001)는 이에 대해 다음과 같은 비판적 해석을 제시하였다.

부아이에에 따르면 왕정시대부터 공화국시대까지 프랑스의 언어정책의 중심에는 갈등적 다언어 상황이 있었고, 이에 대해 프랑스는 유일언어주의(unilinguisme)를 확고한 원칙으로 삼아왔다. 그리고 이 원칙은 경쟁(concurrence)과 일탈(déviance)을 용납하지 않는 정책에 의해 유지되었다.

프랑스의 국어(langue nationale)는 오직 하나, 프랑스어여야 한다는 원칙을 지키기 위해, 프랑스는 경쟁 관계에 있는 모든 언어들에 대해 무관용적 태도를 취했다. 그리하여 라틴어와 이탈리아어를 비롯하여 프랑스어를 제외한 모든 지역 방언이 프랑스 영토에서 사용되는 것을 금지하거나 탄압하였다. 19세기까지도 대부분의 프랑스인들이 프랑스어와 방언의 이중어 사용자였고 16세기 이후 방언은 오로지 구어로만 사용되었으므로 프랑스어와 방언이 공존할 수 있는 가능성이 충분하였음에도 불구하고, 방언을 구어로 사용하는 것조차 철저히 금지한 것은 상당히 폭력적인 언어 정책이었다고 평가할 만하다. 일례로 알자스 민속 의상을 입고 있는 사람이 입에 재갈을 물고 있고 그 위에는 '알자스에게 말을 돌려줍시다'라는 표어가 쓰여있는 '알자스 먼저 l'Alsace d'abord'라는 정당의 상징물 (그림 7)은 지역 방언 사용자가 느끼는 방언 금지 정책의 폭력성을 잘 보여준다.

[그림 7] 알자스 먼저(l'Alsace d'abord) 정당의 상징물

부아이에는 프랑스의 유일언어주의가 가진 또 다른 특징으로 일탈에 대한 무관용 원칙을 들고 있다. 앞서 언급한 바처럼 언어는 살아있는 생명체처럼 끊임없이 변화하는 속성을 가졌음에도 불구하고, 프랑스어는 소위 '좋은 예시'라는 이름으로 단 하나의 언어 사용 규범을 만들어서 이상화시키고 정당성을 부여하였다. 단 하나의 언어를, 단 하나의 사용 규범에 따라 사용하도록 강제하는 대단히 폐쇄적인 이러한 언어정책은 언어의 완벽함을 위협할 수 있다고 생각되는 모든 잠재적 요소들을 거부하고 비난하였다. 특히 '좋은 예시'라는 언어 사용 규범은 매우 강한 문어적 성격(nature profondément scripturale)을 갖고 있으며, 집단적인 언어 활동에 내재하는 변형(variation)과 혼성성(hétérogénéité)을 배격한다. 단일 언어 사용 규범에 따르면, 언어는 고정불변의 것이고 사용자 집단으로부터 독립되어 존재해야만 하며, 언어는 내부적으로는 언어 사용자들에 의해 위협받고 외부적으로는 외래어(emprunt) 등에 의해 위협받는 등 피할 수 없이 타락하게 되므로, 언어를 순수한 상태로 지키기 위해 적극적으로 노력해야 한다.

이제까지 살펴본 프랑스어의 발전 과정과 이에 대한 부아이에의 해석은 구어 프랑스어가 가진 특별한 지위에 대해 다음과 같이 생각해 볼 수 있게 한다.

첫째, 언중에 의한 언어 변화를 일탈로 보고 이를 규제하려는 시도는 프랑스어의 발생 과정을 되돌아보았을 때 매우 역설적이다. 앞서 3절에서 기술한 바처럼 프랑스어는 라틴어의 규범적 사용에 대한 구어적 일탈로부터 시작되었기 때문이다. 라틴어에서 분화된 로망스어의 일종인 프랑스어는 시골 농부의 언어로서 촌스럽다거나 상스럽다거나 오류가 많으므로 교정받아야 한다는 비난의 대상이었고, 투르 공의회에서 가톨릭교회가 인정하기 전까지는 언어의 지위조차 인정받지 못했었다. 그런데 라틴어가 누리던 규범적 언어의 지위를 프랑스어가 차지하게 되자, 이번에는 프랑스어의 좋은 예시를 따르지 않는 언어 사용을 일탈로 간주하고 억압하는 사태가 벌어진 것이다.

둘째, 부아이에가 말한 언중에 의한 '집단적 언어활동'으로 생겨난 변형과 혼성성을 언어 사용 규범에 대한 일탈로 간주하고, 이에 대한 무관용 원칙을 내세우는 태도에서 언어에 대한 엘리트주의의 단면을 볼 수 있다. 언어는 시간이 흐름에 따라 필연적으로 변화하고, 이러한 변화는 특정 언어 사용자가 주도하는 것이 아니라 언어 사용자들의 집단적 판단과 활동에 의해 이루어지는 것이 일반적이다. 그러나 앞서 4절에서 기술한 바처럼, 프랑스어는 보쥴라(Cl. J. de Vaugelas)를 비롯한 언어학자, 작가, 정치인 등 파리 엘리트 집단의 의식적이고 적극적인 노력을 통해 '고전 프랑스어'의 단계로 도약했고, 이 완벽한 언어를 자세히 설명해주는 문법과 사전이라는 상위언어적 지식과 함께, 언어 사용의 좋은 예시들을 규범화하여 강제함으로써 언중들을 계몽하는 정책을 사용하였다. 따라서 언중들은 문법과 언어 사용 규범을 준수하는 의무를 가졌을 뿐, 이를 마음대로 변화시킬 권리와 자격은 부여받지 못하였다. 파리 엘리트 집단은 언중들로부터 필연적으로 생겨나는 언어 변화의 시도를 자신들의 권위에 대한 도전으로 간주하고, 자신들이 만들어 놓은 순수하고 완벽한 언어를 언중들로부터 온전하게 지키기 위해 모든 일탈적 언어 사용을 강하게 비판하였다. 이러한 우월적 태도는 프랑스 대혁명과 제3공화국 시기에 파리 정치 엘리트들이 작성한 보고서나 법령, 교육정책을 통해 확인할 수 있으며(5절 참조), 무엇보다 혁명 세력이 공화국의 언어로 내세운 프랑스어가 파리 엘리트 계층이 사용하는 문어 프랑스어였다는 데에서 명백히 드러난다.

셋째, '글을 쓰는 방식에 따라 궁정에서 말하는 방식(la façon de parler de la plus saine partie de la Cour, conformément à la façon d'escrire)'에 바탕을 둔 언어 사용 규범을 언중들이 따라야 할 구어의 규범으로 강제했다는 점은 중대한 언어학적 오류를 내포하고 있다. 앞서 2절에서 기술한 바처럼 구어는 문어와 상이한 내재적인 특징을 가진 사용역(registre)으로서, 자연발생적인 구어는 절대 문어와 같을 수 없다. 따라서 문어를 위해 고안된 언어 사용 규범을 구어에도 동일하게 적용하는 것은 애초에 실천이 불가능한 것이었고, 따라서 구어 사용자는 끊임없이 규범에 위반되는 상황을 만들 수밖에 없었다. 비오네(2017)가 지적하듯이 사용역이라는 언어학적 개념은 20세기에 들어서야 도입된 것이므로 이에 대한 몰이해를 근거로 문어 규범을 구어에 그대로 적용하려 했던 17세기의 시도를 비난할 수는 없다. 그러나 이러한 문어에 바탕을 둔 단일 언어 사용 규범 때문에, 구어는 문어에 대한 일탈적 사용이라는 인식을 프랑스인들이 특별히 강하게 갖게 된 것은 부정할 수 없는 사실이다. 또한 문어를 구어의 모델로 간주하는 태도는 프랑스 언어학이 구어를 연구대상에서 제외시키고 문어에만 분석을 집중하는 연구 풍토를 갖게 하는 데에도 큰 영향을 주었다(Gadet(1996), Blanche-Benveniste(2000), Baude(2006)). 오늘날까지도 프랑스에서 구어를 비롯한 다양한 사용역을 포함한 균형 말뭉치(corpus équilibré)를 구축하는 연구는 그리 활발하지 않은 반면, 1970년대 초부터 프랑텍스트(Frantext)처럼 훌륭한 문어 텍스트 아카이브를 구축하여 유지하고 있는 것은 이러한 연구 풍토를 보여주는 좋은 예라고 할 수 있을 것이다.

넷째, 프랑스는 다언어국가이고 19세기까지도 프랑스어는 여러 지역 방언들과 갈등하고 경쟁하는 상황에 놓여 있었다. 이러한 상황에서 프랑스어를 프랑스의 유일한 국어로서 강제하기 위해서는 학교와 교육법이라는 물리적 강제력이 필요했을 뿐만 아니라, 프랑스어가 지역 방언보다 우수하다는 점을 입증해야 했고, 이때 주효했던 증거가 '문어'였다. 프랑스어는 문어를 갖고 있었지만 16세기 이후 지역 방언은 구어로만 사용되었기 때문이다. 따라서 구어만 가진 지역 방언은 열등하고 문어를 갖고 있는 프랑스어는 우월하다는 주장을 펼치기 위해서는 문어의 중요성을 강조하고 구어의 하찮음을 널리 알릴 필요가 있었다. 즉, 지역 방언은 구어이고, 구어는 열등하고 하찮은 것이어야만 했던 것이다. 이렇게 구어가 문어에 비해 열등하다는 주장은 지역 방언을 억압하고 프랑스어로 언어 통일을 이루려는 정치적 목적을 위해, 하나의 이데올로기로 만들어졌다.

7. 결론

구어 프랑스어는 다른 언어의 구어보다 특별히 이상할 것이 없다. 그럼에도 불구하고 구어 프랑스어는 화자들에게 특별히 외면당하고 소홀히 다루어졌다. 구어 프랑스어가 문어 프랑스어보다 열등하고 불완전하다는 주장은 프랑스어와 관련된 역사적 사건들이 만들어낸 편견이며 정치적 의도가 숨겨진 이데올로기일 뿐이다.

프랑스 언어학계는 구어 프랑스어 연구의 필요성을 뒤늦게 깨닫고 연구 지체를 만회하기 위하여 인적, 물적 투자를 구어 연구에 집중하였다. 그 노력 가운데 하나는 개인 연구자나 개별 연구소가 구축하여 보관하고 있던 구어 자료들을 국가 차원에서 관리하고 배포하는 시스템을 만든 것이다. 2000년 이후 CNRTL(Centre national de ressources textuelles et lexicales, http://www.cnrtl.fr), ORTOLANG(Outils et ressources pour un traitement optimisé de la langue, https://www.ortolang.fr), COCOON(COllections de COrpus Oraux Numériques, http://cocoon.huma-num.fr/exist/crdo) 등 디지털 언어자원의 배포를 목적으로 하는 플랫폼이 만들어졌고, 일반 연구자들은 이 플랫폼을 통해 IRB나 저작권 등 법적인 문제에 구애받지 않고 구어 연구 자료를 자유롭게 검색하고 내려받을 수 있게 되었다.

또한, 구어 전사 소프트웨어인 트랜스크라이버(Transcriber)를 비롯하여 구어 연구를 위한 디지털 도구들이 개발되고(Barras, Geoffrois, Wu & Liberman, 2001), 『구어 말뭉치 실용 안내서(Corpus oraux-bonne pratiques)』(Baude et al., 2006)와 같은 구어와 관련된 지식을 공유하기 위한 저술들이 본격적으로 출판되기 시작하였다. 특히, 구어에 고유한 소통 방식인 운율과 몸짓에 대한 연구가 매우 활발하게 이루어졌다(Cristo(2013), Bertrand et al.(2008), Mondada(2005)).

구어 연구의 중요성은 프랑스어에만 한정된 것이 아니다. 언어활동의 절반을 차지하는 구어에 대한 연구는 언어에 대해 이제까지 우리가 알지 못했던 새로운 사실들을 밝혀냄으로써 언어에 대한 균형 잡힌 안목을 갖게 해 줄 뿐만 아니라, 언어를 사용하는 인간을 더 잘 이해하는 데에도 기여할 것이다. 한때 구어 연구의 지체를 겪었고 이를 극복하기 위해 노력하는 프랑스 언어학계의 경우를 타산지석으로 삼아, 구어 한국어에 대한 연구도 보다 진지하게 이루어지길 희망해 본다.

참고문헌

김성식 한지아, 2018, 「부여 쌍북리 56 번지 사비한옥마을 조성부지 유적 출토 목간」, 『목간과문자』, 21호, pp.341-353.

손현정, 2020, 「사용역에 따른 접속사 출현 분포 비교 연구: 구어와 신문 사설을 중심으로」, 『프랑스학연구』, 94호, pp. 165-187.

조홍식, 2008, 「민족국가와 언어의 정치: 프랑스와 프랑스어의 관계에 대한 역사적 고찰」, 『국제 지역 연구』, 17권 3호, pp. 105-130.

Alén-Garabato, C. A. & Cellier, M., 2009, "L'enseignement des langues régionales en France aujourd'hui : état des lieux et perspectives", *Tréma*, 31, pp.1-4.

Angermüller, J., 2007, "L'analyse du discours en Europe", In: Bonafous, S. et Temmar M.(éd.) *Analyse du discours et sciences humaines et sociales,* Paris : Ophrys, pp.9-22.

Auroux, S., 1992, "Histoire des idées linguistiques", *Pierre Mardaga.*

Barras, C. et al., 2001, "Transcriber: Development and use of a tool for assisting speech corpora production", *Speech Communication,* 33, pp.5-22.

Baude, O. et al., 2006, *Corpus oraux, guide des bonnes pratiques,* CNRS Editions, 손현정·손희연 옮김, 2012, 『구어 말뭉치 실용 안내서』, 박이정.

Bertrand, R. et al., 2008, "Le CID-Corpus of Interactional Data-Annotation et Exploitation multimodale de Parole Conversationnelle", *Traitement Automatique des Langues,* ATALA, 49 (3), pp.105-134.

Blanche-Benveniste, Cl., 1995, "De la rareté de certains phénomènes syntaxiques en francais parlé", *Journal of French Language Studies,* 5 (1), pp.17-29.

Blanche-Benveniste, Cl., 2000, *Apporches de la langue parlée en français,* Paris : Ophrys.

Blanche-Benveniste, Cl., 2006, *Les grands corpus de langue parlée, Bulletin de l'observatoire des pratiques linguistiques,* 6, pp. 2-3.

Blanche-Benveniste, Cl. & Jeanjean, C., 1987, *Le français parlé, transcription et édition,* Paris : Didier.

Bonnet, J.-F. P., 2003, "Bon usage, normes et régionnalismes en Franche-Comté : à propos de quelques grammaires et traités des XVIIe et XVIIIe siècles", In: P. Nobel(éd.) , *Variations linguistiques,* Presses Universitaires de Franche-Comté, pp.95-110.

Boyer, H., 2000, "Ni concurrence, ni déviance : l'unilinguisme fran ais dans ses oeuvres", *Lengas*, 48, pp.89-101.

Boyer, H., 2001, "L'unilinguisme français contre le changement sociolinguistique", *Travaux Neuchâteloise de Linguistique* 34-35, pp.383-392.

Brunot, F., 1927, *Histoire de la langue française, Tome 9, La Révolution et l'Empire,* Paris : Librairie Armand Colin.

Chanet, J.-F., 1988, "Maîtres d'école et régionalisme en France: sous la Troisième R publique", *Ethnologie française,* 18 (3), pp.244-256.

Charaudeau, P. & Maingueneau, D., 2002, *Dictionnaire d'analyse du discours,* Paris : Seuil.

Christo, A., 2013, *La prosodie de la parole,* Paris : de boeck.

Escudé, P., 2013, "Histoire de l'éducation : imposition du français et résistance des langues régionales", In: G. Kremnitz et H. Boyer(éd.), *Histoire sociale des langues de France,* Rennes : Presses Universitaires de Rennes, pp.339-352.

Gadet, F., 1996, "Une distinction bien fragile : oral et écrit", *Revue Tranel (Travaux neuch telois de linguistique),* 25, pp.13-27.

Leclerc, B., 2014, http://www.axl.cefan.ulaval.ca/francophonie/histlngfrn.htm

Lodge, A., 1993, *French: From Dialect to Standard,* London : Routledge. 김현권 옮김, 2015,『프랑스어 사회언어학사』, 에피스테메.

Lodge, A., 2002, "《Francien》 et 《français de Paris》", *Revue des linguistes de l'université Paris X Nanterre, 12,* pp.149-172.

Marchand, F., 1991, "Quelques aperçus sur l'enseignement de l'oral dans l' école héritée de Jules Ferry", *Repères, recherches en didactique du français langue maternelle,* 3, pp.7-16.

Melis, L., 2000, "Le français parlé et le français écrit, une opposition à géométrie variable", *Romaneske,* 25, pp. 56-66.

Mondada, L., 2005, "L'analyse de corpus en linguistique interactionnelle : de l'étude de cas singuliers à l'étude de collections", In : A. Condamines (dir.), *Sémantique et corpus,* Paris : Lavoisier, pp.75-108.

Picoche, J. et al., 1994, *Histoire de la langue française,* Paris : Edition Nathan.

Quirk, R., 2005, "The "Appendix Probi" as a Compendium of Popular Latin: Description and Bibliography", *The Classical World,* 98 (4), pp.397-409.

Rey, A., 1992, *Dictionnaire historique de la langue française,* Paris : Dictionnaire Le Robert.

Rey A. et al., 2007, *Mille ans de langue française, histoire d'une passion,* Paris : Editions Perrin.

Walter, H., 1988, *Le français dans tous les sens,* Paris : Edition Rober Laffont.

Wionet, Ch., 2017, "La distinction oral / écrit chez les grammairiens et remarqueurs du XVIIe siècle", *Langages,* 208, pp.83-94.

김태은

미국 UW-Madison에서 중국어학으로 석·박사학위를 받은 후 연세대 중문과 교수로 재직 중이다. 현재 International Association of Chinese Linguistics, 중국어문학연구회, 중국어문학회, 한국중국언어학회 등에서 이사로서 임원직을 수행하고 있다. 저서로는 *Mandarin Loanwords*(Abingdon, OX & New York, NY:2019)가 있고 공저로는 『코퍼스를 활용한 중국어 연구』(2020), 『중국어학입문』(2019), 『한중일 언어를 통해 본 삼국의 사회와 문화』(2018)를 출간하였다. 공역으로는 『한국인이 자주 틀리는 중국어 문법 오류 분석』(2018), 『현대 중국어 단어 결합관계 연구』(2015), 『중국 언어학 개론』(2015)을 출간했다. 지금은 중국어 음역어 중심의 음운학과 차용어 위주의 어휘학 및 역사음운학 등을 연구하고 있다.

김현우

학부와 석사과정을 서울대학교 영어교육과에서 마친 후, University of Hawai'i at Mānoa의 Second Language Studies 학과에서 이중언어처리로 박사학위를 받았다. 현재 연세대 영어영문학과 교수로 재직중이다. 연구 분야는 이중언어처리, 구문문법, 코퍼스언어학 등이며, 현재까지 총 16편의 SSCI 및 A&HCI 국제 논문을 출간했거나 출간을 앞두고 있다. 대표적인 논문으로는 "Applying constructionist approaches to teaching English argument structure constructions to EFL learners" (TESOL Quarterly), "Predictive processing of implicit causality in a second language: A visual-world eye-tracking study" (Studies in Second Language Acquisition), "Cross-linguistic activation of implicit causality biases in Korean learners of English" (Bilingualism: Language and Cognition) 등이 있다.

남혜현

연세대학교 노어노문학과를 졸업한 후 고려대학교 대학원을 거쳐, 러시아 상트 페테르부르그대학교 대학원에서 러시아어 통사론으로 박사학위를 받았다. 현재 연세대학교 노어노문학과 교수로 재직 중이다. 저서로 *Russian culture under the sign of Revolution*(2018, 공저), 『언어순수주의의 발현과 전개』(2019, 공저)가 있으며, 논문으로는 "Rusofonija, Runet, Ruski jezik" (Slavistična revija 2012, 60/2), "Study on the Russian external possessor constructions as a diathetic phenomenon and their semantic-discursive functions"(Russian linguistics 2013, 37), 「러시아 혁명과 언어의 표준화」(2018) 등이 있다. 주요 연구분야는 문장의 의미-통사구조, 통사적 파생현상이며, 최근 관심분야는 현대 러시아의 언어상황, 대도시의 언어경관 등으로 확장되고 있다.

손현정

연세대학교 불어불문학과에서 학사와 석사를 마치고 프랑스 파리7대학에서 컴퓨터언어학 licence(학사) 학위를, 파리 EHESS에서 언어학 박사 학위를 받았다. 현재 연세대학교 불어불문학과 교수로 재직 중이다. 논문에는 「접속사의 해석과 운율」(2015), "Fonction séantique de dè que dans le repéage temporel d'un couple d'ééements"(2016), 「복합형 시간 접속사의 형태 구조와 특징」(2019), 「의미 연구를 위한 구어 말뭉치 구축 방식 제안」(2020) 등이 있고, 저서에는 『담화의 언어정보학적 탐구』(손현정, 이재윤 공저, 2014),역서에는

『프랑스어를 위한 컴퓨터 도구와 언어자원』(2017) 등이 있다. 주요 연구 분야는 담화의미론, 말뭉치언어학, 컴퓨터언어학이다.

이민행

독일 뮌헨대학교 대학원에서 이론언어학으로 박사학위를 취득했다. 현재 연세대 독어독문과 교수로 재직하고 있다. 2002년-2003년에 미국 Harvard대의 초청을 받아 옌칭 연구소의 방문학자로 연구를 수행한 바 있다. 2018년에 대한민국 학술원상(인문학부문)을 수상하고 2021년 1월부터 한국언어학회 회장직을 맡고 있다. 저서로 『독일어 전산 구문문법 연구』(2012), 『빅데이터 시대의 언어연구』(2015), 『정보기반 독어학 연구』(2017)와 『독일어 전산 의존문법 연구』(2021) 등 말뭉치 언어학 4부작을 출간했다.

임재호

연세대학교 학부와 대학원 불어불문학과를 졸업한 후, 파리10대학교에서 언어과학 박사학위(프랑스어 통사론 전공)를 받았다. 2004년 연세대 불어불문학과에 부임했고, 교수로 재직 중이다. 프랑스국립과학연구센터(CNRS)에서 방문교수였고, 같은 기관의 참여연구원(associated member)이다. 국제저널 Linguistics and Literature Studies의 상임 심사위원으로 활동하고 있다. 연세대학교 유럽지역학 책임교수를 맡고 있으며, 「연세춘추」 주간을 역임했다. 저서로는 *Les petites propositions en français contemporain : syntaxe et interprétation*(Presses universitaires de Septentrion)과 『언어순수주의의 발현과 전개』(공저) 등이 있고, 최근 공동 논문으로는 “Explicit and Implicit Dimensions of Sociopragmatic and Pragmalinguistic Competence” (International Review of Applied Linguistics in Language Teaching), 최근 단독 논문으로는 「프랑스어 감탄문 연구」가 있다. 1994년 등단 후 시집으로

『호주머니 속의 시』, 『꽃과 꽃이 흔들린다』, 『항구에 내리는 겨울 소식』, 『거의 블루』를 출간하였고, 번역서로 하우게의 번역 시집 『어린 나무의 눈을 털어주다』와 페르민의 소설 『눈』, 『검은 바이올린』을 출판하였다. 현재 논문집 『프랑스어 통사론과 통사론적 분석』을 준비 중이다.

조태린

연세대학교 국어국문학과를 졸업한 후 동 대학원 국어국문학과에서 국어학(사회언어학)으로 석사학위를 받았고 프랑스 파리10대학교 언어과학과에서 사회언어학(언어정책론)으로 박사학위를 받았다. 국립국어원 학예연구사와 학예연구관, 대구대학교 국제한국어교육과 조교수로 재직했으며, 현재 연세대학교 국어국문학과 부교수이다. 저서로 『한국어의 규범성과 다양성』(2008, 공저), 『사회언어학: 언어와 사회, 그리고 문화』(2014, 공저), 『우리말 연구의 첫걸음』(2015, 공저), 『언어순수주의의 발전과 전개』(2019, 공저), 『한국 사회언어학 연구 30년의 성과와 과제』(2020, 공저) 등이 있고, 역서로 『언어 제국주의란 무엇인가』(2005, 공역), 『비판적 담화 연구의 방법들』(2021, 공역) 등이 있다. 주요 연구 주제는 한국어의 사회적 변이 양상과 언어와 이데올로기의 관계를 고찰하는 것과 언어 사용 및 정책의 문제를 파악하고 개선 방안을 모색하는 것이다.